KB269512

한자문화사상총서 01

한자 속의 시간(時間) 관념

서려군(徐麗群) 저

김화영(金和英) 역

한자문화사상총서 01

제목: 한자 속의 시간(時間) 관념

The Concept of Time in Chinese Characters

저자: 서려군(徐麗群)

역자: 김화영(金和英)

원서: 漢字中的時間觀念, 華東師範大學出版社, 2024.

한자문화사상총서 01

한자 속의 시간(時間) 관념

서려군(徐麗群) 저

김화영(金和英) 역

한자 속의
시간(時間) 관념

서려군(徐麗群) 저

김화영(金和英) 역

"한자문화사상총서" 한국어판 출판에 부쳐

　　경성대학교 한국한자연구소는 중국 화동사범대학 중국문자연구와응용센터와의 학술 협약을 통해 "한자문화사상총서" 제1집 3책을 한국어로 번역 출판하게 되었습니다. 이는 한중 양국의 한자학 연구 성과를 공유하고, 한자문화권의 학술적 소통을 심화하는 의미 있는 작업입니다.

　　이 총서는 한자를 단순한 문자기호가 아닌, 수천 년 동안 축적된 문화와 사상을 담은 인지체계로 접근합니다. 한자의 표층구조(형태적 변화)와 심층구조(사유방식과 문화관념)를 함께 탐구함으로써, 한자를 통해 어떻게 동아시아인들이 시간을 인식하고, 조화를 추구했으며, 예법을 실천했는지, 근본적 사유방식을 형성하고 전승해왔는지를 밝힙니다. 또 이들 관련 한자의 근원 및 의미파생 과정을 상세히 분석하여 관련 연구의 방법을 제공하고 있습니다.

　　처음 출간되는 제1집은 3권으로 구성됩니다. 『한자 속의 시간관념』은 한자에 내재된 시간인식의 특수성을, 『한자 속의 화도(和道)사상』은 조화와 균형을 추구하는 동아시아 철학의 문자적 구현을, 『한자 속의 예법(禮法)사상』은 예의와 질서관념이 한자 체계에 어떻게 반영되었는지를 다룹니다. 각 권은 갑골문, 금문, 전국문자 등에서 현대 한자에 이르는 문자 변천을 추적하면서, 그 속에 응축된 사유방식의 연속성과 변화를 상세히 규명합니다.

이 총서는 전통적인 문자학과 훈고학을 넘어 인지언어학, 문화인류학, 철학을 융합한 학제적 연구로서, 한자학 연구의 새로운 지평을 열었다는 평가를 받고 있습니다. 특히 한자를 "사상의 살아 있는 화석"으로 보고, 문자 형태 속에서 문화원형과 사유구조를 읽어내는 방법론은 세계 문자학 연구에서도 독창적이라 할 수 있습니다. 이는 단순히 중국 고대문명을 이해하는 것을 넘어, 한자문화권 전체가 공유해온 정신적 토대를 재발견하고 천석(闡釋)하는 작업입니다.

이번 출간에 이어 제2집 번역도 순차적으로 진행하여 한국 독자들에게 소개할 예정입니다. 나아가 한국한자연구소는 한국적 관점에서 독자적인 "한자문화사상총서"도 기획하고 있습니다. 한국인 관점의 한자문화연구는 물론 한국에서의 한자 수용과 변용, 한글과의 상호작용 속에서 형성된 고유한 한자문화를 조명하여, 동아시아 한자학 연구에 한국의 목소리를 더할 것입니다. 이를 통해 한·중·일 삼국의 한자연구가 대등하게 교류하고 발전하는 학술 생태계 구축에 기여하고자 합니다.

이 자리를 빌려 제2권의 저자이자 중국 화동사범대학 중국문자연구와응용센터의 장극화(臧克和) 주임께 특별한 감사의 말씀도 전하고 싶습니다. 개인적으로 1994년 이후 학문적 인연을 맺어왔고, 2001년 "중국문자연구와응용센터"가 중국국가중점연구기지로 선정되면서 한자 배후에 녹아 있는 동아시아 문화와 사유특징을 연구하고자 한중일 삼국의 한자자료를 발굴하고 이들 자료의 문화적 속성을 천석(闡釋)해 왔습니다. 특히 2008년 한국한자연구소의 설립과 함께 두 기관은 매우 모범적인 협력연구를 진행해왔습니다. 이제 그 심화된 구체적 성과를 한국 독자들에게 선보입니다. 제3권과 제1권의 저자인 유지기(劉志基), 서려군(徐麗群) 교수님께도 감사드립니다. 또 번역에 흔쾌히 참여해 올

해 10월 일본 오사카교육대학에서 열리는 제11회 세계한자학회(WACCS)에
이 책을 선보이기 위해 초인적인 노력과 책임을 다해준 김화영(金和英) 교수께
도 감사의 말씀을 전합니다.

역자를 대표하여
한국한자연구소 소장 하영삼 씁니다.
2025년 10월

"한자문화사상총서" 출판설명

1. 한자 인지구조: 심층과 표층

한자의 인지는 표층구조와 심층구조로 나뉩니다. 먼저 '재(齋)'자의 구조 변화의 연쇄 과정을 예로 들어 살펴보겠습니다.

금문(金文)

전국초간(戰國楚簡)

진저초문(秦詛楚文)

서한연거신간
(西漢居延新簡)

동한비치비
(東漢肥致碑)

동한회원묘비
(東漢淮源廟碑)

북위원각빈묘지
(北魏元恪嬪墓志)

당이전묘지
(唐李瑱墓志)

주(周)나라 금문으로부터 한대(漢代) 간독석각 문자까지 상당 기간 동안 제사나 의식을 거행하는 과정에서 몸과 마음의 경건함을 중시하고, 제물은 정결해야 한다는 관념이 존재했습니다. 이를 형식적으로 나타낸 것이 '재(齋)'자인데, 이는 형성(形聲)구조로 '시(示)'가 의미부이고 '제(齊)'의 생략된 부분이 소리부이지만, '제(齊)'는 의미도 함께 표시합니다. '재(齋)'는 곧 정제(整齊: 가지런하게 하다)를 말하는데, 고대인들이 제사나 의식을 거행하기 전에 몸과 마음을 정결하게 하여 경건함을 내보이던 것에 비유됩니다. 동시에 이러한 관념은 제사에 바칠 제수(祭需)에 관한 규정도 포함되었는데, 전국시대 초간(楚簡)의 관련 기록을 참고할 수 있습니다.[1]

고대인들은 제사나 어떤 의식을 거행하기 전에 마음을 비우고 욕망을 줄이며 몸을 깨끗이 하고 먹는 것을 정결하게 함으로써, 이 일에 대해 경건함을 표시했습니다. 이러한 관념이 문자에 표현되어 나온 것이 형식적 즉 표층구조에 속하며, 이에 상응하는 관념의 형태 단위는 심층구조에 속합니다. 심층구조로의 발전 변화는 또 종종 표층구조에 대해서도 조정을 일으키기도 합니다. '재(齋)'자

---

[1] 상해박물관 소장『전국초죽서(戰國楚竹書)』제1책에 수록된 「공자시론(孔子詩論)」제9간(簡)에는 "손과덕고(巽寡悳古)"라는 말이 수록되었는데, 이는 "음식이 정결하고 고례(古禮)에 합당하다(具食精洁·合乎古禮.)"로 해석될 수 있다. (장극화(臧克和) 저,『간독과학술(簡帛與學術)』, 정주(鄭州): 대상출판사(大象出版社), 2010년, 81-82쪽 참조).『설문해자(說文解字)』에서는 "재(齋)는 계(戒)이며, 정결하다(洁)는 뜻이다. 시(示)가 의미부이고, 제(齊)의 생략된 모습이 소리부이다.(齋, 戒. 洁也. 從示, 齊省聲.)"고 설명한다. 또『옥편(玉篇)』에서는 "재(齋)에 대해,『주역(周易)』에서는 '성인은 이것으로 재계(齋戒)한다.'라고 했는데, 한강백(韓康伯)은 '마음을 씻음을 재(齋)라 하고, 근심을 방지하는 것을 계(戒)라 한다.'라고 하였다. 또 공경(敬)의 의미이기도 하다."라고 했다.

의 예처럼, 일정 단계에 이르러 '심재(心齋)' 즉 잡념을 제거하여 마음을 순수하게 하는 관념이 나오게 되었습니다. 평소에 술을 마시지 않고 육식을 금하는 등의 경건한 절제를 강조하거나, 심지어 특정 시간에는 아예 먹지 않는, 즉 '재를 먹다(吃齋, chī zhāi)', '채식을 하다(吃素, chī sù)' 등과 같은 규정이 생겼습니다. 인도의 불교가 동방으로 전파되면서 불교 계율에 따라 비구들은 정오 이후에는 식사를 하지 않게 되었는데, 아침과 점심때의 식사를 '재(齋)'라 하였습니다. 소승불교의 계율에 따르면 단지 정오 이후 식사를 금했을 뿐 정결한 고기를 먹는 것까지는 금하지는 않았으나, 후인들은 대승 불교의 별의(別意)에 따라 채식하는 것을 '재(齋)'로 여겼습니다. 그래서 위의 자료에서처럼 당나라 때의 석각문자에서는 (재(齋)를 구성하는 시(示)가) '미(米)'로 변화한 구조가 나타나게 되었습니다. 문자 코드표에는 또 '재(粂: 재계하다)'나 '재(齍: 재계하다)'와 같은 구조도 보존되어 있는데, 이 역시 특정 시간의 음식에 대한 제약이나 금식을 반영합니다. 이처럼 관념 형태의 심층구조가 변화하면, 문자의 표층구조도 종종 그에 맞게 조정됩니다.

한자의 창조와 사용 역사는 수천 년 동안 단절되지 않았는데, 이는 세계의 다양한 문자 체계 중에서 유일무이한 예입니다. 이는 상당 부분 한자 인지구조의 심층과 표층 관계에 기인합니다. 문화 사상의 자원이라는 속성으로서 한자 체계는 그 역사가 유구하고, 층위가 풍부하며, 영역이 광범위하여 모든 것과 관련되어 있습니다. 각종 문화 가치 체계의 다른 핵심 범주들의 경우, 이처럼 깊고 순수하며 선명한 것은 드뭅니다.

전문가들의 조사 연구에 따르면, 한자의 구조 방식은 중국 고대인들의 유비(類比) 인지모델을 축적 반영하고 있다고 합니다. 유비 인지관념은 바로 한자를 구성하는 심층구조입니다. 이를 바탕으로 한자 구조의 변화와 발전이라는 연쇄사슬을 통해 한자 인지의 심층구조에 도달할 수 있습니다. 한자 심층구조의 발굴을 통해 한자 관념발전사의 실마리를 찾아 복원함으로써 중국문화의 정신적 특징과 관련된 가치 관념을 계승할 수 있습니다. 고전문헌 정리라는 기초 작업과 비교해 본다면, 이러한 한자 심층구조와 관련된 자료의 구축은 한자문화에 내재된 정신 계승의 새로운 매체를 육성하는 것에 해당합니다.

2. 한자의 학술적 전통: 의리와 고증

중국의 학술은 의리(義理), 사장(辭章), 고증(考據)의 세 계층으로 나뉘는데, 한자문화 사상을 핵심으로 하여 빛나는 학술적 전통, 즉 의리와 고증의 융관회통(融貫會通)을 형성했습니다. 이 회통은 문자(文字)와 음운(音韻)과 훈고(訓詁)의 고증을 통해 실현되었습니다. 한학(漢學)이 발전하여 청나라 때의 박학(樸學)에 이르렀을 때, 대동원(戴東原), 단옥재(段玉裁), 왕념손(王念孫), 왕인지(王引之), 전대흔(錢大昕) 등과 같이 한 시대를 풍미했던 대가들은 "의리(義理)는 훈고(訓詁) 속에 존재한다"라고 분명하게 선포했습니다. 훈고의 방식은 실제로 고증이며, 훈고의 주체는 바로 문자와 음운입니다.[2]

---

2) 소리는 다양한 형체들을 통섭(統攝)하며 연계를 이루고, 구조적인 형체는 동일한 음절(音節)의 변별을 생성한다. 그자(字)→어휘(詞)→도(道), 의미(意)→어휘(詞)→글자(字)라는 이 상호 관계는 청대 고증학자이자 철학자인 대진(戴震)이 문자고증(文字考據)과 의리(義理) 관념의 관계에 대해 내린 결론이다. 즉, 전체로서의 도(道)에 대한 원초적 인식과 부분으로서의 훈고학적 해석(訓詁解釋)은 고증의 경로 상에서 상호 보완적이며 순환적인 관계에 있다.(장극화(臧克和) 저, 『중국문자와 유학사상(中國文字與儒學思想)』, 남녕(南寧): 광서교육출판사(廣西敎育出版社), 1996년, 221쪽 참조; [한국어 번역본]

전통적으로 한자는 예(禮), 악(樂), 사(射), 어(馭), 서(書), 수(數) 즉 '육예(六藝)'의 하나로, 다섯 번째에 배열되어 있습니다. 고대에는 "예(藝)에서 노닌다(遊於藝)"는 학문적 경험이 있어, 문자의 서사와 운용을 '제오유(第五游)'라고도 불렸습니다.3) 중국 학술사에는 '문자로 역사를 증명하는(以字證史)' 관습이 있습니다. 한자를 사용을 해온 '한자문화권'의 여러 학문도 종종 한자체계를 중국 상고 삼대(三代) 이래의 인지구조와 관념 체계 구축의 기초로 삼고 있습니다.4) 이렇듯 한자의 구조 체계는 바로 인지관념의 자취입니다.

『한자와 유학사상』, 김화영(역), 학고방, 2024). 한 가지 지적해야 할 점은, 전종서(錢鍾書)(『관추편(管錐編)』 제1책, 북경: 중화서국(中華書局), 1979년, 172쪽)가 박학(樸學)의 해고(解詁) 기술 경로를 대상으로 이를 '해석학적 순환원리(闡釋循環原理)'로 규정하고 다음과 같이 설명했다는 점이다: "작은 것을 쌓아 큰 것을 밝히고(積小以明大), 다시 큰 것을 들어 작은 것을 관통하며(擧大以貫小); 말단을 미루어 근본에 이르고(推末以至本), 다시 근본을 탐구하여 말단을 궁구한다(探本以窮末). 상호교차하고 왕복함으로써(交互往復), 비로소 의미해석이 원만하고 충분해지며(義解圓足), 편협하고 메마름을 면할 수 있다(免於偏枯)."(장극화(臧克和), 「『관추편(管錐編)』 훈고학 사상 초탐(訓詁思想初探)」, 『화동사범대학학보(철학사회과학판)』(華東師範大學學報(哲學社會科學版)) 1989년 제3호 참조).

3) 한국한자연구소(韓國漢字研究所)에 수집된 한국 고대자전 중에 『제오류(第五游)』라는 이름의 자서가 포함되어 있다. [역주] 하영삼(河永三), 『제오유 정리와 연구(第五游 整理與研究)』, 상해: 상해인민출판사, 2012) 참조.

4) 전종서(錢鍾書)는 『관추편(管錐編)』에서 학문 연구에서 가장 핵심으로 느꼈던 부분에 대해 다음과 같이 논하였다. "심성(心性)에 대해 가진 한 시대의 고정관념과 선입견이 당대의 풍조로 퍼져나감)에 따라, 그 시대의 의리(義理)를 다룬 책들은 [속 내용이] 너무나 익숙해져 서로 잊히고, 소홀히 여겨지며 드러나지 않게 된 것들이 흔히 문장(文詞)과 언어(語言) 속에 드러나게 마련이다.("一代於心性之結習成見, 風氣扇被, 當時義理之書熟而相忘·忽而不著者, 往往流露於文詞語言.)" 이는 거장의 식견과, 사장(辭章)·의리(義理)·고증(考據)의 학문적 방법론이 하나로 통하는 지점을 잘 드러내는 말이다.

3. 한자문화 사상: 매체와 자원

한자의 구조와 서사체계는 문화를 전승하고 짊어지는 속성을 가지고 있습니다. 한자문화는 앞서 언급한 관념 형태의 '심층구조'를 함축하고 있습니다. 중국 학술사에는 '문자로 경전을 해석하고(假字解經)', '문자로 역사를 증명하는(以字證史)' 오랜 전통이 있습니다. 이처럼 문자학은 예로부터 중국 전통 인문학의 근간이었습니다.

한(漢)나라 허신(許慎)의 『설문해자(說文解字)』는 1만여 자의 고대 한자에 대한 구조를 저장하고 있으며, 고대 중국인들의 자연과 인본에 대한 '심성의 고정된 견해'를 백과사전식으로 직접 보여주고 있습니다. 관찰과 인식을 통해 유형과 계층으로 분류하고, 풍부한 한자 인지모델을 가장 체계적으로 연역했습니다.

한자의 고증과 해석 과정은 고대 한자 구조의 내재적 연계를 통해 민족 고유의 순수하고 선명한 관념과 사상을 발굴하여 추출할 수 있고, 지식을 채집하고 발전과 형성과정을 분석할 수 있음을 보여줍니다. 예를 들어, '화(和)'자류 인지구조에 체현된 '화해(和諧)'의 관념사, '인(仁)'자류 인지구조에 저장된 인애(仁愛)와 인본(人本) 의식, '덕(德)'자류 인지구조에 전달된 원초적 도덕 율령, '예의(禮儀)'자류 인지구조에 축적된 인생 예의 태도, '시령(時令)'자류 인지구조에 침전된 시간관념의 발전사 등이 그렇습니다. 바로 이런 의미에서, 체계적인 한자문화 지식의 발굴은 중국 인지구조와 문화 사상 자원의 저장고를 구성한다고 해도 전혀 과장이 아닐 것입니다.

4. 한자 지혜의 전승: 지식과 지능

한자의 문화적 속성은 인지구조적 측면에서 구현됩니다. 한자의 인지구조는 고대 중국 사회의 풍부한 유비적(類比的) 인지 모델로 나타납니다. 한자가 구현하는 중국적 인지구조는 '형태로 의미를 나타내고(以形表意)' '유사성에 의해 체계를 이루며(以類相成)', 무엇보다도 한자 체계의 분류 즉 문자가 나타내는 사물의 외연 범위에 따라 일련의 의식 관념 구조 범주로 구분되는 것에서 먼저 드러납니다. 그리고 각 범주는 바로 '부류의 채택(取類)'ー취하는 바는 유(類)와 속(屬)이지 더 이상 구체적인 형태 단위가 아닙니다ー에 해당합니다.

한자 고증과 해석의 역사적 과정이 보여주듯, 고대 한자 구조의 내재적 연계를 통해 민족 고유의 순수하고 선명한 의식 관념의 범주를 발굴하여 추출할 수 있습니다. 또 그 근원을 명확히 하고 흐름을 관찰하며, 한자 체계 발전 과정에서 지식을 채집할 수도 있습니다ー이는 중국민족 인지구조의 문화 자원의 저장고를 구성합니다.

언어(인류의 인지 방식과 인지 결과)가 세계를 건설했다기보다는 문자가 세계(천인관계, 사물관계, 인간관계)를 고정시켰다고 볼 수 있습니다. 문자 표기는 세계 만물에 형태를 부여하여 만물이 저장하고, 분류하고, 추출될 수 있도록 했으며, 나아가 상호 연결되어 격물(格物)과 치지(致知)가 가능하게 했습니다. 이를 통해 세계는 '장면화(場景化)'되어 확정되고 파악 가능하게 됩니다. 21세기 이래, 인류사회는 제2차 체계적 코딩, 즉 문자 체계 자체의 디지털화 처리를 완성하여 이 세계를 디지털 지능시대에 진입하게 했습니다.

　회의(會意)와 의회(意會)는 지식을 생산합니다.[5] 한자 구조의 인지는 독체(獨體)건 합체(合體)건 모두 전문 작업자의 대뇌를 통한 의회(意會: 의미 파악)라는 가공 과정이 필요합니다. 합체로 된 복합 구조의 한자도 옛 사람들이 말하는 '형성(形聲)'과 '회의(會意)'입니다. '회의(會意)'는 말할 필요도 없이 본질적으로는 '의회(意會)'이며, 회합에 참여하는 몇 개의 문자 부호를 정리하여 하나의 글자구성 의미를 도출해내는 것입니다. 간단히 말해 해독하는 사람의 '의회(意會)' 과정이라 하겠습니다. 구조 주체의 인지 과정으로서의 '형성(形聲)'류도 실제로는 '의회(意會)'의 참여 가공에서 벗어날 수 없습니다. 인류 인식의 발생과 발전사에서 의회(意會) 지식은 모든 지식의 기초이자 원천이었습니다. 폴라니(Michael Polanyi)는 "의회 지식이 말로 전하는(言傳) 지식보다 더 기본적이다. 우리는 말할 수 있는 것보다 알 수 있는 것이 많으며, 말로 전할 수 없는 이해에 의존하지 않으면 아무것도 말할 수 없다."라고 했습니다.[6] 이는 의회 지식이

---

5) [역주] 회의(會意)는 한자구성의 원리(육서 중 하나)를 지칭하는 용어로, 두 개 이상의 한자(문자부호)가 결합하여 새로운 의미를 생성하는 방식을 가리키며, 이는 문자 자체의 속성에 해당한다(예컨대 인(人)과 목(木)이 합쳐져 '나무에 기대어 쉬는 모습'에서 '쉬다'는 뜻을 그려낸다). 이에 반해 의회(意會)는 인간의 인지과정(Cognitive Process)을 설명하는 말로, 명시적으로 설명되지 않은 내용이나 관계를 직관적으로 이해하거나 함축적인 의미를 스스로 파악하는 심리적 작용을 말하는데, 이는 사람의 마음속에서 일어나는 활동에 속한다. 한국어로는 '의미를 헤아리다', '함축적 의미를 파악하다' 등으로 해석 가능하다.

6) [역주] 마이클 폴라니(Michael Polanyi, 1891-1976)는 헝가리 출신의 영국 철학자이다. 그는 원래 뛰어난 물리 화학자였으나, 후에 철학과 사회과학 연구로 전향하여 물리화학, 경제학, 철학 등 여러 분야에서 중요한 이론적 공헌을 했다. 그의 사상은 광범위하고 심오하며, 평생 동안 많은 저술을 남겼는데, 주요 저서로는 개인적 지식, 과학, 신념과 사회, 인지와 존재, 사회, 경제와 철학—폴라니 문선 등이 있으며, 과학철학, 인식론, 경제이론에 깊은 영향을 미쳤다. 특히 그가 제시한 암묵적 인지론(意會認知論)은 그의 사상 체계의 핵심 이론이다. 그는 암묵적 인지의 구조, 작동 메커니즘, 위치와 역

시간적으로 논리적이고, 말로 전해지는 지식보다 선행하며, 의회(意會) 없이는 말로 전해지는 지식을 생성하거나 이해할 수 없다는 뜻입니다. 글자의 창제(造字)는 의회(意會)를 떠날 수 없고, 자형과 자의를 해독하는 것도 반드시 의회(意會) 능력의 간여가 필요합니다. 이에 근거하면, 인공지능(AI)은 표지된 프로그램을 따라 '내용'만 생산할 수 있을 뿐, '지식'을 생산할 수 없습니다. 지식은 발굴을 기다려야 하며, 기계학습은 논리를 따르고 표지를 기다립니다. 이런 의미에서 기계 학습은 한자지식의 발굴과 채집 및 전승을 대체할 수 없습니다.[7]

5. 한자 지식의 발굴과 학문 전승

　인문학은 보편적으로 학제간의 성격을 갖습니다. 1980~90년대 화동사범대학에는 '문화문자학'이라 불리는 한자학파가 있었습니다.[8] 세월이 흐르면서 이

　할을 체계적으로 탐구했을 뿐만 아니라, 이러한 분석을 과학, 사회, 그리고 많은 전통적 철학 문제에 대한 사고에 적용했다.

7) 이경원(李景源), 『원시 인지연구(史前認識研究)』, 장사(長沙): 호남교육출판사(湖南教育出版社), 1989년, 78-80쪽.

8) 이령박(李玲璞)·장극화(臧克和)·유지기(劉志基), 『고대한자와 중국문화의 근원(古漢字與中國文化源)』, 귀양(貴陽): 귀주인민출판사(貴州人民出版社), 1997년. 장극화(臧克和), 『한어 문자와 심미심리(漢語文字與審美心理)』, 상해(上海): 학림출판사(學林出版社), 1990년. 장극화(臧克和), 『설문해자의 문화적 설해(說文解字的文化說解)』, 무한(武漢): 호북인민출판사(湖北人民出版社), 1994년. 장극화(臧克和), 『중국문자와 유학사상(中國文字與儒學思想)』, 남녕(南寧): 광서교육출판사(廣西教育出版社), 1996년. 장극화(臧克和), 『한자 단위 관념사 고찰(漢字單位觀念史考述)』, 상해(上海): 학림출판사(學林出版社), 1998년. 장극화(臧克和), 『상서 문자 교고(尚書文字校詁)』, 상해(上海): 상해교육출판사(上海教育出版社), 1999년. 장극화(臧克和) 주편(主編), 『한자연구 신시야 총서(漢字研究新視野叢書)』(11종), 남녕(南寧): 광서교육출판사(廣西教育出版社), 1996-2000년. 유지기(劉志基), 『

학파가 남긴 중국 문자가 함축하고 있는 예속사(禮俗史), 예술사, 관념사상사에 관한 일련의 연구 성과는 국내외 관련 전문 영역에서 여전히 광범위하고 깊은 영향을 미치고 있습니다. 작금의 "설문학" 연구 총목과 같은 문헌 목록 및 인터넷 검색 엔진에서도 여전히 이와 관련된 대량의 관련 정보를 발견할 수 있습니다.

지난 20여 년간 우리 화동사범대학교의 '한어문자학'은 줄곧 상해시 정부의 중점 학과로 건설되어 왔습니다. 세계를 향한 한자학과 플랫폼 체계로서 '화동사범대학 중국문자연구와응용센터'는 중국교육부 인문사회과학 중점 연구기지로 기능해왔습니다. 연구기지는 전 세계를 대상으로 『중국문자연구』, 『중국문자』(*Journal of Chinese Writing Systems*) 등을 편집 발행했습니다. 국제적으로는 한국 경성(慶星)대학의 한국한자연구소, 이스라엘 히브리대학의 고고연구소, 일본 교토 리츠메이칸(立命館)대학의 동양문자문화연구소, 독일 본(Bonn)대학의 한학과 등과 전문 프로젝트의 장기적 심층적 협력을 전개해 왔습니다. 이들 학과와 연구소들은 자체 연구 개발을 통해 통용 가능한 완전한 '고문자 자형집'을 구축하여, '신문방송학과' 영역의 중국문자 지능화 데이터베이스 등을 최초로 구축하기도 했습니다. 이러한 과제가 포괄하는 일련의 프로젝트의 전개와 한자 지식의 심층적 채집은 향후 인공지능 기계학습에 동양 문화와 관련된 데이터의 추진력을 제공하고, 인간과 기계가 융합된 최적의 발전을 실현

한자와 고대 인생 풍속(漢字與古代人生風俗)』, 상해(上海): 화동사범대학출판사(華東師範大學出版社), 1995년. 유지기(劉志基), 『한자문화 종론(漢字文化綜論)』, 남녕(南寧): 광서교육출판사(廣西敎育出版社), 1996년. 유지기(劉志基), 『한자 체태론(漢字體態論)』, 남녕(南寧): 광서교육출판사(廣西敎育出版社), 1999년. 유지기(劉志基) 주편(主編), 『문자중국총서(文字中國叢書)』(5종), 정주(鄭州): 대상출판사(大象出版社), 2006년.

할 것입니다.

6. '근본을 다지고 영혼을 함양하는' 일반교양 성격의 한자

화동사범대학(華東師範大學)은 학과 건설의 실제 상황에 기반하여 위와 같은 학과 자원을 통합하고, 일반교양 과정을 문자학 기초 위에 현실적으로 정착시키려 시도해왔습니다. 이를 통해 다양한 학과 전공 배경을 가진 독자들이 새로운 시대의 국가 거버넌스라는 위대한 실천 속에서 추출된 문화 사상과 핵심 가치관을 충분히 이해할 수 있도록 하였습니다. 이는 뿌리 깊은 우수한 전통 문화의 토양에 기반을 두고 탄탄한 학문적 이론 기초를 갖추어, 고유한 인지 연결 채널을 회복하거나 구축하고 '근본을 다지고 영혼을 함양한다(培根鑄魂)'는 목표를 실현하기 위함입니다.

이를 위해 화동사범대학교 당위원회는 관련 팀을 구성하여 학제 간 연구를 기반으로 조사 연구를 수행하고 지식을 발굴하여 "한자문화사상전승총서(漢字文化思想傳承叢書)"를 집필하게 되었습니다. 이는 다양한 전공 배경을 가진 독자들에게 상대적으로 보편적인 교양적 성격의 독본을 제공하고, 동시에 '한자문화권'은 물론 전 세계의 광범위한 독자들이 중국의 우수한 문화 전통을 인식하고 한자의 '인지원형(認知原型)'의 기억을 활성화할 수 있는 새로운 시각, 새로운 방법, 새로운 자료를 제공하기를 바라는 마음에서였습니다.

개방적 성격을 지니는 본 총서는 앞으로 독자들의 필요에 따라 지속적으로 발전을 거듭하며 다양한 주제별 시리즈를 선보일 계획입니다. 사회 각계각층의 관심과 지원을 부탁드리며, 이 시리즈가 함께 발전해 나가길 기대합니다. 이를 통해 '근본을 다지고 정신을 함양하며(培根鑄魂)', 진정한 문화와 사상적 자신감을 확립하는 한자 속의 '화합의 길(和道)'이라는 이 거대한 과업이 훌륭히 완수되길 바랍니다.

7. 체제와 설명

(1) 설계 이념

새로운 출토 자료가 끊임없이 발굴되고 다양한 유형의 정보가 점점 더 풍부해지는 '빅데이터' 환경 아래, 본 총서의 기획 의도는 문자해독(文字釋讀)을 통해 객관적이고 신뢰할 수 있는 지식을 발굴하는 데 있습니다. '의미는 구조 속에 존재한다'는 원칙에 따라, 본 총서에서 조사·분석한 자형(字形) 구조의 경우 '부수별로 유형을 모아(成部類聚)' 배열하고 비교하며, 동일 문자의 서로 다른 형체의 역사적인 '동태적 변화' 과정을 주의 깊게 관찰하고, 특정 단위의 관념 발전사를 발굴하려 노력했습니다. 또 다양한 문자 데이터 플랫폼을 통합하여 추상적인 관념과 의식을 가능한 한 직관적인 구체적 형상(具象)으로 전환하고자 했습니다. 본문을 집필하는 과정에서 다양한 전공 배경을 가진 독자와 사용자의 요구를 충분히 고려하였습니다.

(2) 이중 구조 및 그 기원과 흐름

각 글자의 유형은 분석과 입증의 필요에 따라, 갑골문(甲骨文), 금문(金文), 전국시대 죽간문자(戰國簡文)와 백서(帛書), 고대 새인문자(古璽印文), 고대 도기문자(古陶文), 고대 화폐문자(古幣文), 진한 시대 죽간문자(秦漢簡文)와 백서

(帛書), 석각 전서(石刻篆文), 『설문해자(說文解字)』('신부(新附)' 부분 포함), 한(漢)나라부터 수당·오대 시대의 석각문자(漢至隋唐五代石刻文字), 『간록자서(干祿字書)』, 『오경문자(五經文字)』, 『구경자양(九經字樣)』 등의 다양한 자양학(字樣學) 문헌을 참고했습니다. 이를 통해 각 시대별로 실제 사용된 대표적인 원형문자를 순차적으로 배열하고 비교하여, 한자 구조의 기원과 발전 역사를 객관적이고 사실적으로 드러내고자 하였습니다. 이는 글자꼴(字體)의 발전과 그 속에 체현된 인지구조 및 개념의 진화 과정을 중점적으로 보여주며, 이를 통해 다양한 학문 분야 간의 유기적인 연결을 실현하는 데 목적이 있습니다.

(3) 이중 구조 및 그 분석

본문에서는 이중적인 복합 구조를 실현하고자 했습니다. 각 시대의 문자 기록에 대한 실제적 고증을 바탕으로, 다양한 유형의 자형(字形) 구조 간의 변화와 그 원인을 정확하게 분석하여, 전승 고전문헌의 기록과 상호 검증을 이루고자 했습니다. 이를 통해 이미 숨어있거나, 단절되거나, 사라진 일련의 형태—의미 간의 연결 단서를 새로이 재구했습니다. 다만, 예서(隸書)와 해서(楷書)로만 전해지는 자형에 대한 구조 분석은 단지 이해를 위한 참고용으로 제공하는 것임을 밝혀둡니다.

구조 분석과정에서는 한자의 시대적 요소, 즉 구조의 변이 유형, 변화 과정의 과도기 유형, 새로 증가된 자형의 유형, 서체 변환의 유형, 그리고 자형의 정형화 등 자형 구조 간의 기본적인 시간적 층위를 부각시켜 강조하였습니다. 나아가 이는 인지구조의 발전사의 기술과 문자사용의 시대 구분을 위한 참조 좌표를 제공할 것입니다.

한자의 의미와 연관성은 특정 구조 및 그 구조의 사용 과정 속에 존재합니다. 자형(字形)으로 의미를 연계하고 의미를 구별하는 것, 즉 자형 사용으로 인해 생성된 기본 의미 항목과 그들 간의 논리적 발전의 단서는 모두 구조 및 구조 사용 과정 속에서 고찰되어야 합니다. 자의(字義)의 설명은 구조의 전체성 원칙, 즉 인지구조적 의미가 구조 관계에 기반한 전체적 규정임을 강조했습니다. 동시에 연구는 실제 사용 '맥락(語境)'의 규정을 벗어나지 않는 원칙을 일관되게 유지하였으며, 이미 단절된 어떤 특수 의미 항목(義項)의 맥락적 연관을 회복하려 노력했습니다. 이를 통해 자의(字義) 체계의 기술이 더욱 명확하게 규정되고 대조 통일된 해석 구조 속에 놓이도록 하였으며, 데이터 사슬(근본을 다짐)과 의식 사슬(정신의 정련)이라는 이중 텍스트 복합 구조의 관계를 잘 처리하고자 하였습니다.

(4) 참고 문헌 및 그 표기

문헌의 정확성과 신뢰성을 보장하기 위해, 자형(字形) 이미지는 모두 출토 문자와 전래 자서(字書) 데이터셋, 즉 '중국문자 지능화 데이터베이스(中國文字智能化數據庫)'에서 채택하였습니다. 본문 중 자형의 기원과 흐름을 반영하는 다양한 고문자 자료의 출처는 본문에 따라 간칭(簡稱)의 형식으로 표기하여, 문헌 기록의 연대와 매체의 성질을 밝히는 역할을 하도록 했습니다. 이 책의 본문 뒤에는 '참고문헌'을 별도로 수록했습니다.

(5) 각주 내용

이는 두 부분을 포함합니다. 첫째는 본문에 확실히 보충이 필요한 사항, 둘째는 문헌 출처 등과 관련된 정보를 제공하는 것입니다.

　본 총서에서 언급한 다양한 출토 고문자 데이터는 일반적으로 화동사범대학 (華東師範大學) 중국문자연구와응용센터에서 개발한 '중국문자 지능화 데이터 베이스(中國文字智能化數據庫)'에서 가져왔습니다. 편폭의 제한과 다양한 전공 배경 및 다양한 수준의 사용자 요구를 충족시키기 위해, 본문의 서술 과정에서 문자 데이터는 모두 간략하게 처리하였습니다. 향후 독자들은 생성형 인공지능 (AI) 도구를 통해 가시화된 문화 환경에 접근할 수 있을 것이며, 이러한 유형 의 기능에 대해서는 총서가 지속적으로 발전해 가며 끊임없이 보완해 나갈 것 을 약속드립니다.

'한자문화사상전승총서' 편집위원회를 대표하여

장극화(臧克和) 씁니다

2023년 7월 14일

목차

제1장

시간관념의 발생(상)

제1장

원시시기, 시간관념의 발생(상):

"일(日)" 계열 문자와 원시시기의 낮의 개념

중국은 예로부터 농업 대국으로, 중국인의 사상 및 의식의 기원은 농업활동과 밀접한 관련이 있다. 농업활동은 또한 항상 사람들의 시령(時令)에 대한 인식과 함께해왔다. 따라서 고대 중국인들의 시간에 대한 최초의 인식은 천문 현상에서 시작되었다고 할 수 있다. 더 엄격히 말하면 "태양이 뜨고 달이 지는(日升月落)" 현상에서 시간에 대한 인식이 시작되었다고 할 수 있다. 고대 사람들은 일출과 일몰, 달의 움직임을 시간의 흐름을 기록하는 눈금으로 삼았다. 태양이 보이면 낮이고, 달이 보이면 밤이었으니, 이것이 바로 사상 및 의식 속에서 낮과 밤의 개념이 생겨난 것이다.

　사상과 의식의 생성은 이를 표현하기 위한 언어 행위의 출현을 수반하게 된다. 이로써 언어로 시간을 표현하게 되었고, 나아가 시간을 나타내는 언어를 기록하는 문자 부호가 생겨났다. 처음으로 문자를 만든 사람이 구체적으로 어떤 이념에 따라 '시간'이라는 추상적 개념의 글자를 만들었는지 단언하기 어렵다.

하지만 최초의 문자 기록에 근거하면, 고대 중국인들이 문자를 만든 사유의 원리를 유추해 낼 수 있다. 실제로, 초기 표의문자(表意文字)의 조자(造字) 원리를 살펴보면, 고대인들이 시간을 표현한 방식은 고대 중국인들의 시간에 대한 사상 및 의식과 일치한다. 즉, 그들의 최초 사고방식은 모두 '태양[日]'과 '달[月]'로서 뜻을 나타내는 기본으로 삼았다. 이들은 낮 동안 태양이 뜨는 시간을 '일(日)'이라 표현하고, 밤 동안 달이 뜨는 시간을 '석(夕)'이라 기록하였다. 유지기(劉志基)(1996)는 다음과 같이 지적했다.

> 글자를 만든 사람들의 인식 속에서, 시간개념의 내포는 태양의 운동 그 자체였다.……'시(時)'나 '석(昔)'과 같은 추상적이고 포괄적인 시간개념이 태양과 이토록 밀접하게 연결될 수 있었던 근본적 이유는, 사람들이 태양의 운행을 세밀히 관찰하는 과정에서 여러 구체적인 시간개념들이 형성되었고, 이를 명확히 파악하기 위한 기준을 정립했기 때문일 것이다.……고대에는 광활한 하늘이 마치 커다란 시계판 같았고, 그 사이를 운행하는 해와 달은 마치 시계판 위의 시침과 같았다. 즉, 사람들이 시간을 인식하고 파악하는 방식은 바로 이 자연이라는 시계를 관찰하는 데 크게 의존했을 것이다.[1]

고대 중국인들의 시간에 대한 이와 같은 인식은 진실에 맞는 해석이라 할 수 있는데, 이는 최초의 문자 기록이 담고 있는 사실과 완전히 부합하기 때문이다.

갑골문에서 '일(日)'자의 형태는 '◉'과 같이 쓰였는데, 이는 매우 분명한 상형자(象形字)로, 글자의 형태가 바로 태양의 모습을 그린 상형 부호이다. 『설문일(日)부수』에서는 "일(日)은 실(實)과 같아서 '가득하다'라는 뜻이다. 태양의 정기가

---

1)　劉志基, 『漢字文化綜論』(南寧: 廣西敎育出版社, 1996), 109-112쪽.

줄어들지 않음을 말한다. 위(口)와 일(一)이 의미부이다. 상형이다.(日, 實也. 太陽之精不虧. 从口, 一. 象形.)"라고 했다.[2] 허신은 '일(日)'자의 가운데 있는 둥근 점을 '태양의 정기'로 해석했고, 후세 학자들 역시 이 설명을 그대로 따랐다.

왕양(王襄)은 이 둥근 점을 "태양 속에 있는 까마귀(日中有鳥)"로 보았고, 허신의 해석도 여기에 근거를 둔 것으로 보았다.[3] 이러한 '태양 속 까마귀[日中鳥]'설은 「천문(天問)」과 『회남자(淮南子)』 등에 처음 등장하였는데, 이전에는 관련 기록이 보이지 않는다.

요효수(姚孝遂)는 초기 문자의 '일(日)'자 속에 있는 점이나 가로획이 결코 '까마귀[鳥]'를 나타내는 것이 아님을 명확히 지적하였다.[4]

'태양 속 까마귀[日中鳥]'라는 해석보다는, 둥근 점은 구별을 위한 부호로 보는 견해가 더욱 사실에 부합할 것이다. 임의광(林義光)은 『문원(文源)』에서 '일(日)'자 속의 둥근 점은 일반적으로 쓰이던 동그라미[○]나 네모[□]와 같은 부호들과 '일(日)'을 명확히 구별하기 위한 표기 방식이라고 지적했다.[5]

그렇다면 왜 '일(日)'자 속에 있는 둥근 점을 구별 부호로 보는 견해가 더 사실에 근접한 것일까? 이에 대해서는, 아래와 같은 구체적인 분석을 통해 살펴볼 수 있다.

---

2) 許愼, 『說文解字』(北京: 中華書局, 1963), 137쪽.
3) 王襄, 『古文流變臆說』(上海: 龍門聯合書局, 1961), 17-18쪽.
4) 于省吾, 『甲骨文字詁林』, 姚孝遂按語編撰(北京: 中華書局, 1996), 1095쪽.
5) 林義光, 『文源』(上海: 中西書局, 2012), 70쪽.

제1절 '태양 속 까마귀[日中烏]'와 '일(日)'자의 조자 원리

'태양 속 까마귀[日中烏]'라는 관점은 굴원(屈原)의 「천문(天問)」에서 "후예는 어찌하여 태양을 쏘았는가? 삼족오(三足烏)는 어찌하여 깃털이 흩어졌는가?(羿焉彈日? 烏焉解羽?)"라고 한 구절로 거슬러 올라갈 수 있다.6)

이 구절은 후예가 어떻게 아홉 개의 태양을 떨어뜨렸으며, 태양 속의 까마귀는 어떻게 깃털이 떨어졌는지를 질문한 것이다. 『회남자 정신훈(精神訓)』에서는 "태양 속에 발오(跋烏)가 있다.(日中有跋烏.)"는 말이 정확하게 표현되어 있다.(고유(高誘)의 주석에 따르면, 이 발오는 전설 속의 세 발 까마귀를 지칭한다.)7) 이러한 '태양 속에 있는 까마귀[日中烏]'라는 개념에서, 후세 사람들은 태양을 '삼족오(三足烏)', '금오(金烏)', '양오(陽烏)' 등으로 부르게 되었다.

천문학이 발달하면서, 사람들은 '태양 속 까마귀[日中烏]'가 실제로는 태양의 흑점임을 점차 인식하게 되었다. 태양의 흑점이란 태양을 직접 관찰할 때 가끔 표면에 나타나는 검은 반점으로, 물리학적으로는 자기장이 집중된 곳이라고 여겨진다. 이 흑점의 형태는 다양해서 탄환 모양, 타원형 모양은 물론 간혹 날아가는 새의 형태와 비슷한 것도 있다. 따라서 사람들이 새 모양의 흑점을 삼족오(三足烏)로 간주했을 가능성을 완전히 배제할 수는 없다. 그러나 태양의 흑점 자체는 흔한 현상이 아니다. 관측할 수 있는 경우가 보통 몇 달에서 심지어 몇 년 주기일 정도로 낮을 수 있다.

---

6) 林家驪, 『楚辭』(北京: 中華書局, 2010), 83쪽.
7) 何寧, 『淮南子集釋』(北京: 中華書局, 1998), 508쪽.

이렇게 드물게 나타나는 태양의 흑점 현상 중에서 더욱이 '태양 속 까마귀[日中烏]'와 같은 새 모양의 흑점을 관찰한다는 것은 극히 어렵다. 그러므로 당시 '일(日)'자를 만든 고대인들이 과연 이렇게 세밀한 관측을 통해 태양의 흑점을 발견했는지 여부는 차치하고서라도, 새 모양의 흑점이 나타나는 확률만으로도 다음과 같은 명백한 결론을 내릴 수 있다. 즉, 고대 중국인들이 당시 자신들의 생활과 밀접한 태양을 나타내는 상형자 '⊙'을 만들 때, 이처럼 우회적이고 관념적인 '태양 속 까마귀[日中烏]'라는 개념을 사용했을 가능성은 매우 낮다는 것이다.

또 다른 관점에서는 태양과 새(鳥) 토템을 숭배하는 심리 때문에, 고대 중국인들이 '태양 속 까마귀[日中烏]'라는 개념을 빌려 '일(日)'자에 '⊙'과 같은 형태의 뜻을 나타내는 문자 부호를 만들었다고 보기도 한다. 그러나 이 관점 역시 더 깊이 따져보면 성립하기 어렵다.

고대 중국인들의 새 토템 숭배는 주로 새를 길상(吉祥)의 상징으로 보고 있음을 잘 알고 있다. 만약 새 토템 숭배의 심리에서 출발했다면, 조자(造字) 과정에서 사람들이 길상의 상징으로 여기는 태양 안에 있는 '까마귀(烏)'를 이토록 단순하고 거칠게, 둥근 점과 짧은 가로획으로 처리할 이유가 없다. 또한 '서사 공간의 부족'이나 '서사의 편리성' 등의 이유를 들어도 이를 설명하기 어렵다. 왜냐하면, 갑골문자에서는 '봉새[鳳]'를 '𡗶'이나 '새[隹]'를 '𨾴'처럼 온전한 새의 형태를 직접 나타내는 상형자가 무수히 존재하기 때문이다. 사람들이 숭배했던 '태양 속 까마귀[日中烏]'만 단순하게 필획을 생략하여 처리할 이유가 없으며, 이는 숭배하는 심리에도 맞지 않다. 따라서 '태양 속 까마귀[日中烏]'나 '태양의 정기는 줄어들지 않는다.[太陽之精不虧.]'와 같은 관점으로 고문자 형태 '⊙'의 가운데 둥근 점의 조자 의도를 해석하는 것은 논리가 충분하지 않다.

‘태양 속 까마귀[日中烏]’라는 관념을 배제했다고 해서, ‘일(日)’에 있는 둥근 점이 반드시 구별 부호라고 단정할 수도 없다. 이 점은 여전히 다른 구체적 사물의 생략된 형태일 가능성도 있다. 그러나 필자는 이 둥근 점이 어떤 구체적 사물의 생략된 형태라 하더라도 본질적으로는 ‘태양 속 까마귀[日中烏]’의 관점과 같다고 본다.

실제로 이와 유사한 견해가 많이 존재한다. 예컨대, 광서장족자치구(廣西壯族自治區) 좌강(左江)의 암각화에 있는 태양에 제사 지내는 그림을 연구한 학자는, ‘일(日)’자가 제사 때 나무 기둥을 땅에 세워 정오의 그림자를 관측하고 기록한 그림에서 유래했다고 보았다. 즉, ‘◉’의 바깥쪽 둥근 테두리 부호는 위에서 내려다본 둥근 형태의 ‘땅에 박은 나무 기둥’을 본뜬 것이고, 글자 가운데의 둥근 점은 ‘기둥의 뿌리’를 나타낸다는 견해이다.[8] 이 견해는 비교적 독특한 시각에서 출발했고, 원래 주장에도 일정한 타당성이 있어 보이나, ‘일(日)’자의 조자 원리를 설명하기에는 적합하지 않다.

첫째, 문자의 발생은 아무것도 없던 상태에서부터 점차적으로 진화하는 긴 과정이다. 최초의 문자는 고대 중국인들이 끈으로 매듭을 묶어 기록하는 것 등 간단한 새김 부호와 밀접한 관련이 있을 가능성이 크다. 또한, 사람들의 생활과 떼려야 뗄 수 없는 태양은 낮과 밤이 교차하는 원초적인 시간개념을 나타내는 표지로서, 이렇게 중요한 대상이 문자(혹은 그림 문자)로 형성된 시기는 필연적으로 문자가 갓 태동하던 가장 초기 단계였을 것이다. 다시 말해, 태양은 최초로 형성된 문자 중 하나였을 가능성이 매우 크다고 할 수 있다.

---

8) 李遠宁·黃春榮, 「試論左江岩畵中日芒星與祭日, 祀日及 “日”字的起源」, 『學術論壇』, 2009年 第3期.

　그렇다면, "땅에 기둥을 세워" 태양의 그림자를 관측하는 고도의 천문 관측 기술이 최초 문자 형성 시기보다 앞섰을 가능성이 있을까? 필자는 그럴 가능성이 매우 낮다고 생각하며, 그 이유는 다음 두 가지 측면에서 살펴볼 수 있다. 한편으로, 역대 문헌에서 가장 이른 시기의 천문학 관련 내용은 『상서·요전(堯典)』에 나오는 사계절에 대한 기록이며, 고고학적으로도 현재까지 가장 오래된 천문대는 일반적으로 산서(山西)성 도사(陶寺) 유적지에서 출토된 고대 천문대[觀象臺]로 알려져 있다.9)

　연구에 따르면, 도사(陶寺) 유적지에 있는 고대 천문대의 주된 천문학적 기능은 반원형의 관측대와 좁은 틈새를 조합하여 해가 뜨는 방향을 관측함으로써 계절을 파악하는 것이었다.10) 이러한 방식은 앞서 언급된 "땅을 뚫어 기둥을 세우는 방법(鑽地立柱)"과는 본질적으로 차이가 크다. 따라서 문자 형성 초기에 이미 태양의 그림자를 관측하는 발전된 기술이 존재했다 하더라도, '일(日)'자의 조자 원리가 이와 관련되어 있음을 증명할 수는 없다.

　다른 한편으로, 도사(陶寺) 천문대와 같은 복잡한 관측 기술의 출현은 천문대의 설계, 관측 데이터의 통계 분석, 관측 결과의 판정과 기록 등 일련의 고도화된 작업을 수반한다. 이러한 복잡하고 정교한 작업이 이루어지는 과정에서 문자 부호에 전혀 의존하지 않고 진행되었을 것이라고 상상하기는 어렵다. 이 점은 도사(陶寺) 천문대에서 출토된 '규표(圭表)' 위의 눈금으로 추정되는 새김 자국에서도 일정 부분 짐작해 볼 수 있다.11)

---

9) 李勇, 「世界最早的天文觀象臺—陶寺觀象臺及其可能的觀測年代」, 『自然科學史研究』, 2010年 第3期.

10) 武家璧·陳美東·劉次沅, 「陶寺觀象臺遺址的天文功能與年代」, 『中國科學輯: 物理學力學天文學』, 2008年 第9期.

또한, 좌강(左江) 암각화의 연대에 대해서는 학계의 견해가 일치하지 않지만, 대체로 전국(戰國)에서 동한(東漢) 시기에 해당한다고 보는 의견이 많다. 이는 분명히 그 시대가 은상(殷商) 시기보다 훨씬 뒤라는 사실을 보여준다. 따라서 좌강 암각화에 나타난 태양 부호를 '일(日)'자의 초기 형태로 보려는 주장은 시기적으로 단절되어 있으며, 암각화에 근거하여 도출한 '일(日)'자의 형태가 '땅에 박은 나무 기둥'의 모습이라는 해석, 나아가 이를 갑골문의 전신이라는 등의 해석은 모두 전혀 설득력이 없다. 요컨대, '일(日)'자의 모습을 "땅을 뚫어 기둥을 세우는 방법(鑽地立柱)"으로 해석하는 것은 실제 역사와 부합하지 않는다.

둘째, 태양과 같은 중요한 대상은, 사람들이 조자(造字) 초기에 반드시 가장 단순한 사고방식에서 출발하여, 보다 직관적인 형상을 그대로 본뜬 그림 방식으로 표현했을 가능성이 크다. 이를테면, 원을 하나 그렸을 때 사람들이 즉각 떠올릴 수 있는 둥근 사물은 자신들의 삶과 밀접하게 연관된 것들, 즉 태양과 같은 존재이지, 잘라낸 목재의 단면처럼 흔히 접할 수 없는 사물이 아니다. 마찬가지로, 둥근 점을 눈으로 직접 확인하기 어려운 '기둥의 뿌리'를 나타내는 부호로 간주하는 것도 사고의 논리가 지나치게 우회적이다. 이처럼 지나치게 복잡한 조자(造字) 방식은 문자 형성 초기에 사람들이 문자에 기대했던 직관성과 쉽게 이해할 수 있는 표현을 중시하는 현실과는 부합하지 않는다.

'일(日)'자 속의 둥근 점을 다른 사물의 상형(象形) 또는 그 생략형으로 해석하는 견해들은 모두 앞서 언급한 바와 같이 지나치게 복잡하고 우회적인 사고를 전제로 하고 있다. 이러한 우회적인 해석은 오히려 더욱 복잡한 조자(造字)

---

11)　何駑, 「山西襄汾陶寺城址中期王級大墓ⅡM22出土漆杆"圭尺"功能試探」, 『自然科學史研究』, 2009年　第3期.

논리를 초래하는데, 이는 고대 중국인들이 문자를 만들 때 처음부터 추구한 문자 실용성의 소박한 관념과는 크게 거리가 있다. 더욱이 지나친 우회적 연상은 충분히 신뢰할 만한 고고학적 증거가 필요하다. 그러므로 현재 고고학적 증거가 충분하지 못한 상황에서 '일(日)'자 속의 둥근 점을 구별 부호로 보는 관점이 더욱 직접적이고 분명할 뿐 아니라, 한자(漢字)의 조자(造字) 습관에도 더 부합하기 때문에, 실제에 보다 가까운 해석이라고 할 수 있다.

적어도 상형(象形)과 표의(表意)의 측면에서 보았을 때, '일(日)'자가 '◉'의 형태를 취하고 있고, 그 바깥쪽의 둥근 테두리가 태양의 윤곽을 본뜬 것이라는 것은 분명하다. 이는 이미 산동성의 대문구(大汶口) 문화에서 출토된 도기 문자인 ⚘, ⚱ 등을 통해 확실히 입증된 것이다.[12]

대문구(大汶口) 유적지의 각부(刻符)에서 보이는 둥근 형태의 부호는 일반적으로 태양을 본뜬 것으로 해석되는데, 이들 부호 내부에는 별도의 둥근 점이 표시되어 있지 않다. 이를 통해 볼 때, '일(日)'자가 처음 형성될 당시에는 단순히 둥근 모양이었을 가능성이 크다. 그러나 자연계에는 둥근 형태의 사물이 너무 많아 오해의 여지가 컸기 때문에, 대문구 각부와 같이 '태양[日]'을 기록할 때는 글자 형태의 둥근 테두리 아래에 산봉우리 모양 등과 같은 특수한 환경을 묘사하여 그 의미를 구별하려 했던 것으로 보인다. 시간이 흐르면서 사람들은 이러한 구별의 중요성을 더욱 자각하게 되었고, 동시에 보다 간편하게 기록하기 위해, 'O'형태의 부호 안에 둥근 점이나 가로획 등과 같은 변별부호를 추가하는 방식이 점차 형성되었다.

---

12) 李學勤, 「論新出大汶口文化陶器符號」, 『文物』, 1987年　第12期.

제2절 '일(日)'의 본의(本義)와 파생 의미

상술한 분석을 종합하면, '일(日)'의 조자(造字) 근거는 확실히 태양을 본뜬 것임을 기초로 한다고 생각할 수 있다. 그렇다면 이 태양의 모습은 또 어떻게 시간이라는 관념과 연결될 수 있었을까? 무엇을 근거로, 태양을 나타내는 상형문자 '☉'이 원시적인 시간관념의 발생이라고 말할 수 있는 것일까?

'일(日)'이 상형자(象形字)라는 것은 이미 학계에서 분명히 내린 결론이다. 상형자의 조자 의도로 말하자면, '일(日)'의 본의(本義)는 바로 '태양'이다. 그러나 태양은 객관적으로 존재하는 자연물로서, 그 자체로는 '시간'이라는 추상적 개념과 직접적인 관련이 없다. 따라서 '일(日)'과 원시적인 시간관념과의 연결을 논한다는 것은, 실제로 '일(日)'이라는 이 글자의 형태가 어떻게 시간과 관련된 의미를 표현하게 되었는지를 살피는 문제와 같다.

『한어대자전(漢語大字典)』에서 보이는 '일(日)'의 첫 번째 의미항인 '태양이 바로 본의(本義)이다. 하나의 글자에서 본의(本義)라는 것은 조자(造字)의 초기 단계에서 그 자형의 구성 원리와 일치하는 가장 원초적인 의미를 가리킨다. 즉, 해당 문자의 형태가 구조적으로 표현하는 직접적인 의미로, 이를 글자 형태의 의미, 줄여서 '자형의 의미[字形義]'나 '글자의 의미[字義]'라고 부를 수 있다. 이와 대비되는 개념으로 글자의 '파생 의미[引申義]'나 '가차 의미[假借義]' 등이 있는데, 이처럼 다양한 의미는 한자가 '일자다의(一字多義)'의 성격을 가지게 된 원인이기도 하다.

하나의 글자에 늘 여러 의미가 있다 해도, 실제 언어 사용에서 어떤 구체적인 글자를 사용하고자 할 때 보통 그 가운데 하나의 의미만을 취한다. 이러한 실제 언어 환경 속에서 선택되어 사용되는 의미를, 그 글자의 '화용 의미[語境義]', '어휘적 의미[詞彙義]', 또는 줄여서 '어의[詞義]'라고 부를 수 있다.13)

글자의 의미가 일단 생겨나면 대부분 고정불변한 상태로 머무는 것이 아니라, 실제 언어에 사용되면서 구체적인 의미를 드러내게 된다. 이 과정에서 언어의 변천과 더불어 그 의미 역시 변화하게 마련이다. 예컨대, '어의'의 확대·축소·전이 등이 있다.

이러한 변화에는 특정한 규칙이 없으며, 인간의 구체적인 생활환경과 밀접하게 연결된다. 어떤 글자는 본의(本義)가 생겨난 이후 계속해서 그 의미만을 사용하여, 다른 파생 의미나 가차 의미가 발생하지 않기도 한다. 반면, 어떤 글자는 본래의 의미가 생긴 지 얼마 되지 않아 곧바로 다른 의미로 가차되거나 파생되어, 오히려 본래의 의미는 사람들이 관심을 두지 않기도 한다.

종합하자면, 글자의 어의(語義)가 일정 수준 이상 확장되면, 그 본래의 의미가 반드시 상용 의미가 아닌 상황이 종종 발생하게 된다. '일(日)'자가 좋은 예이다.

고대 문헌에서 '일(日)'자가 본래의 의미를 나타내는 경우는 『맹자·만장(萬章)』(상)의 "하늘에는 두 개의 태양이 없고, 백성에게는 두 명의 왕이 없다.(天無二日, 民無二王.)"14), 『열자(列子)·탕문(湯問)』의 "태양이 처음 떠오를 때는 수레 덮개

---

13) 고대 한어(漢語)는 단음절어(單音節語) 위주로, 예컨대 '아내[妻子]'는 '처(妻)'로, '호랑이[老虎]'는 '호(虎)'로 나타내는 등 하나의 어휘가 종종 하나의 한자만으로 표현된다. 따라서 '어의[詞義]'라는 개념을 말할 때, 현대 한어의 이음절이나 다음절 어휘를 더 쉽게 연상하게 되어, 자칫하면 개별 한자도 하나의 단어일 수 있거나, 또 개별 한자에도 그 고유한 '어의'가 존재한다는 점을 간과할 수 있다. 그러니 이 점에 대해 주의를 기울일 필요가 있다.

14) 方勇, 『孟子』(北京: 中華書局, 2010), 179쪽.

만큼 크다.(日初出, 大如車蓋.)"[15] 등과 같은 예가 있다. 이는 모두 명백하게 '일(日)'을 태양으로 지칭한 경우이지만, 이러한 경우는 그리 흔하지 않다.

이에 비해, 『한어대자전』에서 '일(日)'의 두 번째 의미항인 '낮, 대낮[白天]', 세 번째 의미항인 '지구가 한 번 자전하는 시간, 즉 하루 밤낮'은 문헌에서 그 사용 빈도가 본의(本義)보다 훨씬 높다. 예컨대, 『시경·당풍(唐風)·갈생(葛生)』에는 "긴 여름 낮, 긴 겨울밤이여!(夏之日, 冬之夜!)"[16]라는 구절이 있는데, 여기서 '일(日)'은 바로 '낮'을 나타낸다. 또 『상서·홍범(洪範)』에는 "오기(五紀)는 세(歲), 월(月), 일(日), 성진(星辰), 역수(曆數)로 이루어져 있다.(五紀: 一曰歲, 二曰月, 三曰日, 四曰星辰, 五曰曆數)"[17]라는 구절이 있는데, 여기서 '일(日)'은 하루 밤낮, 즉 하루를 가리킨다.

'일(日)'자의 의미가 이렇게 분화되고 사용되는 상황의 원인은 그리 복잡하지 않다. 태양이 고대 중국인들의 생활과 밀접하게 관련되어 있다 해도, 이것은 어디까지나 멀리 하늘에 떠 있는 자연물이다. 사람들은 일상적인 대화에서 이 신비로운 천체를 단독으로 언급할 기회가 그리 많지 않다. 예컨대, 우리는 "태양이 어떻다(太陽怎樣)", "태양이 어떠하냐(太陽如何)"와 같은 주제로 말을 계속해서 이어가지는 않는다.

따라서 일반적인 문헌에서 '일(日)'자가 '태양'을 나타내는 경우는 다른 파생된 의미들에 비해 훨씬 적다. 그러나 사람들이 일상적으로 태양을 직접 언급하지 않는다고 해서 그것이 곧 태양과 멀어진 삶을 의미하는 것은 아니다. 왜냐하

---

15) 葉蓓卿, 『列子』(北京: 中華書局, 2011), 131쪽.
16) 劉毓慶·李蹊, 『詩經』(北京: 中華書局, 2011), 301쪽.
17) 王世舜·王翠葉, 『尙書』(北京: 中華書局, 2012), 148쪽.

면, 태양은 본질적으로 인간이 생존을 영위하는 데 있어 가장 핵심적인 존재이기 때문이다. 세상의 만물에서 태양과 관련된 것은 셀 수 없이 많으며, 특히 농업을 중시했던 고대 중국인들에게 태양은 농사 활동의 중심이라 할 수 있다. 태양이 그토록 중요했던 이유는 바로 당시 사람들이 태양을 관측함으로써 농경에 적합한 시기를 결정할 수 있다는 사실을 발견했기 때문이다. 그래서 태양 자체에 관심을 두지 않더라도, 사람들은 태양이 가져다주는 계절적 정보에 주목할 수밖에 없었다.

실제로, 사람들이 태양을 시간 측정에 사용할 수 있다는 것을 인식한 순간부터, 태양, 또는 태양을 뜻하는 '일(日)'자는 더 이상 단순히 빛과 열을 발산하는 자연물로만 머무르지 않고, 추상적인 시간을 측정할 수 있는 눈금자로서의 성격을 띠게 되었다.

이때, '일(日)'의 의미는 이미 변화했으며, 그 의미가 가리키는 것은 더 이상 태양이라는 구체적인 사물에만 국한되지 않고, 그와 동시에 태양이 하늘에 존재하는 시간대라는 추상적인 개념도 포함하게 되었다.

다시 말해, '일(日)'이라는 글자를 써넣는다는 것은 단지 "태양이 나왔다.(出了太陽.)", "태양이 있다.(有太陽.)", "태양이 매우 크다.(太陽很大.)"와 같은 의미만을 뜻하는 게 아니라, '이때는 마땅히 태양이 있어야 할 시간'인 '낮'을 나타내기도 하고, 나아가 '태양이 머무는 시간의 전체 범위'인 '하루'를 나타내기도 한다. 이처럼, '일(日)'의 의미는 [그림 1-1]에서 보여주는 것과 같이 발전하게 되었다.(日^{1}은 '낮'을 의미하고, 日2는 '하루'를 의미한다.)

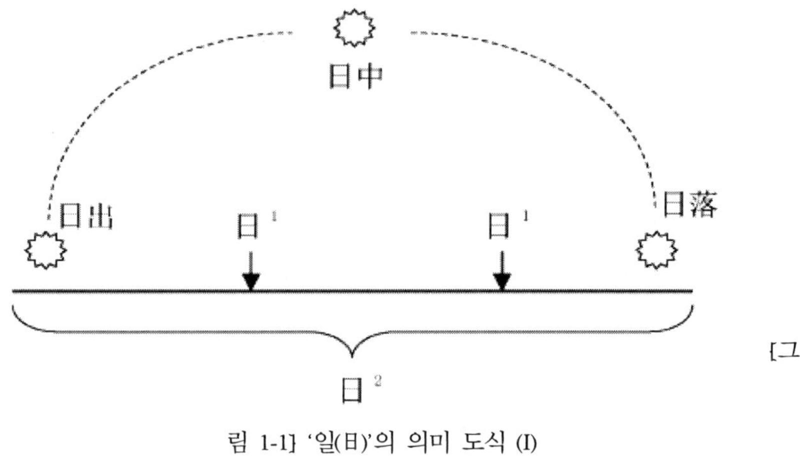

[그림 1-1] '일(日)'의 의미 도식 (I)

　　'일(日)¹'과 '일(日)²'는 파생된 의미이지만, 오히려 '일(日)'의 상용 의미로 자리 잡았다. 언어와 문자의 변화 과정에서 어떤 글자의 특정 의미가 상용 의미로 바뀌고, 그 본의(本義)의 사용 빈도가 낮아지거나 당시의 언어에서 이미 사라진 경우, 해당 글자의 본의(本義)는 후세 사람들이 추적하기 어려워져서 결국 그 의미를 아예 밝혀내기 어려운 경우도 생긴다. 다행히도 '일(日)'자의 두 번째와 세 번째 의미항이 첫 번째 의미항보다 더 자주 쓰이긴 하지만, 그 본의(本義)가 상용 의미에 완전히 가려진 게 아니다. 가장 주된 이유는, '시간'을 나타내는 파생 의미와 '태양'이라는 본의(本義) 사이에 불가분의 관계를 맺고 있기 때문이다. 즉, '태양'과 '시간'의 연결, 또는 여기서 주로 논의하는 '일(日)'과 '시간'이 연결되어 있다.

　　이러한 연결은 단지 언어와 문자의 변화에 대한 본체 이론에 기초하여 설명될 수 있는 것이 아니라서, 더 많은 구체적인 사례로 증명할 필요가 있다. 이러한 구체적인 사례들은 '일(日)'과 관련된 상고(上古) 시기 문헌의 언어에서 찾을 수 있다.

제3절 의미부 '일(日)'과 은상(殷商) 시기 시간관념

갑골문은 현재까지 알려진 가장 이른 시기 체계를 갖춘 한어 문자이며, 갑골문에서의 단일 글자 '일(日)'과 부수로 사용된 '일(日)'은 언어 문자 차원에서 확인할 수 있는 가장 초기의 의미부 '일(日)'의 사례라 할 수 있다. 만약 문자학 이론에 입각하여, 갑골문에서 '일(日)'이라는 의미부의 구성 원리가 시간개념과 어떻게 연관되어 있는지를 추적할 수 있다면, 이는 적어도 상고(上古)의 은상(殷商) 시기에 언어와 문자의 '일(日)'이 당시의 시간관념과 밀접한 관련이 있다고 말할 수 있다.

갑골문 '일(日)'의 조자 근거에 대해서는 앞에서 이미 논의하였으므로 여기서는 중복해서 서술하지 않겠다. '일(日)'의 본의(本義)가 태양이며, 태양이 또 시간을 관측하는 도구라는 것이 확정된다면, '일(日)'자 자체가 시간과 밀접하게 연결되어 있을 가능성이 매우 크다. 아래에서 조자 원리의 관점에서, '일(日)'을 편방으로 포함하고 있는 일련의 갑골문을 개별적으로 분석함으로써, 이들에서 '일(日)'이 모두 의미부로 기능하고 있으며, 각 글자의 전체 의미 또한 시간과 불가분의 관계에 있음을 규명하고자 한다.

(1) 단(旦)

앞에서 언급한 대문구(大汶口) 문화 시기의 도기에 나타난 '🔆', '🔅'이라는 두 개의 부호는 그 형태가 한자 '단(旦)'과 비슷하다. 글자의 형태가 산 사이에서 태양이 솟아오르는 모습으로, 그 구성 방식은 '단(旦)'의 조자 의도와 유사하다. '단(旦)'의 갑골문과 금문 자형은 [표 1-1]과 같다.

[표 1-1] '일(旦)'자의 갑골문과 금문 자형

甲骨文				
	『合集』1074正	『合集』29773	『屯南』42	『合集』34601
金文				
	此鼎	揚簋	大師虘簋	大師虘盨

위의 여러 자형 구조를 살펴보면, 그중에서 둥근 점이나 짧은 가로획이 있는 원형 또는 방형 테두리는 '일(日)', 즉 태양의 모습이다. 이는 이러한 글자들이 태양의 의미와 관련됨을 보여준다. 『설문단(旦)부수』에서는 "단(旦)은 밝다라는 뜻이다. 해[日]가 가로획[一] 위로 올라온 모습인데, 가로획[一]은 땅[地]을 뜻한다.(旦, 明也. 从日見一上. 一, 地也.)"[18]라고 했다. 허신의 해석은 '단(旦)'의 아래쪽 구조는 '가로획[一]'으로, 지평선을 가리킨다는 것을 분명히 밝히고 있다. 전체 자형은 태양이 지평선 위로 떠오르는 모습으로, 일출(日出)을 뜻한다. 현재 '단(旦)'에 대한 일반적인 해석도 대부분 『설문』의 관점을 따르고 있다. 그러나 [표 1-1]의 고문자의 형태를 자세히 관찰하면, '단(旦)'에서 '일(日)' 형태의 아래

---

18) 許慎, 『說文解字』(北京: 中華書局, 1963), 140쪽.

쪽(또는 위쪽) 구조가 실제로는 '가로획[一]'의 형태와는 상당히 다르다는 것을 발견할 수 있다.

갑골문에서는 가로획[一]'을 사용하여 지평선이나 지면(地面)의 의미를 나타낸 경우가 있다. 예컨대, '지(至)'는 갑골문에서 ✦로 쓰였는데, 이 자형의 가장 아래쪽에 있는 가로획은 지면을 나타내며, 그 위쪽은 화살촉이 아래로 향한 화살 '시(矢)'로 구성되어 있다. 이는 "화살이 땅에 도달함"을 형상화한 것으로, '도달하다[到]', '이르다[至]'라는 의미를 나타내고 있다.

그러나 '단(旦)'의 갑골문에서 아래쪽의 원형 테두리나 방형 테두리 구조, 그리고 금문(金文)에서 보이는 속이 찬 원형 덩어리나 방형 덩어리는, '지(至)'의 아래쪽에 있는 가로획과는 형태적으로 전혀 비슷하지 않다. 따라서 이것이 지평선을 가리킬 가능성은 매우 낮다고 판단된다.[19]

또 '단(旦)'의 아래쪽은 실제 태양의 그림자[日影]라고 보는 견해가 있다. '단(旦)'은 전체적으로 회의(會意)에 해당하며, 태양이 막 떠오를 때 아직 완전히 지면을 벗어나지 않아 그림자가 뒤따르는 상황이다.[20]

이 견해에 따르면, '단(旦)'은 회의자이지만, 이는 추가적인 증거가 부족할 뿐

---

19) 첫째, 갑골문에서 가로획[一]을 지평선이나 지면을 나타내는 부호로 사용하는 경우는 드물지 않다. 그러나 원형 테두리나 방형 테두리 형태로 지면을 표현하는 경우는 없다. 둘째, 갑골문에서는 '지(至)'와 '단(旦)'이라는 두 글자가 동시에 존재하고 있다.(예컨대, '단(旦)'이 갑골문『합집』제29272편 및 『둔남』제42편의 예문에 쓰인 바 있다.) 따라서, '지(至)'자 아래쪽의 가로획과 단(旦)'자 아래쪽의 원형 테두리나 방형 테두리는 형태 차이가 크므로, 그 둘을 동일한 의미로 해석하는 것은 설득력이 낮다. 그리고, 갑골에다 글을 새기는 편리성으로 말하자면, 이미 새기기 쉬운 가로획으로 지면을 표현하는 방법이 있는데, 굳이 새기기 어려운 원형 테두리나 방형 테두리를 사용하여 지면을 표현하지는 않았을 것이다.

20) 左民安, 『漢字例話』(北京: 中國靑年出版社, 1984), 267쪽.

아니라, 자형에서도 명백한 모순점이 존재한다. 예컨대 [표 1-1]의 금문 자형에서, 첫 번째 형태는 태양 아래에 마치 그림자가 붙어 있는 듯한 모습으로 보이지만, 두 번째 형태는 이른바 붙어 있는 듯한 그림자가 오히려 태양 위에 위치해 있다. 이는 '단(旦)'을 태양의 그림자로 해석하는 논리에 명백히 위배된다.

상술한 '단(旦)'에 대한 해석들은 대부분 형태의 구조에 근거한 추측으로, 언어와 문자의 내재적 논리 근거가 부족하여 신뢰하기 어렵다. 이에 비해 '단(旦)'의 조자 원리에 대해서는 문자학 연구자들이 언어학적 관점에서, 보다 현실적인 해석을 제시한 바 있다. 그것은 바로 '단(旦)'이 실제로는 '일(日)'이 의미부이고 '정(丁)'을 소리부로 하는 형성자라는 것이다. 이와 같은 견해는 우성오(于省吾)의 고증에서 확인할 수 있다.

금문에서 '단(旦)'은 ●, ● 등의 형태로 써졌으며, 고문(古文)에서는 속이 빈 테두리와 속을 채운 것이 서로 같은 것으로 간주되었다. 갑골문에서 아래를 채우지 않은 것은 새기기 편하게 하기 위함이다. 자형의 위에 있는 '일(日)'에서 점이 없는 것은 문자를 간략히 한 것이다. 다만 갑골문에서는 상하 구조가 분리된 자형이 많고, 금문에서는 대부분 상하가 연결되어 있다. 갑골문의 '단(旦)'은 '일(日)'이 의미부이고, '정(丁)'이 소리부인데, '정(丁)'과 '단(旦)'은 쌍성(雙聲)으로, 둘 다 단모(端母)자이다. 갑골문에서 '정(丁)'은 ● ● 처럼 썼는데, 이는 '단(旦)'자 아래의 빈 테두리 형태와 같다. 또한, 갑골문에서 '단(旦)'은 ● 처럼 쓰이기도 했는데, 아래는 ● 이고, 가운데에는 작은 가로획이 있으니, 변체(變體)이다.……원래 '단(旦)'과 '창(昌)'은 같은 이름이었으나, 후에 각각 쓰임에 따라 분화되었다. 그러나 『설문』에 있는 주문(籒文)체 '창(昌)'은 아래에 '정(丁)'이 들어가 있어, 여전히 그 형태를 추적할 수 있다. 또한 '창(昌)'은 그 음에 따라 뜻이 설정된 것으로 보아야 한다.

‘창(昌)’은 또 ‘당(黨)’, ‘당(讜)’과 통용되니 그 음을 추적할 수 있고, ‘빛나다[光]’라는 뜻으로 쓰인 사실에 비추어 볼 때 그 의미도 추적할 수 있다.[21]

　이러한 고증은 ‘단(旦)’의 자형 구조에 담긴 이치를 명확히 밝혀줄 뿐만 아니라, 언어와 문자가 발전하는 실제 과정에도 부합하기 때문에 학계에서 상당히 광범위하게 인정받았다. 결론적으로, ‘단(旦)’의 부수가 ‘일(日)’이라는 결론에는 의문의 여지가 없다. 더불어, 갑골문에서 ‘단(旦)’이 ‘아침과 저녁[旦夕]’에서의 ‘단(旦)’과 같이 시간을 나타내는 의미로 사용된 예도 매우 분명하다.

> [1] ‘단(해 뜰 때)부터 ‘측’(해거름 녘)까지 비가 내리지 않았다(旦至于昃不雨.)(『合集』29272)
>
> [2] 비가 내렸다. ‘단(해 뜰 때)에는 그쳤다.(其雨. 旦不雨.)(『合集』29779)
>
> [3] 이튿날 ‘단(해 뜰 때), 큰 비가 내렸다.(于翌日旦大雨.)(『合集』41308)
>
> [4] ‘단(해 뜰 때)부터 ‘식일’(정오) 무렵까지 비가 내리지 않았다.(自旦至食日[22] 不雨.)(『屯南』42)

　예문 [1]과 [4]에서 ‘단(旦)’은 각각 시간사인 ‘측(昃)’, ‘식일(食日)’과 대구를 이루고 있다. 이를 통해, ‘단(旦)’이 확실하게 ‘일(日)’을 부수로 하며, 전체 자형이 시간의 의미를 나타내는 단어임을 알 수 있다.

---

21) 于省吾, 「釋昌」, 『雙劍能殷契駢枝雙劍能殷契駢枝續編雙劍能殷契駢枝三編』(北京: 中華書局, 2009), 247-248쪽.

22) (역주) ‘食日’은 ‘食時’ 즉 해가 하늘의 가운데에 떠 있어 끼니를 먹는 시간대를 나타내는데, 대개 정오 전후를 가리킨다.

(2) 조(朝)

갑골문 '조(朝)'의 자형 구조는 회의(會意)에 속한다. 자형에는 '일(日)'·'월(月)'·'초(草)' 등의 요소가 포함되어 있는데, 태양과 달이 풀과 나무 사이에 보이는 것을 의미한다. 이는 이른 아침에 태양이 막 떠오르고, 달이 아직 하늘에 걸려 있는 광경으로, 이른 아침 시간대에만 볼 수 있는 장면이다. 그래서 '조(朝)'는 '이른 아침'이라는 시간대를 가리킨다. '조(朝)'는 시대별로 다음과 같은 자형으로 나타난다.

<table>
<tr><td>甲骨文</td><td>金文</td><td>楚簡</td></tr>
</table>

나진옥(羅振玉)은 '조(朝)'에 대해 다음과 같이 고증했다.

'조모(朝暮)'에서의 '조(朝)'는, 태양이 이미 풀 속에서 떠올랐으나, 달이 아직 지지 않은 상태를 나타낸다. 이것이 바로 '조(朝)'이다. 고대 금문에서는 생략된 '倝'로 구성되었고, 후대의 전서(篆書)체는 '간(倝)'이 의미부이고 '주(舟)'가 소리부인 구조로 바뀌었는데, 이로 인해 자형은 본래의 형태를 잃고, 뜻이 불분명해졌다. 고대 금문에서는 '倝'나 '朝'로 썼는데, '倝'의 생략된 형태를 따랐다. 倝와 川를 따른 것은 온갖 강물이 바다로 모이는 모양으로, 조석(潮汐)의 전용 글자이다. 이후 '조묘(朝廟)'를 의미하는 글자로 파

생되었다.(此朝暮之朝字, 日已出艸中, 而月犹未沒, 是朝也. 古金文省從舟, 後世
篆文從倝、舟聲, 形失而義晦矣. 古金文作朝、朝, 從倝省, 從月、刂象百川之
接于海, 乃潮汐之專字. 引申爲朝廟字.)[23]

나진옥의 고증은 고문자 '조(朝)'의 조자 원리에 부합하며, 이와 같은 조자 원
리는 '조(朝)'가 문헌에서 실제로 사용된 용법과도 일치한다. 복사에서 '조(朝)'가
세 번 등장하는데, 다음과 같다.

[5] 병인일에 점을 칩니다. '대'가 물어봅니다. '우' 땅의 사냥터에서 풀과
　　나무를 제거하는데, '조'(이른 아침)에 비가 내릴까요?(丙寅卜, 狄貞: 盂田
　　其遷㪔, 朝有雨.)(『合集』29092)[24]
[6] 계축일에 점을 칩니다. '행(行)'이 물어봅니다. "다가오는 갑인일에 '육
　　조[을]'께 '세'제사를 지내는데 '조'(아침)에 '주'제사를 올릴까요? 시행하
　　라. 물어봅니다. '막'(저녁)에 '주'제사를 올릴까요?(癸丑卜, 行貞: 翌甲寅毓
　　祖[乙]歲朝彡. 玆用. 貞莫彡.)(『合集』23148)
[7] 물어봅니다. 이번 주(10일) 동안 재앙이 없을까요? '조'(아침)이었다.(貞:
　　旬无凸, 在朝.)(『合集』33130)

앞의 두 예문은 모두 시간을 나타내며, 그중 예문 [6]에서 '조(朝)'와 '모(莫
(暮))'가 대구를 이루는 것은 '조(朝)'가 시간을 표현하는 단어임을 강하게 입증해

---

23) 羅振玉, 『三代金文表』(中華書局影印本, 卷上).
24) (역주) 遷은 구석규(裘錫圭)에 의해 '신(迅)'으로 풀이되어, '신속함을 말한다. 㪔은 우
　　성오(于省吾)가 '산(散)'으로 고석했고, 구석규는 '나무나 풀을 제거하는 수렵 방법'의
　　하나로 풀이했다. 각각 『간명갑골문사전』(崔恒昇) 편, 合肥: 安徽教育出版社, 2001)
　　629쪽, 551쪽 참조.

준다. 반면, 예문 [7]은 지명을 나타내는 것으로, 가차된 용례로 보아야 한다.

　금문의 '조(朝)'는 의미부가 '월(月)'이 아니라 '수(水)'이다.25) 어떤 사람은 '조(朝)'가 '조석(潮汐: 바닷물이 주기적으로 밀려왔다가 빠져나가는 현상)'의 '조(潮)'로 자주 쓰였기 때문에, 그것이 바로 '조(潮)'의 초기 형태이므로 그 자형의 의미부가 '수(水)'라고 보았다.26) 그러나 실제로 금문에서는 '조(朝)'의 의미부가 '수(水)'가 아닌 '월(月)'인 예문도 찾을 수 있다. 예컨대, 금문의 '묘(廟)'가 다음과 같은 형태로 쓰였다.

　'묘(廟)'는 '조(朝)'로 구성되어 있는데, 이때의 '조(朝)'는 '월(月)'로 구성되어 있으므로, '조(朝)'의 편방이 본래 '월(月)'로 구성되었다는 확실한 증거가 된다. 따라서 '조(朝)'는 청동기 명문(銘文)에서 여전히 '조석(朝夕)'이라는 단어로 '아침과 저녁'이라는 의미를 표현하는 경우가 많다.

　간백(簡帛) 문자에 이르러, '조(朝)'는 다시 '주(舟)'로 구성된 형태로 쓰이게 되었다. 일부 학자는 이 '주(舟)'가 금문의 '천(川(水))' 형태에서 형성화(形聲化)된 것이라고 보았다.27) '조(朝)'의 형태는 고대부터 현대까지 꽤 큰 변화를 겪었

---

25) 초기 고문자에서 '월(月)'과 '석(夕)'은 같으며, 둘 다 초기에 시간을 나타내는 데 사용된 주된 의미부 단위이다. '월(月)'과 '석(夕)'이 의미부로서 시간개념과 어떻게 연결되는지는 제2장에서 더 자세히 논의하겠다.

26) 林義光, 『文源』(上海: 中西書局, 2012), 265쪽.

는데, 고문(古文)으로 쓰인 문헌에서 '조(朝)'는 실제로 '조(輖)'로 많이 썼다. 예컨대, 『설문』에서는 '조(朝)'가 수록되어 있지 않고, '조(輖)'를 수록하여, "해가 뜨는 새벽[旦]을 말한다. 간(倝)이 의미부이고 주(舟)가 소리부이다.(旦也. 从倝, 舟聲.)"라고 해석했다.[28]

그러나 '조(朝)'자 형태의 근원을 추적해보면, 현대 간체자 '조(朝)'가 오히려 가장 원형에 가까운 형태라는 것을 알 수 있다. 허신이 말한 "간(倝)이 의미부이고, 주(舟)가 소리부이다.(从倝, 舟聲.)"라는 설명은 오히려 정확한 게 아니다. 왜냐하면 '조(朝)'는 처음에 회의자(會意字)였기에, '주(舟)'는 소리부가 아니라 문자가 변하는 과정에서 편방 구조가 변형된 결과이기 때문이다. 그러나 이러한 형성 과정의 변화와는 별개로, '조(朝)'는 '일(日)'을 의미부로 하고 있으며, 초기 갑골문과 금문에서 모두 시간을 표현하는 데 사용되었다는 점은 분명하다.

(3) 주(晝)

'주(晝)'자의 갑골문 자형은 다음과 같다.

甲骨文

---

27) 張靜, 「郭店楚簡中的變形音化現象」, 『漢字研究』第一輯(北京: 學苑出版社, 2005), 545-546쪽.

28) 許愼, 『說文解字』(北京: 中華書局, 1963), 140쪽.

송진호(宋鎭豪)는 '주(晝)'를 고증하며 다음과 같이 말했다.

'𦘒'는 시간을 나타내는 전용 글자이다. '𦘒'는 즉 주(晝)로, '손[又]'이 '𣏟'
을 들고 있는 모습과 태양[日]으로 구성되어 있다. 이는 상의자(象意字)로,
'𣏟'은 나무를 세우는 것을 나타낸다. '𦘒'는 『사기·사마양저열전(司馬穰苴
列傳)』의 「색은(索隱)」에서 "나무를 세워 태양의 그림자를 보는 기준으로
삼는다.(立木爲表以視日影.)"는 의미일 수 있다. '𦘒'의 본의(本義)는 나무를
세워 태양의 그림자를 측정하여 시간을 정하는 것일 것이며, 후에 또 전문
적으로 시간을 표시하는 데 사용되었다. 갑골문 '금일(今日)'과 '주(晝)'가 대
구를 이루는 것을 보면, 주(晝)가 단순히 낮을 뜻하는 것이 아니라 특정 시
간대를 가리킨다는 것을 알 수 있다. 태양의 그림자를 측정하는 일은 항상
태양이 중천에 있을 때 행해졌기 때문에, 정오 시간을 나타내는 전용 글자
가 되었다.[29]

『설문·화(畫)부수』에서는 "주(晝)는 태양이 떠서 질 때까지의 시간을 말하는
데, 밤과 경계를 이룬다. 화(畫)의 생략된 모습이 의미부이고, 일(日)도 의미부이
다.(晝, 日之出入, 與夜爲界. 從畫省, 从日.)"[30]라고 해석했는데, 태양이 떠올랐다
가 지기까지의 시간대가 바로 '주(晝)'라는 뜻이다. 이는 '야(夜)'와 상대적이다.
갑골문에서 '주(晝)'는 바로 '낮[白晝]'을 나타내는데, 예를 들면 다음과 같다.

[8] □□일에 점을 칩니다. 대(大)가 물어봅니다. '부정'께 '탁 제사를 드리

---

29) 宋鎭豪, 「釋晝晝」, 『甲骨文與殷商史』第三輯(上海: 上海古籍出版社, 1991), 34-49쪽.
30) 許愼, 『說文解字』(北京: 中華書局, 1963), 65쪽.

면……오늘 낮에……?(□□卜, 大[貞]: ……舌于父丁……今晝……)(『合集
』22942)31)

　　'금주(今晝)'는 바로 '이 낮', '당일'을 뜻한다. 복사에서는 '금주(今晝)'와 같이 시
간을 나타내는 단어로 '금일(今日)', '금석(今夕)', '금춘(今春)' 등이 있었다. 이를 통
해, '주(晝)'가 갑골문에서 시간을 나타내는 데 사용되었다는 것을 증명할 수 있다.

(4) 측(昃)

　　갑골문과 금문의 형태를 살펴보면, 이 글자가 표현하는 의미는 태양이 인체에 비
추어 드러난 사람의 그림자가 기울어진 모습인데, [표 1-2]에서 보이는 바와 같다.

[표 1-2] '측(昃)'의 갑골문과 금문 자형

甲骨文				
	『合集』20470	『合集』20957	『合集』29801	『合集』29793
金文				
	滕侯昃戈	滕侯昃戈		

---

31) (역주) 舌은 갑골문에서 屯으로도 쓰는데, 제사에 바치는 "희생의 다리를 찢는 것"을
　　말하여, 제사를 지내는 방법을 말한다.(于省吾, 『甲骨文字詁林』, 3307쪽.) 이는 현대
　　의 磔자로 고석된다.(趙誠, 『甲骨文사전』, 239쪽.)

‘측(昃)’의 자형이 나타내는 사람의 그림자가 기울어진 모습은, 하루 시간대 중에서 태양이 하늘 정중앙에서 옆으로 치우쳐 운행하는 때를 나타낸다. 따라서 ‘측(昃)’은 태양이 서쪽으로 떨어지기 전의 이 시간대, 즉 태양이 서쪽으로 기울어지는 시간대를 가리킨다. 이에 대해, 나진옥(羅振玉)은 ‘측(昃)’을 다음과 같이 해석했다.

> 태양이 사람 옆에 있는 모양으로, 해가 서쪽으로 기울어지는[日厢] 형상을 본떴는데, 『설문』의 厢이다. 서현(徐鉉)은 지금 세속에서 달리 ‘측(昊)’으로 쓰기도 하지만, 이는 옳지 않다고 하였다. 지금 복사의 내용을 살펴보면, ‘측(昊)’으로 쓴 것은 바로 ‘厢’의 고문임이 분명하다.[32]
> 『설문·일(日)부수』: ‘측(昃)’은 해가 서쪽에 있을 때를 말한다. 기울다[側]라는 뜻이다. 일(日)이 의미부이고 측(仄)이 소리부이다.(昃, 日在西方時, 側也. 從日, 仄聲.)[33]

허신은 ‘측(昃)’에 대해, ‘측(仄)’이 소리부인 형성자라고 말했지만, 실제로 상술한 고문자 자형에서 알 수 있듯이, ‘측(昃)’의 아랫부분은 본래 ‘측(仄)’이 아니라 ‘측(夨)’(‘측(仄)’과 동음)이다. 고문자에서 ‘측(夨)’은 양팔을 벌리고 정면을 향해 선 사람의 모습인데, 이 사람의 형상은 일반적인 사람의 형상과는 다소 다른 점이 있다. 그 자형은 [표 1-3]과 같다.

---

32) 羅振玉, 『殷虛書契考釋三種』(北京: 中華書局, 2006), 395쪽.
33) 許愼, 『說文解字』(北京: 中華書局, 1963), 138쪽.

[표 1-3] '측(仄)'의 갑골문과 금문 자형

甲骨文		
	『合集』14128	『合集』31241
金文		
	散伯簋	

갑골문에서 사람의 형상인 '측(仄)'은 똑바로 선 모습이 아니라 기울어진 자세를 하고 있는데, 특히 머리 부분이 뚜렷하게 옆으로 기운 형태를 하고 있다. 금문에서는 이렇게 기울어진 의미를 드러내기 위해, 사람 형상의 머리 부분을 의도적으로 길게 비스듬히 뻗어 나가게 표현했다. 현대 한자의 관점에서 보면, '측(昃)'은 '일(日)'이 의미부이고 '측(仄)'이 소리부인 형성자이지만, 상고시기까지 거슬러 올라가면 실제로는 회의자임을 알 수 있다. 또한, 이런 의미에서 '측(昃)'과 '측(側)'이 동원(同源) 관계에 속할 가능성이 매우 크다고 할 수 있다.

이상에서 살펴본 바와 같이, '측(昃)'은 태양이 서쪽으로 기울 무렵 사람의 그림자가 비스듬히 드리워지는 모습을 회의적으로 표현한 글자이다. 복사에서는 시간사(時間詞)로, 본래의 의미로 사용되었다. 그 예문은 다음과 같다.

[9] 왕이 점괘를 해석해 말씀하셨다. 재앙이 있을 것이다. 8일째 되던 경술일에 동쪽에서 구름이 몰려와 하늘이 검게 되었다. '측'(해거름 녘)이

되자 무지개가 나타났는데 북쪽에서부터 황하로 물을 들이마시는 모습이었다.(王占曰: 有祟. 八日庚戌有各云自東冒母, 昃亦有虹自北歙于[河].)(『合集』10406反)

[10] 정유일에 점을 칩니다. 이후 이틀 동안 비가 올까요? 내가 말했다. '무'일에 비가 올 것이다. '측'(해거름 녘)에 과연 비가 서쪽에서부터 왔다.(丁酉卜, 今二日雨. 余曰戊雨, 昃允雨自西.)(『合集』20965)

[11] '측'(해거름 녘)부터 '곽'(해질 때)까지 비가 오지 않을까요?(昃至𩫖不雨.)(『合集』29793)

[12] '측'(해거름 녘)에 '주' 제사를 드릴까요?(叀昃彭.)(『合集』30835)

예문 [9], [10], [11]은 모두 점복(占卜)에서 기상(氣象)에 대해 물을 때 시간과 관련된 서술로, 예문 [11]의 '측(昃)'과 시간을 나타내는 단어인 '곽(𩫖)'은 대구를 이루고 있어 증명이 가능하다.[34] 예문 [12]는 '석관(夕祼)', '모세(莫歲)' 등과 같이 복사에서 '시간을 나타내는 단어+제사를 의미하는 단어'의 전형적인 구성이다. 그 중, '관(祼)'과 '세(歲)'는 제사를 나타내는 단어인데, 유사한 구조에서 제사를 나타내는 단어 앞에는 대개 시간사가 있는 경우가 많다.

(5) 모(莫)

'조(朝)'와 상대되는 '모(莫, 혹은 暮)' 역시 태양이 나타내는 시간과 관련된 글자이다. 해가 뜨는 것을 '조(朝)'라 하고, 해가 지는 것을 '모(莫, 혹은 暮)'라고

---

34) '𩫖'과 '𩫖兮'는 같은 뜻으로, '𩫖'자는 과거에 '곽(郭)'으로 해석되었으나, 현재에는 '용(墉)'으로 보는 견해도 있다. 이 글자는 시간사로, 태양이 질 때쯤 이후와 황혼이 되기 전의 시간대를 나타낸다. 趙誠, 『甲骨文簡明詞典－卜辭分類讀本』(北京: 中華書局, 1988), 261쪽 참조.

한다. '모(莫)'자의 갑골문과 금문의 자형은 [표 1-4]와 같다.

[표 1-4] '모(莫)'의 갑골문과 금문의 자형

甲骨文							
金文							

'모(莫)'의 갑골문 자형은 변화가 많지만, 대개 '나무[木](또는 풀[草])', '태양[日]' 등의 구성 성분을 포함하고 있다. 이 자형은 태양이 숲속으로 지는 모습, 즉 해 질 무렵의 시간을 나타내고 있다. 어원 관계로 살펴보면, '모(暮)'가 '모(莫)'의 초기 의미인데, 그 초기 자형이 '모(莫)'로 변천하는 것이 실제에 더 부합된다. '모(莫)'의 갑골문은 '태양[日]'과 '숲[林]'으로 구성되어 있는데, 태양이 숲 아래로 지는 장면을 그린 회의자이다.('모(暮)'는 후대에 만들어진 글자로, '일(日)'을 중복시켜 의미부로 추가한 형태이다.) 고문자 '모(莫)'에서 '숲[林]'은 때로 두 개의 '숲[林]'으로 쓰이기도 하고, 때로 두 개의 '풀[屮]' 또는 세 개, 네 개의 '풀[屮]'이나, 심지어 두 개의 '벼[禾]' 등으로 쓰이기도 한다. 이는 상고시기에 문자의 구조 형태가 아직 일정한 체계를 갖추지 않았음을 보여주는 흔적이다. 『설문망(茻)부수』에서 "모(莫)는 해가 막 지려고 할 때를 말한다. 해[日]가 풀숲[茻] 속에 있는 모습을 그렸다.(莫, 日且冥也. 从日在茻中.)"라고 했다.[35]

서주(西周)시기 이후에, '모(莫)'의 구조는 글자에 소리부가 더해지는 추세로 인해 점차 '망(茻)'을 구성 요소로 삼아 고정되었다. '망(茻)'은 네 개의 '풀[屮]'로 이루어져 있는데, '풀이 많다'는 뜻이며 '모(莫)'의 소리부이기도 하다. '모(莫)'와 '망(茻)'은 고대의 음이 서로 가깝기 때문에 통용될 수 있었다.

일반적으로 '모(暮)'는 '모(莫)'의 본래 뜻(즉, 이 자형이 처음 표현한 의미)으로 여겨진다. 이는 '모(莫)'의 고문자 형태에서도 확인할 수 있다. '모(莫)'가 '일(日)'을 의미부로 삼았다는 점은 명백하며, 갑골 복사에서도 시간사로 사용된 용법은 매우 분명하다.

[13] [□□]일에 점을 칩니다. 조정(祖丁)께 저녁에 '세'제사를 지낼 때 희생 소 2마리를 바치면 왕께서 [조상의] 가호를 받을까요?(□□卜, 祖丁莫歲 二牢王受[佑].)(『合集』27274)

[14] 병오(丙午)일에 점을 칩니다. '행(行)'이 물어봅니다. "오는 정미(丁未)일 '모'(저녁)에 부정(父丁)께 '세' 제사를 지낼 때, 소를 바칠까요?"(丙午卜. 行貞:翌丁未父丁莫歲牛.)(『合集』23207)

[15] '모'(저녁)에 갈 때 비를 만나지 않을까요?. | 왕께서 '숙'(이른 새벽)에 돌아오시면 비를 만나지 않을까요?(莫往不冓雨. | 王其夙入不冓雨.)(『合補』 9535)

예문 [13]과 [14]의 '모세(莫歲)＋제생(祭牲: 제사용 희생)' 용법에서 '모(莫)'가 시간을 나타낸다는 것은 쉽게 알기 힘들지만, 복사에서는 이와 유사한 구조의 '석세(夕歲)＋제생(祭牲)' 용법이 자주 보인다. 예컨대, 『둔남(屯南)』1031편에는

---

35) 許愼, 『說文解字』(北京: 中華書局, 1963), 27쪽.

"계유(癸酉)일에 점을 칩니다. 부갑(父甲)께 한밤중에 '세' 제사를 드릴 때 수소를 희생으로 쓸까요? 이 점괘를 사용하라.(癸酉卜, 父甲夕歲叀牡. 茲用.)"라는 기록이 있다. 여기서 '모(莫)'와 '석(夕)'은 동일한 구조와 문법적 위치에 놓여 있으므로, 예문 [13]과 [14]의 '모(莫)'가 시간을 나타낸다는 것은 분명한 사실이다. 예문 [15]에서는 '모(莫)'와 '숙(夙)'이 대구를 이루고 있어, '모(莫)'가 명확하게 시간사로 사용되었음을 보여준다.

(6) 혼(昏)

'혼(昏)'의 고문자 형태는 두 가지가 있는데, 구체적인 자형은 [표 1-5]와 같다.

[표 1-5] '혼(昏)'의 갑골문 형태

甲骨文			
	『合集』23520 出組	『合集』29328 何組	『合集』29794 無名組

두 번째와 세 번째 자형 '송'은 모두 '일(日)'이 의미부이고 '씨(氏)'가 의미부이다. 여기서 '씨(氏)'는 '저(氐)'의 본자(本字)이다. 『정자통(正字通)』에서는 '저(氐)'를 "멈추다[止], 아래[下]"로 풀이했기 때문에, 일반적으로 '송'을 '해가 아래로 내려감', 즉 '황혼'의 '혼(昏)'으로 해석된다. 갑골문에서는 달리 '屍'이라는 자형도 있는데, 이에 대해 구석규는 다음과 같이 고증했다.

진방회(陳邦懷)는 이 글자가 따뜻한 물에서 사람이 목욕하는 모습을 본뜬 것으로, '온(溫)'자가 되어야 한다고 했는데, 신빙성 있는 해석이다. 이 글자는 '일(日)'이 의미부이고, '온(溫)'이 소리부이다. 용례를 보면, 이 자형은 하루 중 특정한 시간대를 나타내는 데 사용된 것이며, '혼(昏)'자의 이체자여야 한다.36)

이처럼 '𣎳'과 '𣅊'은 모두 갑골문에서 '혼(昏)'자로 사용된 것인데, 자형은 매우 다르다. 이는 이들이 속한 갑골문 조류(組類)가 다르기 때문이다.37) 특히 "𣎳"은 갑골 제2기 출토 계열에서만 나타나는 것이므로, 해당 계열의 특수한 서법으로 보아야 한다.

'혼(昏)'자는 '일(日)'이 의미부인데, 갑골문에서 시간을 나타내는 데 사용되었다.

[16] 오늘 신(辛)일에는 '혼'(황혼) 무렵까지 비가 내렸다.(今日辛至昏雨.)(『合集』29328)

[17] 오늘 경(庚)일에는 '미상'(해 뜰 때)부터 '혼'(황혼)까지 비가 내렸다.(今日

---

36) 裘錫圭, 「殷墟甲骨文"彗"字補說」, 『華學』第二輯(廣州: 中山大學出版社, 1996), 33-38쪽.

37) '조류(組類)'는 갑골문을 분류하는 방식이다. 동작빈은 가장 먼저 상왕(商王)의 계보 순서에 따라 갑골문을 다섯 시기로 나누는 이른바 '5기 분기법(五期分期法)'을 제시하였다. 이후, 그는 동일 갑골에서 확인되는 점복 인물의 이름을 근거로 복사를 계열적으로 분류할 수 있다는 견해를 내놓았다. 진몽가(陳夢家)는 이를 바탕으로 점복을 담당한 인물을 '정인(貞人)'이라 부르고, 복사에 나타나는 정인의 명칭을 동일 판본 내에서 계열적으로 연결하여 여러 개의 조(組)를 설정하였는데, 이것이 이른바 '정인 분조설(貞人分組說)'이다. 정인이 활동한 시기가 다르기 때문에, 각 조에 속한 복사들 사이에는 시기별 자형의 차이가 발생하게 된다. 나아가 연구가 진전됨에 따라, 이학근(李學勤), 임운(林澐) 등의 학자들은 자형적 특징에 따라 복사를 분류하는 '자형 분류설(字形分類說)'도 제기하였다. 시대에 따른 분기(分期), 정인에 따른 분조(分組), 자형에 따른 분류는 모두 갑골문 분류 연구에 있어 중요한 발전 단계라 할 수 있다.

庚湄日至昏其[雨].)(『合集』29907)

[18] '곽혜'(해질 때)부터 '혼'(황혼) 때까지 비가 내리지 않았다.(韋兮至昏不
　　　雨.)(『合集』29794)

예문 [16]에서 '혼(昏)'은 시간사인 '금일(今日) 신(辛)'과 대구를 이루며, 예문
[17]에서는 시간사인 '미일(湄日)'과 대구를 이루고, 예문 [18]에서는 시간사인
'곽혜(韋兮)'와 대구를 이루고 있다. 이들은 모두 '혼(昏)'이 시간사로 사용되었음
을 증명해준다.

(7) 엄(晻)

이 글자는 고대의 '암(暗)', 즉 어둠을 뜻하는 '암(暗)'과 같은데, 그 고문자 형태
는 다음과 같다.

甲骨文

구석규는 이 글자를 "일(日)이 의미부이고, 합(合)이 소리부인 글자로, '엄(晻)'
의 고자(古字)일 가능성이 있다.(从日, 合聲之字, 疑即'晻'之古字.)"라고 보았다.[38]

---

38) 裘錫圭,「釋"沓"」,『古文字論集』(北京: 中華書局, 1992), 42-44쪽.

『설문 일(日)부수』에서는 "엄(晻)은 밝지 않다라는 뜻이다. 일(日)이 의미부이고, 엄(奄)이 소리부이다.(晻, 不明也. 从日, 奄聲.)"라고 했다.[39] 그러나, 허신의 해석에는 이 글자의 의미가 시간과 관련이 있는지는 나타나 있지 않다. 이에 대해 송진호(宋鎭豪)는 "시간을 기록하는 글자이다.(是記時之字.)"라고 주장했고,[40] 황천수(黃天樹)는 『광아 석고(釋詁)』(4)에서 "엄(晻)은 어둡다는 뜻이다.(晻, 冥也.)"라고 한 해석을 근거로, '엄(晻)'자는 "대체로 해가 지고 하늘이 어두워지는 때를 가리킨다.(大約是指日入天黑的時候.)"라고 했다.[41]

'엄(晻)'의 구조에서 '합(合)'은 갑골문으로 '🯄'으로 쓰는데, 아래의 '口'는 위쪽이 열린 그릇을, 위의 도치된 '口'는 아래로 향한 뚜껑 모양을 나타낸다. 즉, 하나의 그릇과 하나의 덮개가 결합되어 '합(合(盒))'이 된다. '엄(晻)'의 자형은 "태양[日]이 그릇[合] 속에 들어가 있는 형상"으로 해석할 수도 있기에, 태양이 어두워진다는 의미를 가진다. 이런 점에서 볼 때, '엄(晻)'자 속의 '합(合)'은 형성겸회의(形聲兼會意)의 요소로 작용한다고 할 수 있다. 복사에서 '엄(晻)'의 사례는 다음과 같다.

[19] '엄'(어두워질 때) 때 쯤 '주'제사를 올릴까요?(其晻酓.)(『合集』30956)

이 역시 복사에서 자주 보이는 '시간사(時間詞)＋제사사(祭祀詞)'의 용법으로, 위에서 인용한 예문 [6]의 '조주(朝酓)', '모주(莫酓)', 예문 [13], [14]의 '모세(莫

---

39) 許愼, 『說文解字』(北京: 中華書局, 1963), 138쪽.

40) 宋鎭豪, 「試論殷代的紀時制度－兼談中國古代分段紀時制」, 『考古學研究』第五輯(北京: 科學出版社, 2003), 398-423쪽.

41) 裘錫圭, 「釋"沓"」, 『古文字論集』(北京: 中華書局, 1992), 42-44쪽.

歲)'가 모두 이와 같은 구조에 속한다. 이로부터 예문 [19]의 '엄(唵)'도 시간사에 속한다는 증명이 될 수 있으며, 이 글자 안의 '일(日)'이 의미부라는 점은 의심의 여지가 없다.

(8) 석(昔)

『설문 일(日)부수』에서는 '석(昔)'을 "말린 고기를 말한다. [윗부분은] 남은 고기[殘肉]를 말하고, 이를 햇빛에 말리는 모습을 형상했다. 조(俎)와 같은 뜻이다.(乾肉也. 从殘肉, 日以晞之, 与俎同意.)"라고 했다.[42] 『한어대자전』의 '석(昔)'의 첫 번째 의미항도 '말린 고기'인 걸 보면, 『설문』의 견해를 따른 것임을 알 수 있다. 그러나 실제로 '석(昔)'이 '말린 고기'를 뜻한다는 해석은 『설문』에 처음 등장한 것으로, 허신의 이 같은 설명은 사실 재고할 필요가 있다. '말린 고기(乾肉)'란 본디 '석(腊)'의 본의(本義)인데, '석(昔)'의 본의를 밝히기 위해서는 이 글자의 고대 자형의 변화 과정을 통해 좀 더 깊이 있게 이해할 필요가 있다.

甲骨文　　　　　　金文　　　簡帛文　　小篆

'석(昔)'의 고문자 형태는 회의자로, 홍수가 범람하는 모습을 나타낸다. 상고

---

42) 許愼, 『說文解字』(北京: 中華書局, 1963), 139쪽.

시기에 홍수는 재난이었기에, 재해로서의 물난리를 떠올리며 과거를 회상하는 의미를 형성했다. 이에 대해, 섭옥삼(葉玉森)은 다음과 같이 고증했다.

> 〰〰, 〓으로 구성되어 있는데, 이는 홍수의 모습으로 고대의 재(巛)자이다. '일(日)'로 구성된 것은 고대 사람들이 홍수인 재난[巛]을 잊지 않았기 때문에 '석(昔)'자를 만들 때, 홍수의 날[日]에서 그 뜻을 취하였다.(從〰〰〓, 乃象洪水, 卽古巛字. 從日, 古人殆不忘洪水之巛, 故制"昔"字, 取誼于洪水之日.)[43]

자형을 통해, 갑골문에서 '석(昔)'은 '일(日)'이 의미부이고 '재(巛)'도 의미부임을 알 수 있다. '재(巛)'는 '천(川)'으로 읽히는데, 『설문 천(川)부수』에서 "재(巛)는 수해를 말한다. 일(一)이 천(川) 가운데 갇힌 모습이다.(巛, 害也. 从一雝川.)"[44]라고 했다. 이로부터 '석(昔)'에 '재(巛)'가 의미부인 것은 '재해[灾]'와 밀접한 관련이 있음을 알 수 있다.

갑골문에서 '석(昔)'은 '수(水)'의 형태와 '일(日)'의 형태가 결합되어 있는데, 상고시기의 홍수 범람에 대한 기억을 드러내고 있다는 점에서, 학계는 일반적으로 섭옥삼의 고증을 수용하고 있다. '큰 홍수의 시기'는 이미 지나간 시기, 곧 과거를 의미하므로, '석일(昔日)'의 '석(昔)'을 나타내었다.

또한, '재(巛)'는 실제로 '석(昔)'의 소리부인데, 두 글자의 고대음이 가까워 서로 통용될 수 있었다. 한편, '석(腊)'은 후대에 파생된 글자로, '말린 고기[乾肉]'를 뜻하는 전용 글자가 되어, '석(昔)'과 다르다.

---

43) 葉玉森, 「說契」, 『甲骨文研究資料匯編』(北京: 國家圖書館出版社, 2008), 613-622쪽.
44) 許愼, 『說文解字』(北京: 中華書局, 1963), 239쪽.

복사에서 '석(昔)'이 '지난 날[昔日]'을 나타내는 데 사용된 예문은 다음과 같다.

[20] ……물어 봅니다. "지난 을유(乙酉)일에 복(葡)이 旃하면……?"(……貞:
　　　昔乙酉, 葡旃……)(『合集』302)
[21] [□□]일에 점을 칩니다. 물어봅니다. "지난 을묘(乙卯)일에 무(武)에게
　　　'관'제사를 행했습니다.……"(□□[卜], 貞: 昔乙卯武祼……)(『合集』36317)
[22] ……예전에 우리의 오랜 신하가……(……昔我旧臣……)(『合集』39720)

　　복사에서는 '금일(今日)＋간지(干支)', '금(今)＋간지(干支)', '익일(翌日)＋간지
(干支)', '익(翌)＋간지(干支)' 등의 용법이 자주 보인다. 예문 [20], [21]의 '석(昔)
＋간지(干支)'도 이와 같은 구조에 속하여, '석(昔)'이 시간사임이 분명하며, '석
(昔)'의 구성 성분으로 있는 '일(日)'은 의미부이다.

(9) 督

이 글자의 갑골문 형태는 다음과 같다.

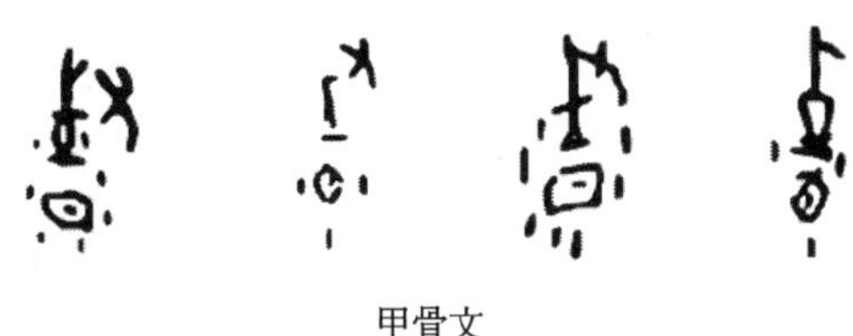

甲骨文

우성오는 이 글자를 '독(督)'으로 해석했으나, 의미부가 '목(目)'이 아닌 '일(日)'

이라고 보았다. 요효수(姚孝遂)는 그의 해석을 받아들여, 이 글자가 복사에서 '제사의 이름[祭名]'으로 사용되었다고 여겼다.[45]

그러나 이에 대해 다른 견해를 제시한 학자도 있다. 예컨대, 유환(劉桓)은 '督'자를 다음과 같이 고증했다.

> 글자의 아랫부분은 '일(日)'로 구성되어 있다. ∵은 햇빛[日光]을 뜻하는데, 혹 생략되더라도 의미에는 변함이 없다. 글자의 윗부분은 손으로 막대를 잡고 땅 위에 세워 둔 모양이다. '우(又: 손을 의미)'는 때때로 생략될 수 있지만, 이 글자는 분명히 회의자(會意字)로서, '태양의 그림자'를 측정하는 것을 나타낸다.……고문자학의 관점에서 볼 때, 이 글자는 '시(時)'로 해석해야 한다.……복사에서 '시(時)'자는 '태양의 그림자'를 '표(表)'라는 도구를 사용하여 측정하는 것을 나타낸다.……『이아석고(釋詁)』에서 "시(時)는 이것[是]이라는 뜻이다.(時, 是也.)"라고 했고, 『광운(廣韻)』에서도 같은 해석을 보인다. 이는 글자 형태가 보여주는 의미와 정확히 일치한다. '시(是)'는 곧 '이때(此)'라는 뜻이다. '시(時)'가 '표(表)'라는 도구를 사용하여 '태양의 그림자'를 측정하는 도구를 뜻한다면, 그것은 곧 '당시의 시간', 다시 말해 '지금'을 의미하는 것이라 할 수 있다.[46]

필자는 유환의 고증에 어느 정도 참고 가치가 있다고 본다. 적어도 해당 복사에서 이 글자를 시간의 의미로 해석하는 것이 실제 사용에 더 부합한다. 복사에서 '督'자는 총 여섯 번 보이는데, 용례가 훼손된 것을 제외하면, 나머지 네 가지 용법은 다음과 같다.

---

45) 于省吾著, 姚孝遂按語編撰, 『甲骨文字詁林』(北京: 中華書局, 1996), 1109쪽.
46) 劉桓, 「古代文字研究(續篇)」, 『內蒙古大學學報(哲學社會科學版)』, 1980年 第4期.

[23] '督'(낮)에 '주'제사를 지내는데 □ 30마리를 쓸까요? 부갑의 종묘에서
　　였다.(叀督酎□三十, 在宗父甲.)(『合集』30365)

[24] 물어봅니다. '도'제사를 거행하는데, '督'(낮)에 '주'제사를 지낼까요?(貞:
　　䋣叀督酎.)(『合集』30599)

[25] '督'(낮)에 '주'제사를 지낼까요?(叀督酎.)(『合集』30893)

[26] '督'(낮)에 '주'제사를 지낼까요?(叀督酎.)(『合集』30894)

　　위의 예문들은 모두 앞서 언급한 복사에서 흔히 나타나는 '시간사+제사어'의
구조에 해당하는데, 이 중 '督'자는 시간을 나타내는 용례임이 틀림없다. 이 글자
의 구성 성분인 '일(日)'이 유환이 말한 '태양의 그림자를 측정하다'라는 의미임을
증명할 수는 없지만, 태양과 관련된 시간을 나타내는 의미부임이 분명하다.

(10) 춘(春)

　　'춘(春)'의 갑골문 자형은 한 그루의 나무[木(屮)], 두 그루의 나무[木(屮)], 세
그루의 나무[木(屮)] 등으로 다양하며, 초목 사이에 '태양[日]'이 의미부로 있는
모습이다. 전체 글자는 초목이 햇빛 사이에서 생장함을 표시하며, 그 시기가 바
로 봄임을 나타낸다. 글자 안의 구성 성분인 '𣎵'은 초목이 자라는 형태를 본뜬
것임과 동시에 음을 나타내는 소리부이기도 하다. '춘(春)'의 갑골문 형태는 다음
과 같다.

甲骨文

　　자형의 구조로 보면, '춘(春)'의 갑골문은 회의자이지만, 그 자형에 대한 해석은 과거에도 상당 기간 논쟁이 있었다. 왕양(王襄)이 '무(楙)'로 해석하고, 당란(唐蘭)이 '樣'로 해석하는 등의 과정을 거친 후[47], 우성오(于省吾)가 그 구성 요소인 𡳿을 '둔(屯)'자의 초기 자형으로 해석하고, 이 글자를『설문』의 '춘(萅)'자라고 규정했는데, 이는 학계의 일치된 인정을 받았다. 우성오의 관점은 다음과 같다.

　　갑골문에 금둔(今屯)과 내둔(來屯)이 자주 보이는데, 어떤 때는 '둔(屯)'으로 '춘(春)'을 나타내기도 했다.『설문』에서는 "춘(萅)은 밀어내다[推]라는 뜻이다. 초(艸)가 의미부이고 일(日)도 의미부인데, 풀[艸]은 봄날[春時]에 자라난다는 의미를 담았다. 둔(屯)은 소리부이다.(萅, 推也, 從艸從日, 艸春時生也, 屯聲.)"라고 했다. 춘(萅)자는 춘(春)으로 변했다.[48]

　　복사에서 '춘(春)'자로 시간을 나타낸 용례는 다음과 같다.

　　[27] 무인(戊寅)일에 점을 칩니다. '쟁(爭)'이 물어봅니다. "이번 봄에 백성들

---

47) 于省吾著, 姚孝遂按語編撰,『甲骨文字詁林』(北京: 中華書局, 1996), 1387쪽.
48) 于省吾,『甲骨文字釋林』(北京: 中華書局, 1979), 1-2쪽.

을 모아서 노동을 돕게 할까요?” 11월이었다.(戊寅卜, 爭貞: 今春衆出工. 十一月.)(『合集』18)

[28] 을해(乙亥)일에 점을 칩니다. ‘쟁(爭)’이 물어봅니다. “이번 봄에 왕께서 사냥을 나가도 되겠습니까?” 좋다.(乙亥卜, 爭貞: 今春王[出]田, 若.)(『合集』 649)

[29] 정유(丁酉)일에 점을 칩니다. ‘쟁(爭)’이 물어봅니다. “이번 봄에 왕께서 메기장을 심지 말까요?”(丁酉卜, 爭貞: 今春王勿黍.)(『合集』9518)

이 중에서 ‘금춘(今春)’은 복사의 ‘금추(今秋)’, ‘금세(今歲)’ 등의 단어와 구조가 같다. 이는 ‘춘(春)’이 시간사라는 확실한 증거이다. 은상(殷商) 시기에는 ‘봄[春]과 가을[秋]’만 있고 ‘여름[夏]과 겨울[冬]’은 없었다는 것이 학계의 공통된 인식이다.

제4절 의미부 '일(日)'의 원시시기 대낮[白晝]에 대한 관념

상술한 예증을 통해, 은상(殷商) 시기에 '일(日)'이 의미부인 일련의 글자들 대부분이 시간을 나타내는 데 사용되었다는 사실을 충분히 확인할 수 있다. 그러나 앞서 언급했듯이, 『한어대자전』의 의미항을 살펴보면, '일(日)'이 시간을 나타내는 경우는 실제로 두 가지이다. 하나는 '낮'이고, 다른 하나는 '하루'이다. 그렇다면, 갑골문에서 '일(日)'이 나타내는 시간은 구체적으로 어느 쪽일까? 이에 대해, 일차적인 조사를 한 결과 갑골 복사에서 '일(日)'은 주로 다음과 같은 몇 가지 의미로 사용되었음을 알 수 있다.

① 태양.
물어봅니다. "'일'(낮)에 일식이 있을까요?"(貞: 日有食.)(『合集』11480) ｜ 그 다음날인 경인(庚寅)일에 햇빛이 날까요?(翌庚寅昜日.)[49](『合集』1210)
② 낮.
물어봅니다. "'일'(낮)에 비가 내릴까요?"(貞: 日雨.)『合補』3514
③ 하루.
신축(辛丑)일에 점을 칩니다. '긍(亘)'이 물어봅니다. "오늘 '일'(낮)에 비가 내릴까요?"(一日. 辛丑卜, 亘貞: 今日其雨.)『合集』511
④ 제사.
병자(丙子)일에 점을 칩니다. '기(㠱人)'가 물어봅니다. "왕께서 태양신을 맞이하는 '료'제사를 올리면 재앙이 없을까요?"(丙子卜, 㠱人貞: 王賓日叙无文(咎).)

---

49) (역주) '역일(昜日)'은 '사일(賜日)' 즉 '햇빛을 내려주다'는 뜻이다. 달리 '역일(暘日)' 즉 '해가 반짝 나다'는 뜻이다. 『간명갑골문사전』, 347쪽 참조.

(『合集』25247)[50]

　일차적인 데이터 통계에 따르면, 복사에서 보이는 '일(日)'자는 총 4천여 건이다. 그 중에서 의미①은 600여 개의 용례가 있고, 의미②는 단 몇 개의 용례만 있다. 의미④는 약 200개의 용례가 있으며, 그 밖의 의미는 거의 모두 의미③의 용법에 속한다. 의미②와 ③은 전부 시간을 나타내는 것으로, 일찍이 은상(殷商) 시기에 '일(日)'자의 시간을 나타내는 용법이 이미 주된 용법이 되었음을 알 수 있다. 그러나 이 데이터를 봤을 때, 갑골문에서 '일(日)'은 명확하게 '낮'의 의미를 나타내는 데 자주 사용된 것 보다, 오히려 '하루'의 의미를 나타내는 데 더 많이 사용되었다.

　이점에 대해서는 어느 정도 논의의 여지가 있다. 현대 한어에서 '일(日)'이 '하루'를 나타내는 의미로 사용될 경우, 그것이 지칭하는 시간대는 당일 자정 0시부터 24시까지의 하루 전체 시간(즉, 24시간)을 가리킨다. 그런데 은상(殷商) 시기에도 이렇게 엄밀하고 완전한 시간대 개념이 존재했을까?

　필자는 그 해답이 반드시 긍정적일 것이라고는 보지 않는다.

　먼저, 복사에서 상술한 의미③의 용례는 '금일(今日)' 외에도, 주로 '지일(之日)', '자일(茲日)', '수(數)＋일(日)'[51] 등의 구성 형태로 나타난다. 이러한 용법에서 '금일(今日)', '지일(之日)', '자일(茲日)'은 모두 당일이나 특정일의 상황을 지시하는 반면, '수(數)＋일(日)'은 상대적으로 특수하여 별도로 설명할 필요가 있다.

---

50) 예문 중에서 '일(日)'의 의미에 대해, 조성(趙誠)은 태양신을 가리킨다고 여겼다. '빈일(賓日)'이라는 것은 태양신에게 빈제(賓祭)를 지내는 것을 말한다. 趙誠, 『甲骨文簡明詞典－卜辭分類讀本』(北京: 中華書局, 1988), 4쪽 참조.
51) 여기에서 수는 '이(二)', '삼(三)', '사(四)', '오(五)' 등의 기수를 포함한다.

‘수(數)＋일(日)’의 형식은 복사에서 자주 보이는데, 예를 들면 다음과 같다.

[30] 정유일에 점을 칩니다. 이번 이틀 동안 비가 내릴까요? 상나라 왕 자신이 [점괘를 해석해] 말씀하셨다. ‘무(戊)’일에 비가 내릴 것이다. ‘측’(해거름 녘)이 되자 과연 서쪽에서부터 비가 왔다.(丁酉卜, 今二日雨. 余曰: 戊雨, 戻允雨自西.)(『合集』20965)

이 예문에서, 은상(殷商) 시기에 간지(干支)로 날짜를 기록하는 방법을 채택했음을 고려할 때, ‘이일(二日)’은 오늘날 월일을 기록하는 단어인 ‘2일[二號]’로 해석할 수 없다. 따라서 이 ‘이일(二日)’은 오직 두 가지 의미로만 이해될 수 있다. 즉, ‘이틀[兩日]’과 ‘이튿날[第二日]’로만 가능하다. 관섭초(管燮初)는 복사에서 “오직 월(月)과 년(年)의 앞뒤에 위치한 수사만이 서수(序數)이고, 그 외는 모두 기수(基數)이다.”[52]라는 관점을 제시했는데, 이에 근거하면 ‘이일(二日)’은 ‘이틀[兩日]’로 해석될 수 있다.

그러나 이렇게 해석한다면, ‘이(二)’가 관형어로서 명사 앞에 위치하여 ‘일(日)’의 수량을 수식한다고 묵인하는 게 된다. 이는 또한 상고 한어에서 수사가 관형어로 명사를 수식할 때, 그 위치가 현대 한어처럼 명사 앞에 오는 것이 일반적인 용법이었는가라는 문제와 직결된다. 이 문제는 과거에 학자들 사이에 많은 논의를 불러일으켰다.

일부 학자들은 수사가 앞에도 있을 수 있고, 뒤에도 있을 수 있다고 생각했다. 예컨대, 관섭초(管燮初)는 갑골문에서 수사가 명사를 수식할 때, 수식어가 중심어

---

52) 管燮初, 『殷虛甲骨刻辭的語法硏究』(北京: 中國科學院, 1953), 34쪽.

앞과 뒤에 오는 경우가 모두 있다고 생각했다.[53] 곽석량(郭錫良)은 갑골문에서 수사가 명사를 수식할 때 앞에 놓일 수도 있고 뒤에 놓일 수도 있다고 여겼다.[54] 장옥금(張玉金)도 갑골문에서 명사와 수사인 관형어 사이의 구조적 관계가 비교적 느슨하여, 수사가 명사를 수식할 때 그 위치는 명사 앞에도 올 수 있고, 뒤에도 올 수 있다고 보았다.[55]

그러나 수사가 명사 뒤에 위치하는 경우가 더 흔하다고 주장하는 학자들도 있다. 예컨대, 왕력(王力)은 고대 한어에 수사가 명사 앞에 오는 경우와 뒤에 오는 경우가 모두 존재함을 인정하면서도, 선진(先秦) 시기에 수사가 단위사를 동반할 때는 그 위치가 명사 뒤에 위치했었다고 지적했다.[56] 황재군(黃載君)은 갑골문과 금문에서 수사가 처음으로 명사의 수량을 나타낼 때, 수사가 명사 뒤에 위치하는 경우가 많았고, 그 앞에 위치하는 경우는 드물었다는 점을 발견했다.[57] 요진무(姚振武)는 직접적으로 "전체 상고시기에 걸쳐 '명사＋수사＋양사'가 절대적인 우위를 점하고 있었다."라고 말했다.[58]

고찰에 따르면, 복사 언어의 실제 상황은 다음과 같다. 수사가 관형어로서 명사를 수식할 때, 대부분의 경우 명사 뒤에 위치하며, 명사 앞에 위치하는 경우는 드물다. 따라서 후자의 몇몇 학자들의 견해가 복사의 실제 상황에 더 부합하는 것으로 보인다.

그러므로 위의 예문 [30]에 있는 '이일(二日)'을 '이틀(兩日)'로 해석하는 것은

---

53) 管燮初, 『殷虛甲骨刻辭的語法硏究』(北京: 中國科學院, 1953), 25쪽.

54) 郭錫良, 「遠古漢語的句法結构」, 『古漢語硏究』, 1994年 第S1期.

55) 張玉金, 『甲骨文語法學』(上海: 學林出版社, 2001), 17-18쪽.

56) 王力, 『漢語史稿』(北京: 中華書局, 2004), 279쪽.

57) 黃載君, 「從甲文, 金文量詞的應用, 考察漢語量詞的起源与發展」, 『中國語文』, 1964年 第6期.

58) 姚振武, 『上古漢語語法史』(上海: 上海古籍出版社, 2015), 158쪽.

재고의 여지가 있다. 필자는 이 '이일(二日)'이 '이튿날(第二日)'로 해석되어야 하며, 여기서 '이(二)'자는 기수가 아닌 서수로 이해되어야 한다고 생각한다.

이 관점은 장옥금도 제시한 바 있다. 그는 복사에서 서수사와 기수사가 모두 숫자어로 표현되며, 숫자어가 '일(日)', '월(月)' 등의 단어 앞에 위치할 경우, '몇 번째 날', '몇 번째 달'의 의미를 나타낸다고 보았다.[59] 이에 따라, 예문 [30]의 '이일(二日)'을 '이튿날(第二日)', '두 번째 날(第二個日)' 등으로 해석할 수 있으므로, '수(數)＋일(日)'에서의 '수(數)'는 서수사로, '몇 번째 날'을 나타낸다고 할 수 있다.

이에 따르면, '금일(今日)', '지일(之日)', '자일(玆日)', '수(數)＋일(日)' 등과 같이 '일(日)'을 사용하여 시간을 나타내는 용법은 모두 어떤 특정한 날(여러 날이 아닌)를 가리키는 것으로 볼 수 있다. 그리고 이러한 특정한 날에 대해, 필자는 밤을 포함한 전체 24시간을 가리키는 것으로 볼 수도 있고, 특정한 낮을 가리키는 것으로 볼 수도 있다고 생각한다.

당시 상(商)나라 사람들의 시간관념 수준을 고려해보면, 후자가 가장 적절한 해답일 수 있다. 왜 이렇게 말할 수 있냐면, 상(商)나라 때는 후세에 나타난 십이지지(十二地支)로 하루 중 구체적인 시간 지점을 구분하는 기시법(紀時法: 시간표시법)이 출현하지 않았기 때문이다.

그리고 구체적인 시간 구분법이 출현하지 않은 상황에서, 사람들이 '일(日)'을 언급할 때는 사실 여전히 태양이 나타나는(또는 나타나야 하는) 시간대를 '일(日)'이 지칭하는 시간대 대상으로 삼았으며, 의식적으로 밤[60] 시간대를 포함시키지 않았을 것이다.

---

59) 張玉金, 『甲骨文語法學』(上海: 學林出版社, 2001), 16쪽.
60) 밤에 해당되는 시간대는 오히려 '석(夕)' 등과 같은 다른 특정 단어로 표현했다.

　우리는 앞서 제시한 도식을 다시 인용하여 '일(日)'의 의미를 설명할 수 있는데, 이번에는 두 개의 일(日)^2 사이에 '밤'을 추가했다.

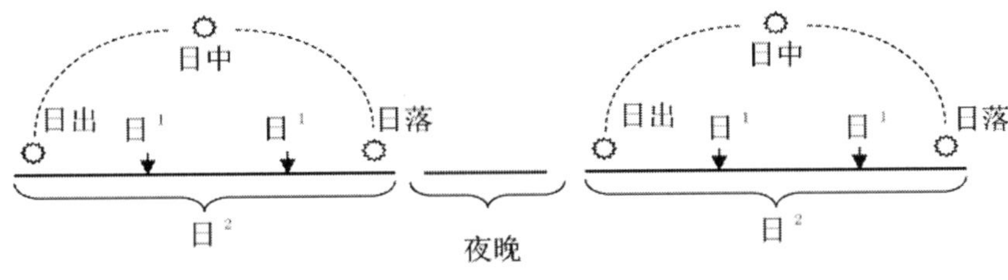

[그림 1-2] '일(日)'의 의미 도식 (II)

　[그림 1-2]에서 보여주는 바와 같이, 여기서 일(日)^{2}는 여전히 '온종일, 하루'의 의미이지만, 굳이 '밤'을 일(日)^{2}가 지시하는 시간대 내에 강제로 포함시킬 필요가 없으며, 그것은 이 시간대에서 분리될 수도 있다[61].

　이렇게 되면, 이때의 일(日)^{2}는 일(日)^{1}과 같아지며, '일(日)'이 시간을 나타낼 때의 의미는 사실상 하나의 의미 항으로 귀결될 수 있다. 즉, '낮[白晝]' 또는 '태양이 존재하거나 존재해야 하는 전체 시간대'를 의미한다고 정리할 수 있다.

　예문 [30]의 '이일우(二日雨)'는 '두 번째 날이 시작될 때 비가 올 것이다.'라는 의미를 담고 있다. 논리적으로 '두 번째 날에 비가 온다.(第二日雨.)'는 상황에 부합하려면, 실제로는 주로 이튿날의 낮에 비가 오는 상황을 가리키는 것이며, 그날 밤에 비가 오는지의 여부는 포함하지 않는다는 점을 알 수 있다. 이는 해당 예문의 후반부에 있는 '측윤우(昃允雨: 해거름 때 과연 비가 왔다)'에서 알 수 있다.

---

61) 예컨대, '석(夕)'으로 해당 시간대를 특별히 지칭하였다.

‘측(昃)’은 오후 석양이 서쪽으로 기울어지는 시간을 가리키는데, 이는 여전히 낮의 범위 내에 있다. 따라서 ‘측윤우(昃允雨)’는 검증문[驗辭]으로서, 현실에서의 비 내리는 상황이 앞 문장에서 점을 쳐 물었던 ‘이일우(二日雨)’에 응험이 있었음을 명확히 지적한다.

또한, ‘금일우(今日雨)’, ‘금석우(今夕雨)’는 매우 흔하게 볼 수 있는 비가 내릴지 점을 치는 문장인데, ‘일(日)’이 이미 밤의 의미를 포함하고 있다면, 중복해서 반복적으로 ‘금석우(今夕雨)’를 점치는 상황은 발생하지 않았을 것이다. 이는 행위 논리에 부합하지 않는 것이다.

상술한 바를 종합하면, 현대 한어에서 ‘일(日)’이 ‘하루’의 의미를 표시할 때는 주로 ‘하루 밤낮’을 나타내며, 그 시간대에는 ‘밤’이 포함되어 있지만, 상고(上古) 은상(殷商) 시기의 사람들은 ‘주야(晝夜)’의 개념을 명확하게 구분하였기에, ‘일(日)’로 낮을 나타내고, ‘석(夕)’으로 밤을 나타냈다.

현재로서는 당시에 이미 ‘일(日)’을 사용하여 ‘하루 밤낮’의 의미를 나타내기 시작했다는 증거가 없다. 따라서, ‘일(日)’의 본의(本義)가 태양이라는 점에서 은상(殷商) 시기의 ‘일(日)’이 시간을 나타낼 때는 여전히 주로 낮을 의미하는 것이었다고 추론할 수 있다.

그리고 복사에서 ‘일(日)’을 의미부로 하는 시간을 나타내는 많은 글자들이 바로 상고 은상(殷商) 시기 사람들의 ‘낮[白晝]’에 대한 인식의 직접적인 표현이라 할 수 있다.

제2장
시간관념의
발생(하)

제2장

원시시기, 시간관념의 탄생(하):

'석(夕)' 계열 문자와 원시시기 밤[黑夜]에 대한 관념

최초의 문자 기록에서, '일(日)'이라는 '낮'의 관념과 반대되는 '밤'의 개념을 표현할 때 사용된 문자는 '석(夕)'이었다. 『설문』에서 '석(夕)'자의 소전(小篆)체는 원래의 모습을 본뜬 'ク'으로 썼다. 이는 '달'과 흡사한 상형자로, 가장 이른 시기의 은상(殷商) 갑골문에서 '달'을 의미하는 '월(月)'의 'ク' 형태와 같다. '석(夕)'자와 원시적 '밤'의 관념 간의 관련성을 논의하기에 앞서, '석(夕)'과 '월(月)'의 차이점에 대해 명확히 할 필요가 있다.

제1절 '석(夕)'과 '월(月)'의 구별

갑골문에서 '석(夕)'과 '월(月)' 두 글자가 동일한 형태인 것은 학계에서 널리 인정된 사실이지만, 대부분의 학자는 복사에서 이 두 글자가 사용될 때 형태가 같다고 하여 완전히 혼용되지 않았다는 점을 밝혀냈다.

동작빈(董作賓)은 제일 먼저 복사에서 '월(月)'과 '석(夕)'이 상호 교체되는 현상에 대해 지적하였다. 그는 상왕(商王) 무정(武丁)부터 문정(文丁) 시기까지는 ☾을 '월(月)'로, ☽을 '석(夕)'으로 사용했고, 제을(帝乙)과 제신(帝辛) 시기에는 ☾을 '석(夕)'으로, ☽을 '월(月)'로 사용했다고 여겼다.[1]

그러나 그 후 얼마 지나지 않아 그는 자신의 관점을 수정하여, 복사의 5시기 구분법에서 제1기, 제2기, 제5기는 '월(月)'과 '석(夕)'이 서로 교체되었고, 제3기와 제4기는 '월(月)'과 '석(夕)'이 모두 동일하게 ☾로 사용했다고 주장했다.[2]

마지막으로, 그는 다시 이전 설을 보충하여 제1기부터 제3기까지는 모두 ☾을 '월(月)'로, ☽을 '석(夕)'으로 사용했고, 제4기는 '월(月)'과 '석(夕)'이 모두 ☾로 사용했으며, 제5기는 ☾을 '석(夕)'으로, ☽을 '월(月)'로 사용했다고 했다.[3]

동작빈은 여러 차례 자신의 설을 바꾸었으며, 결국 '월(月)'과 '석(夕)'의 용법에 대해서는 복사의 5시기 구분법에 따라 간략히 정리하는 데 그쳤다. 그리고

---

1)　董作賓, 「甲骨文斷代研究例」, 『董作賓先生全集』(甲編第二冊)(臺北: 藝文印書館, 1977), 363-464쪽.
2)　董作賓, 「殷歷譜」, 『董作賓先生全集』(乙編第二冊)(臺北: 藝文印書館, 1977), 448쪽.
3)　董作賓, 『甲骨學五十年』(臺北: 藝文印書館, 1955), 138쪽.

이와 관련된 문제에 대해, 학계에서도 여전히 명확하지 않은 태도를 보였다. 예컨대, 서백홍(徐伯鴻)은 "무정(武丁)부터 조갑(祖甲) 시기까지는 ☽을 '월(月)'로, ☾을 '석(夕)'으로 사용했다. 늠신(廩辛)부터 문정(文丁) 시기까지는 두 형태가 서로 혼용되었다. 제을(帝乙)과 제신(帝辛) 시기는 ☾을 '월(月)'로, ☽을 '석(夕)'으로 사용했다."라고 주장했다.[4]

이는 완전히 동작빈이 제일 처음 생각했던 관점을 계승한 것으로, 이 두 글자의 용법을 구별하는 일이 생각보다 훨씬 복잡하다는 것을 충분히 알 수 있다. 이런 상황 때문에, 오늘날까지도 우리는 '월(月)'과 '석(夕)' 두 글자가 복사의 각 시기에서 구체적으로 어떻게 사용되었는지에 대해 절대적으로 구분하기는 여전히 어렵다. 다만, 동작빈이 도출한 결론이 대체로 이 두 글자가 사용된 일반적인 상황을 설명할 수는 있으나, 소수의 예외적인 용례가 존재할 가능성까지 완전히 배제할 수는 없다.

초기 동작빈의 연구 외에, 이후에도 많은 학자들이 특정 자료에서 '월(月)'과 '석(夕)'이 사용된 상황을 상세하게 조사했다. 예컨대, 조위(趙偉)는 화동자(花東子) 복사[5]를 조사하고 나서 다음과 같은 결론을 내렸다.

화동(花東) 복사에서 '월(月)'자는 대부분 초승달 모양에 점 하나가 내부에

---

4) 徐伯鴻, 「☾🔯新釋兼說与之相涉的气象及疾病」, 『江蘇紀念甲骨文發現百年·甲骨文与商代文明國際學術硏討會論文選集』(南京: 江蘇省甲骨文學會, 1999), 115-126쪽.

5) (역주) 왕실이 아닌 일반 귀족 또는 하급 제사관 등의 점복 기록으로, 비왕실계 복사를 가리킨다. '화동(花東)'은 '화원장(花園莊) 동지(東地)'의 줄임말로, 학계에서 은허(殷墟) 유적 중 비교적 이른 시기(상나라 전기)에 해당하는 특정 유구(遺構)의 명칭이며, 그곳에서 출토된 갑골문을 중심으로 '화동 복사'라 부른다.

찍혀 있는 모습을 하고 있고, '석(夕)'자 역시 초승달 모양을 하고 있다. 그러나 무정(武丁) 시기의 왕실 복사[王卜辭]와 마찬가지로 '월(月)'과 '석(夕)'의 구조 형태가 서로 혼용되는 상황이 존재한다. 주목할 만한 점은, 화동자 복사와 비교할 때, 같은 은허(殷墟) 초기의 갑골 복사에 속하는 왕실 복사에서는 오히려 '월(月)'자는 점이 없는 형태, '석(夕)'자는 점이 있는 형태가 우세하게 나타난다는 점이다. 이는 '월(月)'과 '석(夕)' 자형의 분화 과정에서 왕실 복사가 아닌 비왕실 계통의 화동자 복사가 앞서 나갔음을 보여준다.6)

여기서 우리는 상고시기 최초의 문자 체계에서 '석(夕)'의 의미 사용 문제에 대해 논의하고자 한다. 자형의 사용 상황이 언급되지 않았다 해도, 여전히 '월(月)'과 '석(夕)' 두 글자가 복사에서 실제로 어떻게 사용되었는지에 대해 상세하게 조사하고 검토할 수밖에 없다.

(1) 갑골 복사에 나타난 '월(月)'의 용법 고찰

'월(月)'은 '석(夕)'에 비해 상고시기에 글자의 뜻과 용법이 더 단순하기 때문에, '월(月)'부터 살펴보기로 하겠다. '월(月)'은 『한어대자전』에서 첫 번째 의미항이 '달[月亮, 月球]'로 기재되어 있다. 이는 본의(本義)가 '달'이라는 뜻으로, '월(月)'자의 구조적 이치에 부합한다.

그러나 『한어대자전』은 이 글자의 고문자 자형으로 점 모양의 필획이 포함된 ☽만 제시하고 있어7), 편파적이라 할 수 있다. 이는 독자들이 '월(月)'의 고

---

6) 趙偉, 「殷墟花園莊東地甲骨卜辭中的"月"和"夕"」, 『中國新技術新産品』, 2010年 第16期.
7) 漢語大字典編輯委員會, 『漢語大字典』(九卷本)(武漢: 湖北長江出版集團·崇文書局; 成都: 四川出版集團·四川辭書出版社, 2010), 2188쪽.

문자 형태에 ☽형태가 없다고 오인할 수 있으니, 분명히 실제 상황과 부합하지 않는다.

통계에 따르면, 복사에서 보이는 '월(月)'자는 총 7,462개로 집계된다. 앞뒤 사례가 훼손되어 의미를 알 수 없는 것을 제외하면 총 7,446개가 남는다. 이 7천여 개의 '월(月)'자를 하나하나 분석한 결과, '월(月)'의 여러 용법 조합 중에서 월분(月份)과 월명(月名)을 나타내는 의미가 주를 이루었다. 그 중 '정월(正月), 일월(一月), 이월(二月)' 등 명확한 월분 단어가 7,411개로, 전체의 99% 이상을 차지했으며, 그 외에 '금월(今月)', '자월(茲月)', '종월(終月)', '생월(生月)', '목월(木月)', '임월(林月)', '集월(集月)', '禜월(禜月)', '秉월(秉月)', '수월(罒月)', '도월(叨月)' 등의 월분(月份)과 월명(月名) 용어가 20개이다.[8] 월분(月份)의 의미 외에도, '월유식(月有食)', '월유치(月有戠)' 등의 단어 조합으로 달을 의미하는 본의(本義)로 사용된 '월(月)'이 용례가 15개 있다. 각 유형별 '월(月)'의 용법에 대한 구체적인 상황은 [표 2-1]과 같다.

---

8) '생월(生月)'의 해석은 진몽가(陳夢家)의 『殷虛卜辭綜述』(北京: 中華書局, 1988), 219쪽 참조. '목월(木月)'과 '임월(林月)'의 해석은 구석규의 「釋"木月""林月"」, 『裘錫圭學術文集·甲骨文卷』(上海: 夏旦大學出版社, 2015), 338-343쪽 참조. '秉月'의 해석은 풍시(馮時)의 『百年來甲骨文天文歷法研究』(北京: 中國社會科學出版社, 2011), 220쪽 참조. '叨月'의 해석은 요훤(姚萱)의 『殷墟花園莊東地甲骨卜辭的初步研究』(北京: 線裝書局, 2006), 307쪽 각주①번 참조.

[표 2-1] '월(月)'의 용법에 대한 구체적인 상황

의미	조합／용례	수량
월 순서에 따른 명칭 (月份月名) 99.8%	一月、二月、三月……十四月、正月、茲月、生月	7411
	終月: 丙□卜, 王貞余更……曰巫. 終月.(『合集』20279)	2
	月一: 月一正曰食麥.(『合集』24440)	2
	秉月: 庚申[卜], □[貞]今秉月[又]史.(『合集』21674)	6
	木月: 癸未貞, 于木月延方.(『屯南』171)	5
	林月: 己丑, 貞于林月彭.(『合集』34544)	1
	集月: 癸巳卜, 于集月又念.(『合集』21661)	1
숫자로 표현된 명칭 (數量月名) 99.8%	禦月: 己卯卜, 我貞禦月又史.(『合集』21694)	1
	罿月: 子屮曰其又至, 罿月㞢.(『花東』159)	1
	加月: 癸卜丁步[今]戌. 加月, 才[在]※.(『花東』262)	1
달[月亮] 0.2%	月有食: 三日乙酉夕, 月有食.(『合集』11485) 月有戠: 壬寅貞, 月有戠, 王不于一人囧.(『屯南』726)	15

　[표 2-1]의 통계 결과에 따르면, 복사에서 '월(月)'의 용법은 비교적 분명하게 나타난다. 소수의 용례에서만 본의(本義)로 사용된 것을 제외하면, 나머지는 모두 '달을 지칭하는 표현[紀月詞]'으로 사용되었으며, 그 외의 다른 용례는 확인되지 않았다.

　그리고 '달'이라는 본의(本義)에서 달의 위상 변화를 시간의 기준으로 삼은 '월분(月份)'과 '월명(月名)' 등의 시간 명칭으로 확장된 것은, 글자 의미의 변천 과정에서 자연스러운 흐름이라 할 수 있다. 은상(殷商) 시기의 '월(月)'자 용법과 의미 발전 양상을 종합해보면, 현대 한어에서 '월(月)'자 용법은 전체적으로 상

고시기와 맥을 같이 하고 있음을 알 수 있다.

(2) 갑골 복사에 나타난 '석(夕)'의 용법 고찰

'석(夕)'의 용법은 상대적으로 훨씬 더 복잡한 양상을 보인다. 통계에 따르면, 복사에서 '석(夕)'자는 총 4,924개가 확인되는데, 이 중 일부 사례가 훼손되어 의미를 알 수 없는 것을 제외하면 총 4,589개가 남는다.

이 4천여 개의 '석(夕)'을 하나하나 분석한 결과, 20여 가지의 구체적인 조합 형식을 얻을 수 있었다. 여기서는 분석의 편의를 위해 각각의 조합 형식을 모두 열거하지는 않고, 연구 목적에 따라 관련 문형을 범주화하였다. 그 결과를 용법, 조합 상황 및 수량을 표로 정리하면 다음과 같다.

[표 2-2] '석(夕)'의 용법에 대한 주요 상황

구조	조합	수량	예문	용법
夕＋ 동사성 구조	夕＋동사／ 동사구	504	『合集』32448: 丙午卜, 父丁祼夕歲一牢. 『合集』19798: 庚戌卜, 大夕业般庚伐卯牛.	명사 傍晚 夜晚 98%
	指＋夕＋동사／ 동사구	378 2	『合補』9595: 方尞, 叀今夕酌. 『合集』26343: 戊子卜, 尹貞: 今夕亡囙.	
	副＋夕＋동사／ 동사구	37	『合集』7772: 今未勿夕步. 『合集』13338: 貞: 今日不夕風. 『合集』20393: 癸亥卜, 亙其夕圍雀. 『合集』20393: 癸亥卜, 亙弗夕圍雀.	
	介＋夕＋동사／ 동사구	32	『合集』278622: 貞: 王往于夕祼, 不冓雨.	
	名＋夕＋동사／ 동사구	155	『合集』7772: 今辛未王夕步.	
夕＋ 명사성 구조	指＋夕＋介	6	『合集』33945: ……今夕至丁亥延大雨.	
	副＋夕＋명사	2	『合集』20383: 癸亥卜, 亙弗獉夕雀.	
	夕＋명사／ 명사구	11	『合集』35422: 在六月, 甲子彡夕大乙. 『合補』100: 貞: 彭夕王亥一羊一豕.	동사
	名＋夕＋명사구	2	『合集』16265: 癸酉卜, 爭貞: 翌甲戌夕十羊, 乙亥酌十□十牛. 用.	제 사 행위 0.3%
	副＋夕＋介	1	『合補』7030: 丙寅卜, □貞: 其夕于父丁.	

　[표 2-2]에서 보는 바와 같이, 복사에서 '석(夕)'의 용법은 주로 두 가지 연결 형식으로 나타난다. 하나는 뒤에 동사성 구조가 이어지는 형식이고, 다른 하나는 뒤에 명사성 구조가 이어지는 형식이다.

　'석(夕)＋동사성 구조' 용법에서는 '석(夕)'자가 예외 없이 모두 명사로 쓰여 특정한 시간개념을 나타낸다. 그중에서도 흔히 볼 수 있는 조합 형태는 '지시어

+석(夕)+동사/동사구'이다. '석(夕)' 앞에 지시적 요소9)가 결합하여, '금석(今夕)', '지석(之夕)' 등과 같은 명사를 구성하고, 이는 문장에서 부사어로 작용하며, 동작의 시간을 나타낸다.

이외에도, '석(夕)'은 직접 부사어로 쓰이거나, 앞에 전치사가 결합하여 '우석(于夕)' 등과 같은 전치사 구를 이루어 부사어 기능을 하기도 한다. '석(夕)+동사성 구조'의 다양한 용법 중, '부사+석(夕)+동사/동사구' 형식의 '석(夕)'자는 그 문법적 위치 때문에 쉽게 동사로 이해될 수 있다.

그러나 표에 있는 예문을 면밀히 살펴보면, 이러한 형식에서의 '석(夕)'은 여전히 시간을 나타내는 명사로 이해해야 한다. 『합집(合集)』 7772편에서 "지금은 아직 석시(夕時)에 걷지 말라.(今未勿夕步.)"는 언어 구성 요소 간의 위치 전환으로 해석할 수 있다. 즉, 부사 '물(勿)'이 '석보(夕步)' 앞에 제시되어, '석보(夕步)'라는 전체 동작을 부정하는 구조이며, 이때 '석(夕)'은 부사어로서 '걷다[步]'라는 동작의 시간을 수식한다.10)

『합집』 20393편에서 같은 판에 대응하는 대정(對貞) 사례는 이러한 해석에 보다 결정적인 근거를 제공한다. 그 앞 구절의 '정면의 물어본 문장[貞問]'은

---

9) 여기서 말하는 지시적 요소는 주로 지시사(指示詞)를 가리키며, 소수의 지시대명사도 포함된다. 따라서 약칭으로 '지(指)'를 사용하고, '대명사[代詞]'의 '대(代)'는 사용하지 않는다. 지시사와 지시대명사는 모두 지시의 기능을 가지지만, 그 품사와 문법적 기능이 다르므로, 동일하게 대명사로 혼동해서는 안 된다.
  필자의 통계 분석에 따르면, 갑골문에 보이는 '금석(今夕)'의 '금(今)'은 연체형 지시사로서 지시 기능은 있으나, 일반적인 지시대명사와는 달리 다른 명사를 대신하는 기능은 없다. 이에 대한 구체적인 논의는 별도의 글에서 다루고 있으므로, 여기에서는 더 자세히 설명하지 않겠다.
10) '석보(夕步)'는 석시(夕時)에 '보(步)'라는 동작이 수행되는 것으로 해석된다. 반면, '물석보(勿夕步)'는 석시(夕時)에 '보(步)'라는 동작을 하지 말라는 의미이다.

"계해(癸亥)일에 점을 칩니다. '환'이 물어봅니다. 그 석시(夕時)에 참새를 에워싸 포획해도 되겠습니까?(癸亥卜, 亘其夕圍雀.)"로 되어 있다. 여기서 '석(夕)' 앞에 '기(其)'를 덧붙여 시간을 강조하고 있으며, 석시(夕時)에 '참새를 포획한다[圍雀]'는 뜻이다.

이에 대립되는 '반면의 대정(對貞)' 사례는 "계해(癸亥)일에 점을 칩니다. 석시(夕時)에 참새를 포획하지 말까요?(癸亥卜, 亘弗夕圍雀.)"이다. 여기서 '석위작(夕圍雀)'의 의미는 앞에서 설명한 바와 같이 석시(夕時)에 참새를 포획하는 행위를 말한다. 앞에 위치한 부정 부사 '불(弗)'은 전체 '석위작(夕圍雀)' 행위를 부정하는 데 사용되었다. 즉, 석시(夕時)에 '참새를 포획[圍雀]'하지 말라는 뜻이다. 이처럼, '석(夕)'은 부사가 앞에 위치하고 동사가 뒤에 위치하는 문형에서도 여전히 명사로서 시간을 나타낸다.

'석(夕)+명사성 구조' 용법에서 '석(夕)'은 상대적으로 그리 단순하지 않다. 이 유형의 문형에서는 '석(夕)'이 두 가지 품사로 쓰이는데, 명사로 사용되는 경우는 비교적 드물며, 그 조합 형식으로는 '지시어+석(夕)+개사'와 '부사+석(夕)+명사'가 있다.

전자는 흔히 볼 수 있는 형식이고, 후자는 다소 특수한 경우이다. 관련 실례로는 「합집」 20383편의 "계해(癸亥)일에 점을 칩니다. '환'이 물어봅니다. 석시(夕時)에 참새를 포획하지 말까요?(癸亥卜, 亘弗夕雀.)"가 있다. 이 예는 앞서 언급한 『합집』20393과 다른 판본이지만 동일한 점복에 대한 기록으로, 두 문형이 일치한다. 여기서 '석작(夕雀)'은 '석위작(夕圍雀)'의 생략된 형식이며, '불(弗)'은 전체 '석시(夕時)에 참새를 포획[夕雀]'하는 행위를 부정하는 데 사용되었다. 따라서 이 사례의 '석(夕)'은 시간 명사임이 분명하다.

  이상의 두 가지 '석(夕)'이 명사로 사용된 문형을 제외하면, '석(夕)＋명사성
구조'의 다른 문형에서 '석(夕)'은 모두 동사로만 이해할 수 있는데, 이는 특정한
제사 행위를 나타낸다.

  사실, '석(夕)'에 동사적 용법이 있다는 관점은 우성오(于省吾)가 이미 20세기
전반에 제시한 바 있다. 그 내용은 다음과 같다.

> '석(夕)'은 '래(來)', '묘(卯)'와 병렬로 놓이면 모두 동사로 사용되며, 석(夕)은
> 제사법[祭法]의 하나이다.……갑골문에서 '석(夕)'이라 한 것은 문헌에서 보
> 통 '석(昔)' 또는 '석(腊)'으로 통용된다. 갑골문에서 '석양(夕羊)', '석시(夕豕)'
> 라 할 때 '석(夕)'은 동사로 사용되어, 양이나 돼지를 잡아 그 고기를 말리
> 는 것을 뜻하며, 말린 포(脯)를 제물로 삼는 행위를 가리킨다."11)

  우성오가 제시한 사례 중, 『일(佚)』153편은 『합집』10130편에 해당하고, 『일
(佚)』404편은 『합집』16265편에 해당한다. 『주(珠)』725편과 『전(戩)』6.1편은
『합집』23262편에 해당하고, 『을(乙)』3094편은 짜 맞추기를 한 후 『합보(合補)
』100편으로 수록되었다. 이들 각 사례의 구체적인 문사는 다음과 같다.

  [1] 풍년을 기원하는 '도'제사를 畕 땅에서 드리는데, '석(夕)'제사에 양을,
      '료(尞)'제사에 작은 희생소와 배를 가른 소 한 마리를 사용할까요?(奉年于
      畕, 夕羊、尞小牢、卯一牛.)(『合集』10130)
  [2] 계유(癸酉)일에 점을 칩니다. '쟁(爭)'이 물어봅니다. "오는 갑술(甲戌)일에
      10마리의 양을 잡아 '석(夕)'제사를 지내고, 을해(乙亥)일에 열 마리의 □

---

11) 于省吾, 『甲骨文字釋林』(北京: 中華書局, 1979), 34-35쪽.

와 열 마리의 소를 잡아 ‘주’제사를 지낼까요?”(癸酉卜, 爭貞: 翌甲戌夕十羊, 乙亥酚十□十牛.)(『合集』16265)

[3] 병진(丙辰)일에 점을 칩니다. ‘쟁(尹)’이 물어봅니다. ‘석(夕)’제사를 드리는데 ‘부정’께 희생 소 3마리를 올릴까요?(丙辰卜, 尹貞: 其夕父丁三牢.)(『珠』725)

[4] 병자(丙子)일에 점을 칩니다. □이 물어봅니다. ‘석(夕)’제사를 ‘부정’께 드릴까요?(丙子卜, □貞: 其夕于父丁.)(『合集』23262)

[5] 물어봅니다. ‘석(夕)’제사와 ‘주’제사를 황하 신께 드리는데, 양 2마리와 돼지 2마리를 올리면 맞을까요? 물어봅니다. ‘주’제사와 ‘석(夕)’제사를 ‘왕해’께 드리는데, 양 1마리와 돼지 1마리를 올릴까요?(貞: 夕酚于河二羊匚二豕宜. 貞: 酚夕王亥一羊一豕.)(『合補』100)

위에 열거한 예들에서, ‘석(夕)’은 각각 제사 동사인 ‘료(尞)’, ‘묘(卯)’, ‘酚’, ‘방(匚)’, ‘의(宜)’와 대구를 이루고 있다. 이를 통해, ‘석(夕)’이 제사와 관련된 행위 동사로 해석될 수 있음이 확실하다.

그리고 예문 [3]의 ‘기석부정(其夕父丁)’과 예문 [4]의 ‘기석우부정(其夕于父丁)’ 등의 표현에서는 ‘고(告)’, ‘어(钔/御)’, ‘유(屮/侑)’, ‘용(用)’ 등의 제사 동사가 ‘석(夕)’을 대체하는 사례가 흔히 나타난다. 이는 ‘석(夕)’이 제사 동사로 사용되는 경우, 정규 제사 명을 지닌 ‘관(祼)’, ‘융(肜)’ 등과는 다소 차이가 있으며, ‘고(告)’, ‘어(钔/御)’ 등의 보조적 제사 행위와 더 밀접한 관계가 있음을 잘 보여준다. 그러나 어떠한 경우든, 이러한 용법에서의 ‘석(夕)’은 동사로 보아야 하며, 더 이상 시간 명사로 이해될 수 없다.

이상의 내용을 종합하면, 복사에서 ‘석(夕)’의 구체적인 용법과 의미는 크게 두 가지로 나눌 수 있다. 첫째는 시간 명사로 사용되는 경우이고, 둘째는 제사 동사로 사용되는 경우이다. 동일한 자형 구조를 통해 '석(夕)'과 '월(月)'을 구분할 수 없을 때는, 앞서 제시한 두 개의 표를 활용하여, 이 두 글자가 구체적인 사례에서 어떻게 조합되는지에 따라 해당 자형이 '석(夕)'인지 '월(月)'인지를 판단할 수 있다.

제2절 '석(夕)'의 의미범주

위의 통계 조사에 따르면, '석(夕)'은 복사에서 98% 이상이 시간 명사로 사용되며, 현재 자전에 있는 의미항에 따르면, '석(夕)'은 주로 저녁이나 밤을 나타내는 의미로 사용된다. 우리는 여기서 '석(夕)'이 표현하는 원시적 '밤'의 관념에 대해 논의하고자 하며, 이를 위해 '석(夕)'이 지시하는 구체적인 시간개념과 그에 포함되는 시간 범주를 보다 심층적으로 분석하고 규명할 필요가 있다. 이러한 문제에 대한 해답은 궁극적으로 '석(夕)'의 의미범주 문제로 돌아가야 한다.

(1) '석(夕)'의 조자 의미

'석(夕)'에 대한 인식과 관련하여, 상술한 '월(月)'과 '석(夕)'의 관계를 바탕으로, 이 두 글자가 필연적으로 동원자유(同源孶乳)[12] 관계에 있음을 확실하게 말할 수 있다. 이러한 동원 관계는 '석(夕)'의 근원에 대한 인식 차이와도 깊이 관련된다. 즉, 두 글자 중 어느 것이 먼저이고 어느 것이 나중인가 하는 문제는, '석(夕)'이 처음부터 자조자(自造字)[13]였는지, 아니면 분화자(分化字)였는지에 대

---

12) (역주) 두 글자가 동일한 어원에서 갈라져 나와 의미나 자형, 음운에서 연속성을 가지는 관계를 말한다. 예컨대, 갈(曷)과 합(盍), 석(夕)과 월(月) 등이 이에 해당한다. 이학근(李學勤), 구석규(裘錫圭) 등이 이 개념을 사용하여 갑골문 해석에 활용하였다.
13) (역주) 자조자란 한자의 형성 과정 중, 기존 한자에서 파생된 것이 아니라, 사람에 의해 사물의 형상, 성질, 행위 등을 바탕으로 직접 창조된 독립적인 문자를 말한다.
　　唐蘭, 『古文字學初階』(北京: 科學出版社, 1957): "所謂'自造字', 如'日', '月', '山', '水', '火'等, 乃根据自然形象初創之象形字也."

한 문제로 이어진다.

갑골문에서 '월(月)'과 '석(夕)'은 동시에 존재하는데, 시기상으로도 명확한 선후 관계를 찾을 수 없다. 그러나 문자가 상형에서 시작된다는 본질에 비추어 볼 때, '◗'과 '◖' 두 자형은 처음에 '월(月)'자일 가능성이 더 크다.

언어와 문자의 생성은 인류의 사유와 의식에서 추상화된 것이다. 의식의 발생이라는 관점에서 볼 때, 고대 사람들이 '달'이라는 구상적 사물을 인식한 시간이 '밤'이라는 추상적 개념을 인식한 시간보다 빨랐을 것이다. 따라서 '월(月)'과 '석(夕)' 두 글자 사이에서 '월(月)'의 출현과 '달'이라는 개념의 출현은 '석(夕)'과 '밤'이라는 개념의 출현보다 앞섰을 것이라고 추론할 수 있다.

다시 말해, 가장 초기의 문자 체계에서 '월(月)'과 '석(夕)'의 자형이 어떻게 파생·변화되었는지를 명확히 밝힘으로써 이 둘의 선후 관계를 추론할 수는 없지만, 논리적 측면에서는 '석(夕)'이 '월(月)'에서 유래했을 것이라고 기본적으로 확정할 수 있다.

그리고 자형의 표의(表意)적 관점에서 볼 때, '석(夕)'이 '월(月)'에서 유래했다는 주장은 의미상 직접적인 연관성이 없다. '석(夕)'이 나타내는 '밤'이라는 의미와 '◗'과 '◖'의 자형 사이에는, 형태를 통해 의미를 표현하는 직접적인 관계가 존재하지 않기 때문이다.

한자의 조자법(造字法)은 '상형(象形)', '지사(指事)', '회의(會意)', '형성(形聲)' 네 가지로 나뉜다.14) 그런데, '회의(會意)'의 관점에서는 '◗'과 '◖' 사이의 상호 전환 관계를 설명할 수 없으므로, '회의(會意) 조자법'은 배제할 수 있다.

---

14) '육서(六書)' 중 '전주(轉注)'와 '가차(假借)'는 일반적으로 용자법(用字法)으로 본다.

‘형성(形聲)’은 소리부의 보조가 필수적인데, ‘☽’과 ‘☾’은 소리부를 식별해낼 수 없을 뿐만 아니라, 고대음에서도 두 글자 간의 음운적 관련성을 확인하기 어렵기 때문에, ‘형성(形聲) 조자법’ 역시 배제할 수 있다.

그렇다면 ‘지사(指事)’만이 유일한 가능성으로 남게 된다. 학자들의 연구 통계에 따르면, 갑골문에서 ‘☽’과 ‘☾’ 두 형태는 초기에는 ‘☽’을 ‘월(月)’로, ‘☾’을 ‘석(夕)’으로 사용하는 경우가 우세했으나, 후기에는 상황이 정반대로 바뀌었다.[15]

이는 ‘월(月)’과 ‘석(夕)’ 두 글자가 은상(殷商) 시기에 분화·변화하는 과정의 한 구현이다. 점의 유무가 두 자형의 차이라는 점을 고려해볼 때, 그들의 분화 근거가 조자법 중 ‘지사(指事)’와 가장 부합함을 알 수 있다. 마치 ‘인(刃)’자가 ‘도(刀)’에 지사 부호를 첨가하여 칼날의 의미를 표현한 것처럼, ‘석(夕)’자도 ‘월(月)’에 지사 부호로 점을 추가하여 ‘달이 보이는 때(月見之時)’인 ‘밤’의 의미를 표현했을 가능성이 크다.

고대 사람들이 처음에는 대체로 ‘☽’로 달을 의미하는 ‘월(月)’을 표현했다고 가정할 수 있다. 후에 ‘밤’의 의미를 나타낼 필요가 생겼을 때, 이 추상적 개념을 표현하기가 쉽지 않았다. 그래서 ‘달이 보이는 때(月見之時)’ 즉 ‘밤’이라는 개념의 등가 관계를 통해, ‘월(月)’자의 부호를 사용하여 ‘밤’의 의미를 표현하는 방법을 생각해냈다. 그리고 달을 나타내는 ‘월(月)’과 구별하기 위해, ‘☽’에 점을 하나 추가하여 ‘☾’으로 썼고, 이로부터 점차 ‘석(夕)’이 분화되어 나왔다.

이러한 논리에 비추어 볼 때, ‘석(夕)’은 ‘월(月)’에서 분화된 글자라 할 수 있다. 두 글자는 동일한 근원에서 나왔지만, 용법이 크게 달랐고, 이미 은상 시기

---

15) 朱國理, 「“月”“夕”同源考」, 『古漢語研究』, 1998年 第2期.

부터 기본적인 분화가 이루어졌기 때문에, '석(夕)'을 '월(月)'의 파생 의미로 보는 것은 적절하지 않다. '석(夕)'을 이미 분화가 완성된 분화자로 보는 편이 더 타당할 것이다.

과거 '월(月)'과 '석(夕)' 두 글자의 분화 문제에 대한 탐구는 종종 음운적 난관에 봉착하곤 했다. 가차(假借) 관계를 통해 생성된 분화자의 경우, 일반적으로 음을 빌려 글자를 차용하는 방식이기 때문에, 사람들은 대개 해당 글자의 소리에서 두 글자 간의 관련성을 찾고자 했다. 그러나 '월(月)'과 '석(夕)' 두 글자의 고대 음운적 연관성은 증명되지 않았고[16], 이로 인해 학계는 오랫동안 곤혹을 겪어 왔다.

이에 대해 필자는, '석(夕)'이 '월(月)'자에서 분화된 것은 확실히 가차(假借)에서 비롯된 것이지만, 이는 개념 차원의 가차로서 의미의 파생과도 다르고, 일반적으로 소리를 빌려 글자를 사용하는 방식과도 다르다고 생각한다. 의미 파생에 해당하지 않기 때문에, '월(月)'과 '석(夕)'은 동일한 글자라 볼 수 없다. 또, 소리를 빌려 글자를 사용하는 방식에 해당하지 않기 때문에, '월(月)'과 '석(夕)' 사이에 음운적 연관성을 억지로 찾을 필요도 없다.

'석(夕)'의 유래 문제를 명확히 한 뒤, 이제 다시 '석(夕)'의 본의(本義)에 대해 살펴보고자 한다. 본의(本義)는 파생 의미에 상대되는 개념으로, 어떤 글자가 형성될 당시 지녔던 가장 원시적인 의미를 뜻한다. '석(夕)'의 경우, 이는 처음에 '월(月)'의 자형을 빌려 사용하면서 표현하고자 했던 최초의 의미를 가리킨다. 위

---

16) '월(月)'과 '석(夕)'이 동원자(同源字)라는 관점에서, 양자의 음운적 관련성에 대해서도 적지 않은 학자들이 관련 고증을 한 바 있다. 예컨대, 왕온지(王蘊智)의 「"毓"、"后"語源及部分牙喉舌齒音聲母通變關系合解」, 『鄭州大學學報(哲學社會科學版)』, 1993年 第2期가 있다.

내용을 통해 알 수 있듯이, '석(夕)'이 '월(月)'의 자형을 빌린 것은 처음부터 '달이 보이는 때[月見之時]' 즉 밤의 의미를 표현하고자 한 것으로, '석(夕)'의 본의(本義)는 '밤'이라고 말할 수 있다. 그러나 이러한 해석이 정확한가? 이때의 '밤'은 구체적으로 어떠한 시간대를 가리키는가?

(2) '석(夕)'의 시간 범주

『설문석(夕)부수』에서는 "석(夕)은 해가 진 이후의 밤[莫]을 말한다. 달이 반쯤 보이는 모습을 그렸다.(夕, 莫也. 从月半見.)"라고 했다.[17] 허신은 '석(夕)'의 본의(本義)가 '해가 진 이후의 밤[暮]'이라고 여겼다. 『상서대전(尙書大傳)·홍범오행전(洪範五行傳)』에 "한 해의 끝[歲之夕], 한 달의 끝[月之夕], 하루의 끝[日之夕]이면, 백성들이 그 영향을 받는다.(歲之夕, 月之夕, 日之夕, 則庶民受之.)"라고 했는데, 정현(鄭玄)은 '일지석(日之夕)'에 대해 "해가 기울어 황혼에 이르는 것을 하루의 끝[日之夕]이라고 한다.(下側至黃昏爲日之夕.)"라고 주석했다.[18] 정현의 해석은 허신과 같다.

『한어대자전』에서는 '석(夕)'의 첫 번째 의미항을 '저녁 무렵[傍晚]'으로, 두 번째 의미항을 '밤[夜], 저녁[晚上]'으로 정하고 있다. 이를 통해 학자들이 고대부터 현재까지 일반적으로 '석(夕)'이 표현하는 원시적 의미를 '저녁 무렵[傍晚]'으로 보고, '밤[夜晚]'의 의미는 파생 의미에 속한다고 생각했음을 알 수 있다.

상술한 여러 학자들의 해석을 통해 볼 때, 과거 '석(夕)'의 본의(本義)에 대한 인식은 사실 우리가 말하는 '밤[夜晚]'이 아니라, 그보다 더 정교한 개념인 '저

---

17) 許愼, 『說文解字』(北京: 中華書局, 1963), 142쪽.
18) 朱維錚, 『中國經學史基本叢書』(第一冊)(上海: 上海書店出版社, 2012), 30쪽.

녁 무렵[傍晚]'이었음을 알 수 있다. 그렇다면 '석(夕)'은 정말로 허신과 정현 등이 정의한 것처럼 '저녁 무렵[傍晚]' 또는 '황혼(黃昏)' 등 더 정확한 시간대를 가리켰던 것일까?

과거에 '석(夕)'자를 '모(莫, 暮)'로 해석하는 견해는 주로 『설문』에서 비롯되었다. 허신의 관점에서 출발하여, 여러 학자들은 대부분 '석(夕)'을 '저녁 무렵'과 연관시켰다. 또한, 문헌에서 흔히 '조(朝)'와 '석(夕)'이 대구를 이루어 사용되었기 때문에, 사람들은 '석(夕)'의 본의(本義)가 바로 '저녁 무렵'이라고 확정하게 되었다. 그러나 가장 초기의 문자 체계에서 '석(夕)'의 본의(本義)에 대한 의문이 제기되었다.

학자들 가운데는 다음과 같은 갑골문 사례를 제시하는 이들도 있다.

[6] 계유(癸酉)일에 물어봅니다. "'석'(저녁 무렵)에 일식이 있었는데, 길할까요?"
| 계유(癸酉)일에 물어봅니다. '석'(저녁 무렵)에 일식이 있었는데, 길하지 않
을까요?"(癸酉貞: 日夕有食, 唯若. | 癸酉貞: 日夕有食, 非若.)(『合集』33694)

예문 [6]은 일식(日食)에 관해 점을 치는 질문으로 여겨졌는데, 일식은 밤에 발생할 수 없기 때문에, 이 경우 '석(夕)'은 '밤'이 아니라 '저녁 무렵'으로 해석해야 한다는 의견이 제시되었다.[19] 사실, 이 문장에서 "일석유식(日夕有食)"은 "일월유식(日月有食)"을 잘 못 읽은 것으로 보아야 한다. 이러한 사례를 제외하면, 복사에는 '석(夕)'이 시간을 지칭하되 '밤'을 가리킬 수 없다는 것을 입증할 만한 다른 예증은 존재하지 않는다. 그러나 '석(夕)'이 밤을 나타내는 경우에도, 일부

---

19) 朱國理, 「"夕"字本義考」, 『辭書研究』, 1998年 第1期.

학자들은 그것이 밤의 특정 시간대를 명확히 지칭한다고 생각했다. 예컨대, 송진호(宋鎭豪)는 다음과 같은 예를 들었다.

> [7] 왕께서 사냥을 나갔다가 '숙'(한 밤중)에 들어오시는데, 비가 오지 않을까요? | '숙'(한 밤중)에 들어오시는데, 비가 오지 않을까요? 길하였다.(王其田枛(夙)入, 不雨. | 夕入不雨. 吉.)(『合集』28572)

송진호는 이 예문에서 "'枛'(필자는 숙(夙)이라고 생각한다)과 '석(夕)'이 대구를 이뤄, '숙(枛)'은 하늘이 어두워져 등불을 밝히는 시간이고, '석(夕)'은 더 늦은 시간을 나타낸다."라고 보았다.[20] 이는 '석(夕)'을 보다 정밀하게 특정 시점으로 지칭한 경우이다. 실제로 복사에서 '숙(枛/夙)'과 '석(夕)'이 대구를 이루는 예문뿐만 아니라, '모(莫/暮)'와 '석(夕)'이 대구를 이루는 예증도 존재한다. 예를 들면 다음과 같다.

> [8] '도'제사를 드리는데, '모'(저녁)에 '주'제사를 거행하지 말까요? 길할 것이다.[21](柰叀莫酉彡. 吉.) | '모'(한 밤중)에 '주'제사를 드릴까요? 길할 것이다.(柰叀莫酉彡. 吉. | 夕酉彡. 吉.)(『合集』30845)

예문 [8]에서 '모주(莫/暮酉彡)'와 '석주(夕酉彡)'이 대구를 이루고 있는 것으로 보

---

20) 宋鎭豪, 「試論殷代的紀時制度－兼談中國古代分段紀時制」, 『考古學研究』第五輯(北京: 科學出版社, 2003), 398-423쪽.

21) (역주) 柰는 보통 '구(求)'로 해석되며, 무엇인가 실현되기를 기원하는 제사이다. 복사에서는 柰 다음에 전(田), 생(生), 년(年) 등 구체적 기원 대상이 들어, 각각 '사냥의 성공을 빌다', '순조로운 출산을 빌다', '풍년을 빌다' 등의 뜻을 표현했다.

아, 적어도 이러한 대구를 이루는 사례들에서는 '숙(杘/夙)'과 '모(莫/暮)'의 개념이 확실히 '석(夕)'의 개념과 동시에 존재하고 있음을 알 수 있다.

현대 한어의 의미로 볼 때, 세 가지 모두 '밤'의 의미를 나타내는데, 그렇다면 이들의 구체적인 차이점은 어디에 있을까? 예문 [7]을 살펴보면, '숙(杘/夙)'이 앞에 있고 '석(夕)'이 뒤에 있는데, 송진호의 해석처럼 이 예문의 '숙(杘/夙)'은 '석(夕)'보다 더 이른 시간을 가리키기 때문일 것이다. 송진호는 '숙(杘/夙)'을 등불을 켜는 시간으로 해석했는데, 이 시간은 하늘이 막 어두워지기 시작하는 때에 속한다. 이 시간이 '석(夕)'과 대구를 이룬다고 해서 '석(夕)'을 '밤'으로 해석하는 데 장애가 되는 것은 아니다.

그리고 예문 [8]을 보면, '모(莫/暮)'가 앞에 위치하고 '석(夕)'이 뒤에 위치하는데, 마찬가지로 '모(莫/暮)'가 나타내는 시간이 '석(夕)'보다 앞선 시간일 가능성이 매우 높다는 결론을 내릴 수 있다. 『설문망(茻)부수』에서는 "모(莫)는 해가 막 지려고 할 때를 말한다. 해가 풀숲[茻] 속에 있는 모습을 그렸다.(莫, 日且冥也. 从日在茻中.)"라고 했다.22) 단옥재는 「주(注)」에서 "차명(且冥)이란, 곧 어두워지려 한다는 뜻이다."라고 했다.23)

이로부터 '모(莫/暮)'가 나타내는 시간은 '명(冥)' 이전에 있어야 함을 알 수 있다. '명(冥)'이 밤을 뜻한다면, '모(莫/暮)'는 곧 밤이 되려는, 아직 어두워지지 않은 시간을 나타낸다. 그렇다면 아직 어두워지지 않은 시간인 '모(莫/暮)'와 이미 어두워진 시간인 '석(夕)'이 대구로 쓰인다고 해서 부당하다고 할 수는 없다. 이렇게 보면, '석(夕)'이 '밤'을 나타낸다는 해석과도 모순되지 않는다.

---

22) 許慎, 『說文解字』(北京: 中華書局, 1963), 27쪽.
23) 許慎著, 段玉裁注, 『說文解字注』(上海: 上海古籍出版社, 1981), 48쪽.

　설령 위에서 예로 든 사례에서 ‘석(夕)’이 저녁의 특정 시간대를 지칭한다고 하더라도, 그것이 ‘석(夕)’이라는 개념의 범주를 이해하는 데 영향을 주는 것은 아니다. 이는 ‘특정 지칭[特指]’과 ‘일반 지칭[泛指]’의 문제이기 때문이다. 만약 위의 사례에서 ‘숙(枾/夙)’과 ‘모(莫/暮)’가 ‘석(夕)’과 대구를 이루는 경우에, ‘석(夕)’이 저녁의 특정 시간대를 지칭한다면, ‘금석(今夕)’ 등 단어의 ‘석(夕)’은 밤 전체를 일반적으로 지칭하는 것이어야 할 것이다.

　사실 앞서 언급한 정현의 ‘일지석(日之夕: 하루의 끝)’에 대한 주석과『한어대자전』의 의미항 분류는 ‘석(夕)’의 의미가 지시하는 범위를 더 정밀하게 정의한 것이지만, 이러한 정의가 반드시 ‘석(夕)’의 본의(本義)를 완전하게 설명했다고 볼 수는 없다.

　『설문·석(夕)부수』에서 ‘석(夕)’의 본의(本義)를 ‘모(莫)’로 정의한 것은 분명히 타당한 해석이지만, 그것이 반드시 정확한 정의라고는 할 수 없다. 다시 말해,『설문』의 이러한 정의는 협의의 ‘특정 지칭’이 아닌 광의의 ‘일반 지칭’일 가능성이 있다. 허신이 말한 ‘모(莫)’의 개념은 광범위한 상대적 의미일 수 있는 것이다. 예컨대, 여기서 ‘석(夕)’은 ‘조(朝)’에 대비되거나 ‘주(晝)’에 대비되는 개념일 수 있다.

　허신이 ‘모(莫)’로 해석한 글자로, 또 ‘만(晩)’자가 있다.『설문·일(日)부수』에서는 “만(晩)은 날이 저물다[莫]라는 뜻이다.(晩, 莫也.)”라고 했고[24],『광운(廣韻)』에서는 “만(晩)은 날이 저물다[暮]는 뜻이다.”라고 했다.[25] 이를 통해, ‘만(晩)’의 개념이 ‘석(夕)’과 거의 동일함을 보여준다. 또한,『설문·일(日)부수』에서는 “간(旰)은 해가 저물다[晩]라는 뜻이다.(旰, 晩也.)”라고 했는데,[26] 단옥재는

---

24) 許愼,『說文解字』(北京: 中華書局, 1963), 138쪽.
25) 余迺永,『新校互注宋本廣韻』(上海: 上海辭書出版社, 2000), 281쪽.

「주(注)」에서 “『좌전·양공(襄公)』14년에 대해 두예(杜預)는 ‘간(旰)은 해가 저물다[晏]라는 뜻이다.’라고 주석했다.(襄十四年『左傳』杜注曰: 旰, 晏也.)”라고 밝혔다.27) 『옥편(玉篇)』에서도 “안(晏)은 해가 저물다[晚]라는 뜻이다.(晏, 晚也.)”라고 했다.28) 위에서 언급한 ‘만(晚)’, ‘간(旰)’, ‘안(晏)’은 실제로 모두 ‘밤’을 의미하지만, 이 ‘밤’은 ‘낮[白晝]’에 상대되는 광의의 범주로서, ‘저녁 무렵’이나 ‘황혼’을 특별히 지칭하는 것이 아니다.

앞서 살펴본 갑골문의 ‘석(夕)’의 용법에 대한 고찰에 따르면, 복사에서 ‘석(夕)’이 ‘금석(今夕)’, ‘지석(之夕)’, ‘자석(玆夕)’ 등 시간을 지칭하는 경우가 전체의 98% 이상을 차지한다는 사실을 알 수 있다. 이러한 사례에서 ‘석(夕)’은 사실 복사에서 ‘낮[白晝]’을 나타내는 ‘일(日)’과 동일한 상황이다.

‘일(日)’이 ‘낮’을 표현할 때, 가장 흔한 조합 형식 역시 ‘금일(今日)’, ‘지일(之日)’, ‘자일(玆日)’ 등이다. ‘금일(今日)’과 ‘금석(今夕)’은 서로 반대되는 시간개념을 형성하는데, 전자는 ‘낮’을 가리키고, 후자는 ‘밤’을 가리킨다. 다만 이러한 밤은 크고 포괄적인 개념으로, ‘저녁 무렵[傍晚]’, ‘황혼(黃昏)’, ‘자정[子夜]’ 등 더 정밀한 시간대를 특정하여 지칭하지는 않는다.

사실, 복사에서 ‘석(夕)’이 사용된 실제 용례들은 이 문제에 대한 가장 명확한 해답을 제시해 준다. 복사에서 ‘금일무우(今日無憂)’, ‘금일불우(今日不雨)’라고 점을 친다면, 여기에서의 ‘일(日)’은 구체적인 시간 범위를 자세히 탐구할 필요가 없다. 이 두 사례는 점복관이 어떤 날에 재앙이나 비의 유무를 점치는 내용

---

26) 許慎, 『說文解字』(北京: 中華書局, 1963), 138쪽.
27) 許慎著, 段玉裁注, 『說文解字注』(上海: 上海古籍出版社, 1981), 304쪽.
28) 顧野王, 『宋本玉篇』(北京: 中國書店, 1983), 372쪽.

임을 자연스럽게 이해할 수 있다. 즉, 이러한 표현은 '정오'나 '오후' 등 특정 시간을 점치는 것이 아니다. 이것이 분명하고도 쉽게 볼 수 있는 광의의 개념이기 때문이다.

만약 '금일(今日)'이라는 표현을 이해할 때, '일(日)'이 정확히 어느 시간을 가리키는지 자세히 연구할 필요가 없다면, '금석(今夕)'에 대한 이해도 같은 이치로 보아야 한다. 복사에서 '금석무우(今夕無憂)', '금석불우(今夕不雨)'라고 점을 칠 때는 점복관이 오늘 밤에 재앙이 없을지, 비가 내리지 않을지 알고 싶어 하는 것이므로, '석(夕)'이 '오늘 저녁 무렵', '오늘 황혼' 또는 '오늘 자정'을 가리키는지 자세히 연구할 필요가 없다.

물론, '석(夕)'이 특별히 '저녁 무렵'을 지칭한다는 관점에 대해 일부 학자들은 의문을 제기한 바 있다. 예컨대, 주국리(朱國理)는 '월(月)'과 '석(夕)' 두 글자의 형태상 관련성에 근거하여, '석(夕)'자의 본의(本義)가 '월(月)'과 밀접한 관련이 있다고 보았다. 따라서 '석(夕)'의 처음 의미가 '달이 보이는 시간[月見之時]'을 뜻한다는 결론을 내렸다. 이는 곧 '석(夕)'이 가리키는 시간 범위가 현대 한어의 '저녁 무렵'과 '밤'을 아우르는 것이라는 해석이다.[29]

나곤(羅琨)은 "갑골문에서 시간을 나타내는 '석(夕)'은 두 낮 사이에 위치하여, '모(暮)'보다 늦고 '숙(枏)'보다 이른 하룻밤 전체를 가리킨다."라고 보았다.[30]

송진호는 한때 "밤은 일반적으로 '석(夕)'이라 통칭되며, '금석(今夕)', '래석(來夕)', '종석(終夕)' 등으로도 부른다."라고 여겼다.[31] 이후 그는 보다 분명하게

---

29) 朱國理, 「"夕"字本義考」, 『辭書研究』, 1998年 第1期.

30) 羅琨, 「<楚居>"衆必夜"與商代的"夕"祭」, 『出土文獻』第四輯(上海: 中西書局, 2013), 38-48쪽.

31) 宋鎭豪, 「殷商紀時法補論－關于殷商日界」, 『學術月刊』, 2001年 第12期.

"종석(終夕)은 종일(終日)과 대구를 이루며, 실제로 하루를 둘로 나눈 두 시간대를 대표한다. 하나는 전체 밤을 가리키고, 다른 하나는 전체 낮을 가리킨다……'지석(之夕)', '금석(今夕)'은 부분을 통해 전체를 드러내며, 짧은 시간대를 통해 전체 밤을 아우르는 개념으로 사용되었다. 이는 밤 시간 동안 달의 형태 변화가 그다지 두드러지지 않고, 반쯤 기운 달이 일반적인 형태로 여겨졌기 때문에, 반달 형태인 '석(夕)'자를 사용하여 전체 밤을 상징적으로 나타낸 것으로 볼 수 있다."라고 지적했다.[32]

풍시(馮時)는 "복사에서 '종일(終日)'이 전체 낮을 가리킨다면, '종석(終夕)'은 전체 밤을 가리키는 것으로 보아야 한다."라고 했다.[33]

이러한 관점들은 정도의 차이는 있으나 모두 과거 '석(夕)'의 본의(本義)를 '저녁 무렵'이라는 구체적 시간대로 한정했던 해석의 범위를 일정 부분 확장시켰다고 볼 수 있다. 다만 '석(夕)'이 지칭하는 시간 범주를 정의하는 데 그치고 있을 뿐, 우리가 앞서 논의한 '특정 지칭'과 '일반 지칭'의 문제와는 다소 차이가 난다. 그럼에도 불구하고, 이렇게 다양한 논의들은 한 가지 사실을 증명하고 있다. 즉, 은상(殷商) 시기의 실제 언어 환경에서는 '석(夕)'의 의미를 단순히 '저녁 무렵'이라는 협의의 개념으로만 한정시킬 수 없다는 점이다.

상술한 내용을 종합하면, 필자는 '석(夕)'의 의미가 확실히 낮의 의미와 대비되는 밤과 관련 있지만, 그것이 단지 '저녁 무렵'이나 '밤'이라는 제한된 의미로 한정해서는 안 된다고 여긴다.

---

32)　宋鎭豪, 「試論殷代的紀時制度－兼談中國古代分段紀時制」, 『考古學研究』第五輯(北京: 科學出版社, 2003), 398-423쪽.
33)　馮時, 「殷代紀時制度研究」, 『考古學集刊』第16集(北京: 科學出版社, 2006), 287-345쪽.

사실, '석(夕)'은 '일(日)'에 상대되는 광범위한 시간개념이다. '일(日)'이 '낮'을 가리킨다면, '석(夕)'은 그에 대응하는 '밤'을 가리키는 것이다.

마찬가지로 '일(日)'이 낮을 가리킬 때 그것이 구체적으로 '오전', '정오', '오후'와 같이 세부적인 시간대를 특정하지 않듯이, '석(夕)'이 밤을 가리킬 때도 '저녁 무렵', '황혼', '자정' 등과 같은 구체적인 시간대를 특정한다고 보아서는 안 된다. '석(夕)'은 전체 밤을 일반적으로 지칭하는 것, 즉 전체 낮이 아닌 시간대가 모두 '석(夕)'이 지칭하는 범위인 것이다.

현재 볼 수 있는 가장 이른 '야(夜)'자는 주원(周原) 출토 갑골문에서 나타나며, 그 자형은 '석(夕)'이 의미부이다. 이를 통해, '야(夜)'자가 늦어도 주(周)나라 때는 이미 '석(夕)'에서 분화되어 나왔음을 알 수 있다. '야(夜)'자가 분화된 이후에는 '석(夕)'의 원시적 의미를 대체하여 광의의 밤을 지칭하는 데 사용되었을 것이며, 그 결과 '석(夕)'의 원시적 의미 범위가 축소된 것은 불가피한 일이었을 것이다. 물론, 이 문제는 또 다른 논의 주제에 해당한다.

제3절 의미부 '석(夕)'과 고대중국의 시간개념

　고대 중국의 밤에 대한 관념은 낮에 대한 관념과 마찬가지로, 사람들의 자연현상 관찰에서 비롯되었다. 해가 뜨면 '일(日)'이라 하고, 달이 보이면 '석(夕)'이라 하였다.

　납서(納西)족 상형문자는 한(漢)족 문자인 한자와 마찬가지로, 달이라는 상형부호를 사용하여 '밤'의 의미를 표현했다. 그러나 납서족 문자는 '밤'의 개념을 나타낼 때, 달의 상형 부호 위에 지시적인 둥근 점을 추가하거나, 아예 달을 검게 칠하여 '월(月)'과 구별했다. 자형은 다음과 같다.[34)]

<table>
<tr><td align="center">밤[夜晚]</td><td align="center">자정[夜半]</td></tr>
</table>

　'밤'의 개념을 나타낼 때, 납서족 문자는 한자의 지사(指事) 형식과 유사한 방법을 사용하여, '월(月)'의 형태에 지사 부호를 추가하는 방법으로 서로 다른 글자를 구별했다. '자정[夜半]'의 개념을 나타낼 때도 이와 같은 방법으로 나타냈는데, 즉 지시적인 부호를 추가하거나 소리부를 추가하여 의미를 구별했다.

　그러나 어떻게 변하든, '밤'과 관련된 의미 속에는 여전히 가장 초기의 의미부

---

34) 方國瑜著, 和志武參訂, 『納西象形文字譜』(昆明: 云南人民出版社, 2005), 108쪽.

형태가 포함되어 있다. 납서족 문자와 마찬가지로, 한자의 '석(夕)'도 그러하다. '석(夕)'자의 본자(本字)가 밤의 의미를 나타낼 뿐만 아니라, '석(夕)'을 의미부로 하는 일련의 글자들 역시 '밤과 관련된 의미를 지니고 있다.

(1) 야(夜)

'밤[夜晚]'의 '야(夜)' 또한 본래 '석(夕)'에서 비롯된 글자로, 그 고문자 형태를 통해서도 이를 어느 정도 알 수 있다.

甲骨文　　　　　金文　　　　　簡帛文　　　　　小篆

'야(夜)'의 자형은 '석(夕)'이 의미부이고, '역(亦)'이 소리부이다. 일반적으로 '야(夜)'는 밤의 의미를 나타내는 '석(夕)'에서 파생된 것으로 본다. 가장 이른 '야(夜)'의 자형은 서주(西周) 갑골문에서 나타났지만, 글자가 일부 훼손되어 있어 상하 문맥을 대조하여 실제 용법을 살피기는 어렵다. 또한, 일부 학자들은 은상(殷商) 갑골문에서 '역(亦)'을 사용하여 '야(夜)'를 나타낸 경우가 있다고 보았다. 이 관점은 왕양(王襄)이 제시했으나[35] 학계의 인정을 받지 못했다. 예컨대, 양수달(楊樹達)도 '야(夜)'와 '역(亦)'이 음운적으로 관련이 있다는 점에는 동

---

35) 王襄, 「簠室殷契徵文」, 『甲骨文獻集成』(第一冊)(成都: 四川大學出版社, 2001), 161쪽.

의하였으나, 해당 사례에서 '역(亦)'을 '야(夜)'로 읽어 통용될 수 있다고 보지는 않았다.36) 이후에도 왕양의 설을 지지하는 학자들이 있었으나,37) 인용된 사례 증거는 여전히 근거가 미흡하여 정론으로 확정되기는 어려웠다. 황천수(黃天樹)는 복사에서 '소야(小夜)' 합문(合文)을 들어, 이는 밤이 깊지 않은 때를 나타내며, 이때 '야(夜)'가 '역(亦)'(『합집』 13135)으로 쓰였다고 했으나38), 참고 정도로만 볼 수 있다. 서주 금문에서는 '숙야(夙夜)'가 연용 되어, 당시에 이미 이 글자의 형태와 의미 관계가 고정되어 있었음을 알 수 있다.

(2) 숙(夙)

'숙(夙)'자의 가장 이른 용례는 갑골 복사에서 빈번하게 보이는데, 그 자형은 회의(會意)로, 한 사람이 옆으로 꿇어앉아 두 손으로 물건을 받들고 위쪽을 향해 기도하는 듯한 모습을 본떴다. 옆으로 꿇어앉은 사람의 모습은 '극(丮)'이므로, '숙(夙)'자는 반드시 이 구성 성분을 포함한다. 그러나 사람의 손에 받든 물건이 서로 달라, 다른 한쪽의 구성 성분인 의미부의 형태도 다양하게 나타난다. 구체적으로 다음과 같은 몇 가지가 있다.

---

36) 楊樹達, 『積微居甲文說』(上海: 上海古籍出版社, 1986), 13쪽.
37) 羅琨, 「甲骨文"亦"叚爲"夜"之証」, 『中國史研究』, 2002年 第3期.
38) 黃天樹, 「殷墟甲骨文所見夜間時称考」, 『黃天樹古文字論集』(北京: 學苑出版社, 2006), 178-193쪽.

'숙(夙)'자의 형태에 관한 해석에서, 섭옥삼은 다음과 같이 말했다.

> 계문(契文: 갑골문)에 있는 '숙(夙)'은 모두 한 사람이 꿇어앉아 달을 받드는
> 모습을 형상화했다.……'숙(夙)'은 날이 밝아지려는 시간으로, 잔월(殘月)이
> 하늘에 있어 고개를 들어야만 볼 수 있는 때를 말한다. '숙(夙)'이라는 시간
> 에 일어나는 사람은 잔월(殘月)을 보게 되는 것을 기쁘게 여겼으므로, 두
> 손을 허공을 향해 들어 달을 받드는 모습으로 나타낸 것이다.[39]

이 설은 학계의 공통된 인식으로 자리 잡았다. 사명문(謝明文)은 "'극(丮)'에는
확실히 '숙(夙)'의 독음이 들어있으며, '숙(夙)'은 '석(夕)'이 의미부이고 '극(丮)'이
소리부인 형성자여야 한다."라고 말하며,[40] 이 글자의 구조에 대해 한층 더 분
석했다. 한편, 이 글자의 의미 해석에 다소 차이를 보인 학자들도 있다. 예컨대,
이종곤(李宗焜)은 "숙(夙)은 시간을 나타내는데, 그 시간은 모(暮) 이후이면서 석
(夕) 이전이어야 한다."라고 했다.[41] 심배(沈培)는 "그 용법에는 두 가지가 있다.

---

39) 葉玉森, 「說"契"」, 『甲骨文研究資料匯編』(北京: 北京圖書館出版社, 2008), 613-622쪽.
40) 謝明文, 「說夙及其相關之字」, 『出土文獻與古文字研究』第七輯(上海: 上海古籍出版社, 2018), 30-49쪽.

하나는 시간 명사로 쓰여 밤이 끝나고 새벽이 다가오는 때를 가리키고, 다른 하나는 동사로 쓰여 '일찍 일어나 일하다'라는 뜻을 가진다."라고 했다.[42] 위에서 제시한 '숙(夙)'의 갑골문에서 마지막 자형에 대해, 당상괴(黨相魁)는 이 글자는 예서체로 쓰면 '숙(焀)'이 되는데, "화(火)가 의미부이고 극(丮)이 의미부이다. 꿇어앉은 사람이 두 손으로 횃불을 쥐고 있는 모습을 본뜬 것이다. 이는 '거(炬)'의 초기 문자이며, 또한 『설문』의 '거(苣)자'에 해당한다."라고 했다.[43] '숙(夙)'에 화(火)를 편방으로 하는 자형이 있고, 그 글자의 용법이 실제로 밤 시간을 표현하는 것과 결합하여, 학자들이 그것이 지시하는 구체적인 시간대를 밤에 등불을 켜는 시간으로 확정한 것일 수도 있다.[44] 복사에서 '숙(夙)'의 주요 용법은 다음과 같다.

[9] 신미(辛未)일에 점을 칩니다. 물어봅니다. 왕께서 제사를 집전하시는데, '숙'(한 밤중)에 '관'제사를 지내면 재앙이 없을까요?"(辛未卜, 貞王賓桒(夙)祼无囚.)(『合集』25393)

[10] 왕께서 '우(盂)' 땅의 사냥터를 시찰하시는데, '모'(저녁)에 가서 '숙'(한 밤중)에 돌아와도 비가 내리지 않겠습니까?(王其省盂田, 蓑(莫)往桒(夙)入, 不雨.)(『屯南』2383)

---

41) 李宗焜, 「卜辭所見一日內時称考」, 『中國文字』新十八期(臺北: 藝文印書館, 1994), 173-208쪽.

42) 沈培, 「說殷墟甲骨卜辭的'桒'」, 『原學』第三輯(北京: 中國廣播電視出版社, 1995), 75-110쪽.

43) 党相魁, 「殷契攟釋」, 『紀念王懿榮發現甲骨文一百周年論文集』(濟南: 齊魯書社, 2000), 196-204쪽.

44) 宋鎭豪, 「試論殷代的紀時制度－兼談中國古代分段紀時制」, 『考古學硏究』第五輯(北京: 科學出版社, 2003), 398-423쪽.

‘숙(夙)’은 복사에서 제사(祭祀) 동사 앞에 가장 자주 사용되어, 제사의 시간을 나타내는데, 예문 [9]가 가장 전형적인 용법이다. 그리고 예문 [10]에서 ‘숙(夙)’과 ‘모(莫)’가 대구를 이루는 것은, ‘숙(夙)’이 시간 용어로 사용된 가장 좋은 증거라 할 수 있다.

(3) 록(祿)

갑골문

갑골문 ‘록(祿)’의 자형은 ‘석(夕)’이 의미부이고 록(录)도 의미부인데, 자형은 위에 제시한 바와 같다. 황천수는 이를 ‘밤중[夜間]’을 나타내는 글자로, 복사 사례에서 흔히 볼 수 있는 ‘중록(中祿)’ 또는 줄여서 ‘록(录)’, ‘록(祿)’이 자정[夜半]을 뜻한다고 보았다.45) 복사에서 ‘중록(中录)’의 ‘록(录)’은 🅱️으로 쓰는데, 그 자형 구조는 ‘석(夕)’이 의미부가 아니기 때문에 ‘록(祿)’과 다르다. 그러나 어떻게 쓰든 이 글자가 복사에서 ‘중록(中录)’으로 사용되어 시간을 나타낸다는 것은 분명하다. 그 구체적인 용법은 다음과 같다.

---

45) 黃天樹, 「殷墟甲骨文所見夜間時称考」, 『黃天樹古文字論集』(北京: 學苑出版社, 20065), 178-193쪽.

[11] '중록'(밤중)에 먼저 '虘'제사를 올릴까요? 길할 것이다.(叀中彔先虘. 吉.)(『合集』28124)

[12] 정유(丁酉)일, '중록'(밤중)에 점을 칩니다. '혜' 땅에서였다.(丁酉, 中彔卜, 才兮.)『合集』35344

[13] '중록'(밤중)에 '주'제사를……?(……中彔酒.)『合補』9592

[14] 을해(乙亥)일에 점을 칩니다. 오늘부터 '중록'(밤중)까지……? 길할 것이다.(乙亥卜, 今日至于中彔……吉.)『屯南』2529

풍시는 '록(祿)'자를 "물시계를 본뜬 상형자인 '록(彔)'에다 달을 본뜬 상형자인 '석(夕)'을 의미부로 하였는데, 물시계가 밤 시간[夜時]을 기록하는 주요 시간 측정 기구임을 나타낸 것이다."라고 보았다.[46] 따라서, '록(祿)'과 '록(彔)'자는 형태에 미세한 차이가 있다 해도(혹은 의미부가 첨가된 자형의 분화 현상일 수도 있다), 시간을 나타내는 용어로 사용된 것은 분명하다.

(4) 夘

甲骨文

---

46) 馮時, 「殷代紀時制度硏究」, 『考古學集刊』第16集(北京: 科學出版社, 2006), 287-345쪽.

‘夗’자의 갑골문 표기법은 위와 같으며, 그 자형은 두 개의 ‘석(夕)’이 중첩된 것이다. 과거에는 두 개의 ‘육(肉)’으로 여겨졌으나, 현재는 이종곤(李宗焜)의 새로운 해석에 따라 ‘밤중[夜間]’을 나타내는 것으로 본다.[47] 황천수(黃天樹)는 그것이 가리키는 것이 아마도 ‘한밤중[子夜: 밤 11시부터 새벽 1시 사이]’의 시간대일 것이라고 보았다.[48] 풍시는 ‘夗’에 대해 더 세밀하게 해석했다.

중첩된 ‘석(夕)’ 형태로, 달이 처음 떠오르는 모습을 나타낸다. 이는 갑골문의 ‘단(旦)’이 중첩된 ‘일(日)’의 형태로, 해가 처음 떠오르는 모습을 나타낸 것과 같다.……따라서 복사의 ‘夗’이 시간 기록에 사용된 경우, 달이 떠오르는 시간을 가리킨다.……은대(殷代)의 ‘夗’라는 시간은 후세 문헌에서 흔히 보이는, 일몰 전후를 특별히 지칭하는 ‘석(夕)’에 해당하나, 은대(殷代)에서는 일몰 이후의 황혼으로 한정하여 사용했다.

‘夗’에 ‘석(夕)’을 중첩해서 쓴 것은, 달이 처음 떠오르는 모습을 회의(會意)로 나타낸 것으로도 볼 수 있고, 은(殷)나라 사람들이 전체 밤을 통칭하던 ‘석(夕)’과 구별하기 위한 것이기도 하다.

……은대(殷代)에 황혼 시간을 특별히 지칭했던 ‘夗’는 후대로 오면서 점차 일몰 무렵 전반을 가리키는 포괄적인 시간대 용어로 확대되었다. 그 의미는 ‘달이 처음 떠오르다’는 본의(本義)에서 발전하여 ‘해가 저무는 때’로 변하였고, 또 당시 사람들이 전체 밤을 ‘야(夜)’라고 불렀기 때문에, 전체 밤을 뜻하는 ‘석야(夕夜)’의 ‘석(夕)’이 황혼의 시간을 가리키는 ‘昏夗’의 ‘夗’를 대신하게 되었다. 그리하여 ‘석(夕)’이 사용되고 ‘夗’는 폐기되었다.[49]

---

47)　李宗焜, 「卜辭所見一日內時称考」, 『中國文字』新十八期(臺北: 藝文印書館, 1994), 173-208쪽.

48)　黃天樹,「關於商代甲骨卜辭是否有代詞"其"的考察」,『語文研究』, 2021年 第3期.

49)　馮時,「殷代紀時制度硏究」,『考古學集刊』第16集(北京: 科學出版社, 2006), 287-345쪽.

‘夘’자가 시간을 지칭하는 용어로서, 복사에서의 구체적인 용법은 다음과 같다.

[15] ‘신(辛)’일에 비가 내렸고, ‘경(庚)’일 ‘夘’(밤중)에 비가 내렸으며, ‘신(辛)’
일에 날이 개었다.(于辛雨, 庚夘雨. 辛啓.)(『合集』20957)

[16] 을해일에 점을 칩니다. 보우해주실까요? ‘경’일 ‘夘’(밤중)에 비가 내릴
까요? 그날 ‘夘’(밤중)에 정말로 비가 내리진 않을까요?(己亥卜, 又, 庚雨.
其夘, 允雨不.)(『合集』20957)

[17] ‘夘’(밤중)에 점을 칩니다. ‘유’제사와 ‘세’제사를 ‘부정’께 올리는데, 양
1마리를 사용할까요?(丙午, 夘卜, 屮歲于父丁羊一.)(『合集』22093)

(5) 황(夃)

甲骨文

‘황(夃)’자의 갑골문 자형은 위와 같은데, 자형 중에서 ‘爻’는 과거에 일반적
으로 ‘교(交)’자로 해석되었다. 예컨대, 요종이(饒宗頤)는 ‘황(夃)’자를 ‘교(胶)’라
고 생각했다. “교(胶)는 동사로, 제사의 명칭이다.『광운(廣韻)』에서 ‘교(胶)’자에
대해 ‘소리를 말한다.(聲也.)’라고 했는데, 독음은 효(爻)로, 이는 바로 이 글자이

다. '교(胶)'를 '소리'로 풀이했으니, '효(詨)'로 읽어야 한다. 『집운(集韻)』에서는 '오효(五爻)'를 '효(詨)는 호(謼), 호(呼) 등과 같다. 오(吳) 지역 사람들은 부르는 것을 효(詨)라고 한다.'라고 했다. 『이아 석언(釋言)』에서는 '기(祈)는 부르다는 뜻이다.(祈, 叫也.)'라고 했는데, 곽박은 「주(注)」에서 '기제(祈祭)라는 것은 부르면서 일을 청하는 것을 말한다."라고 했다.[50]

　풍시는 "복사의 '교(狡)'는 '석(夕)'이 의미부이고 '교(交)'가 소리부로, '소(宵)'로 읽는다. 의미부가 '석(夕)'인 것은 이것이 밤 시간임을 말하는 것이다. 고대음에서 '교(交)'와 '소(宵)'는 모두 소부(宵部)에 속하여 첩운(疊韻)으로 통할 수 있다.……은대(殷代)에서 '소(宵)'는 '날이 저물다[定昏]'는 뜻으로, 사람들이 하루를 마무리하는 시간의 다른 이름을 뜻한다."라고 보았다.[51]

　구석규의 의견에 따르면, 과거에 '교(交)'로 해석했던 것은 '황(黃)'으로 수정해야 한다.[52] '석(夕)'이 의미부이고 '황(黃)'도 의미부인 '황(獚)'자는 복사에서 "생칠월황(生七月獚: 가까운 7월 황)"의 예에서 보이는데, '황(獚)'자가 있는 위치로 봤을 때 시간을 나타내는 글자임이 분명하다. 예문은 다음과 같다.

[18] 갑술([甲]戌)일에 점을 칩니다. '각(殼)'이 물어봅니다. 가까운 7월 '황(獚)'에……?([甲]戌卜, 殼貞: 王于生七月獚……)(『合集』7781)

[19] 을해(乙亥)일에 점을 칩니다. '각(殼)'이 물어봅니다. 가까운 7월 '황(獚)'에……?(乙亥卜, 殼貞: 生七月獚……)(『合集』7781)

[20] 가까운 7월 '황(獚)'에……?("生七月獚……")(『合集』7782)

---

50) 饒宗頤, 『殷代貞卜人物通考』(香港: 中華書局(香港)有限公司, 2015), 105-106쪽.
51) 馮時, 「殷代紀時制度研究」, 『考古學集刊』第16集(北京: 科學出版社, 2006), 287-345쪽.
52) 裘錫圭, 『古文字論集』(北京: 中華書局, 1992), 217쪽.

　복사에서 "생칠월(生七月)"은 모두 구체적인 특정 월(月)을 나타내며, 그 뒤에
이어지는 '황(黌)'은 그 달 안에서도 더 구체적인 시간대를 나타내는 개념이다.
황천수는 '황(黌)'자는 '황(黃)'으로 읽고, 황혼을 나타낸다고 보았는데,[53] 이는
참고할 만한 견해이다.

(6) 상(臘)

갑골문

　위의 두 자형은 갑골문에서 보이며, 일반적으로 '월(月)'이 의미부이고 '상(喪)'
도 의미부인 구조로 여겨진다. 현대 글자로는 '상(臘)'으로 확정할 수 있다. 자
형에서 '월(月)'이 의미부인 것은 '석(夕)'과 같다. 구석규는 "계묘(癸卯)일에 점을
칩니다. '각'이 물어봅니다. '다음날 해 뜰 때 주 제사 □ 료(尞)제사를 올릴까
요?(癸卯卜, 殼: 于翌\酒□尞.)'……이는 대개 '월(月)'과 '상(喪)'이 의미부로 구
성된 글자일 것이다.……매상(昧爽)의 '상(爽)'으로 읽을 수 있을 것이다."라고

---

53) 黃天樹, 「殷墟甲骨文所見夜間時称考」, 『黃天樹古文字論集』(北京: 學苑出版社, 2006),
　　 178-193쪽.

고증했다.[54] 『설문 일(日)부수』에서는 "매상(昧爽)은 해가 떠오를 때를 말한다. (昧爽, 旦明也.)"라고 했다.[55] 단옥재는 "각 판본에 있는 차(且)는 단(旦)이라고 써야 하는데, 지금 바로 잡는다. 차명(且明)이라는 것은 밝아오기 시작했으나 아직 완전히 밝지는 않은 것을 말한다."라고 주석했다.[56] 동작빈(董作賓)은 '매상(昧爽)'의 시간은 대개 닭이 우는 시간보다는 늦지만, 동이 틀 때[平旦]보다는 이르다고 보았다.[57] 복사에서의 사례는 다음과 같다.

> [21] 왕께서 점괘를 해석해 말씀하셨다. "이 '귀방이 위협을 할 것이다." '술'일에 점을 쳐 물었다. 51일째 되던 경신일 '상'(해 뜰 때)에 ✳할까요?(王占曰: 兹鬼 ✳, 戊貞: 五旬又一日庚申脦 ✳.)『合集』13751
>
> [22] 왕께서 점괘를 해석해 말씀하셨다. '祈'에게 '질병이 생길 것이다.' '병'일에 생길까요? '경'일에 생기지 않을까요? 21일째 되던 경신일 '상'(해 뜰 때)에 ✳했다.(王占曰: 祈其有疾. 叀丙不庚, 二旬又一日庚申脦 ✳.)(『合集』13751)

여기에서 '상(脦)'은 간지일(干支日)인 '경신(庚申)' 뒤에 위치하였기에, 시간을 나타내는 용어로 이해할 수 있다. 그러나 그 뒤에 이어지는 '✳'자를 확실하게 해석할 수 없으므로, 해당 글자의 해석에는 어느 정도 논의의 여지가 있다. 황천수가 말한 '매상(昧爽)'이라는 단어가 시간을 나타내는 명칭으로 사용된 경우는 서주(西周) 금문에서 흔히 볼 수 있다. 예를 들면 다음과 같다.

---

54) 裘錫圭, 「釋"木月""林月"」, 『古文字研究』第二十輯(北京: 中華書局, 1999), 183쪽.

55) 許愼, 『說文解字』(北京: 中華書局, 1963), 137쪽.

56) 許愼著, 段玉裁注, 『說文解字注』(上海: 上海古籍出版社, 1981), 302쪽.

57) 董作賓, 「殷歷譜」, 『董作賓先生全集』(乙編第一冊)(臺北: 藝文印書館, 1977), 35쪽.

[23] 8월 기망, '매상'(해 뜰 때)쯤이었다.(唯八月旣望, 在昧爽.)(「小盂鼎」)

[24] 12월 초길, 왕께서 종주(宗周)에 계셨다. '매상'(해 뜰 때)쯤…….(唯十又二月初吉, 王在周昧爽.)(「免簋」)

금문에서 '매상(昧爽)'은 분명히 시간을 나타내는 용어이다. '매상(昧爽)'이 나타내는 구체적인 시간대에 대해, 황천수는 새벽빛이 비치기 전의 시간대라고 보았다.58)

---

58)　黃天樹, 「殷墟甲骨文所見夜間時稱考」, 『黃天樹古文字論集』(北京: 學苑出版社, 2006), 178-193쪽.

제4절　의미부 '석(夕)'과 원시시기 밤[黑夜]의 관념

"해가 뜨면 나가 일하고, 해가 지면 돌아와 쉰다.(日出而作, 日入而息.)"는 전통은 옛날부터 지금까지 이어져 왔다. 이는 단순히 사람들이 자연적 생리 리듬을 따랐을 뿐만 아니라, 인류가 문명사회 초기에 형성된 시간관념에 대한 인식을 보여주는 것이기도 하다.

해가 뜬 후의 '낮'은 인류에게 행동과 노동에 적합한 천연 조명 조건을 제공했고, 해가 진 이후의 밤도 인류가 휴식을 취하는 데 적합한 평안한 환경을 제공했다. 고대 인류는 사회생활 수준이 낮았고, 해가 진 이후의 자연환경은 사람들의 여러 활동을 제약하였기 때문에, 마음을 가라앉히고 휴식하는 것이 밤이 된 후의 유일한 선택이 되었다.

『국어(國語)·노어(魯語)』(하)에서는 "서인(庶人) 이하는 밝으면 움직이고, 어두워지면 쉰다. 하루라도 게을리 하지 않는다.(自庶人以下, 明而動, 晦而休, 無日以息.)"라고 했다.59) 『설문 석(夕)부수』에서는 "야(夜)는 쉬다[舍]라는 뜻이다. 세상 사람들이 모두 쉬는 때를 말한다.(夜, 舍也. 天下休舍也.)"라고 했다.60) 이는 고대인들이 밤에 쉬는 것을 필연적인 것으로 인식했음을 보여주며, 이러한 관념은 자연의 법칙일 뿐 아니라 예법으로까지 간주되어 당시 사람들에게 엄격히 준수되었다.

밤 시간대의 어두운 환경은 흔히 고대 신화와 깊은 관련이 있으며, 신과 마귀,

---

59) 上海師范大學古籍整理硏究所, 『國語』(上海: 上海古籍出版社, 1998), 205쪽.
60) 許愼, 『說文解字』(北京: 中華書局, 1963), 142쪽.

귀신들도 대개 밤을 배경으로 사람들의 구전(口傳) 속에 등장하곤 했다.

이로 인해, 밤은 신비롭고 예측할 수 없는 색채를 띠게 되었을 뿐 아니라, 동시에 '위험'의 대명사가 되었다. 신과 마귀, 귀신들은 허구적인 위험에 불과하지만, 현실 생활에서는 밤에 활동하는 야수들이 주는 위험, 밤에 사물을 볼 수 없음에서 비롯되는 공포와 불안이 더해져, 사람들에게 밤은 위험하다는 인식을 극대화시켰다. 낮[日]은 양(陽)이고, 밤[夜]은 음(陰)인데, 양(陽)은 항상 사람들에게 적극적이고 긍정적인 느낌을 주는 반면, 음(陰)은 대체로 어둠, 위험, 곤경 등 부정적인 색채를 수반한다.

밤이라는 미지의 사물에 대한 근심은 갑골문에서 비교적 선명하게 드러난다. "해가 뜨면 나가서 일한다(日出而作)"는 고대인들에게 있어, 낮 동안의 모든 행위가 신명(神明)의 가호를 받을 수 있는지는 지극히 중요한 관심사였기에, 천문현상[天象], 제사, 전쟁 등과 관련하여 점을 쳐서 물어보았던 것이다.

그러나 "해가 지면 돌아와 쉬는(日入而息)" 밤이라고 해서 사람들이 결코 가볍게 여긴 것은 아니었다. 조용히 누워 쉬는 것뿐이라 해도, 사람들은 어둠 속에서의 안위와 재앙의 유무를 늘 염려하고 살폈다.

앞의 복사에서 '석(夕)'자가 나타내는 시간 명칭의 범위에 대한 이해를 통해, 우리는 이미 복사에서 '금석(今夕)'의 상황을 점친 사례가 '금일(今日)'의 상황을 점친 사례보다 결코 적지 않음을 알 수 있다. 이러한 현상은 곧 사람들이 밤의 상황에 대해 얼마나 밀접하게 관심을 기울였는지를 보여주는 실제적인 단면이다.

이 밖에도, 위에서 언급한 '석(夕)'을 의미부로 하는 글자들은 모두 밤 시간대를 표현하는 것과 관련이 있다. 그리고 이러한 밤 시간을 지칭하는 글자들의 존재는 바로 당시 인류의 밤 활동이 언어와 문자에 남긴 흔적이다.

밤 시간대의 활동이 충분히 빈번해야만 밤에 활동하는 시간과 관련된 글자와 단어를 전문적으로 기록하는 더 많은 표현이 나타날 수 있기 때문이다. 시간을 나타내는 글자 외에도, 갑골 복사에는 중요한 제사 행위가 종종 '밤[夕]'에 거행된 사실이 확인된다. 예컨대, '석관(夕祼)', '석고(夕告)', '석주(夕酌)' 등 단어가 빈번하게 나타나는 것은 바로 '관(祼)', '고(告)', '주(酌)' 등의 제사가 '밤[夕]'에 고정되어 거행되었다는 증거이다. 이를 통해, 당시 사람들이 밤이라는 시간대를 중시한 정도가 결코 낮에 못지않았음을 알 수 있다.

우리는 흔히 '숙흥야매(夙興夜寐)' 즉 "일찍 일어나 밤에 잠든다"는 것이 고대인들의 낮과 밤에 대한 시간 인식의 준칙이라고 생각하며, 실제로도 대체로 그러하다. 그러나 이러한 일반적인 관념 외에도, 고대인들의 밤에 대한 관념이 우리가 상상하는 것보다 훨씬 더 풍부하다는 점도 인식해야 한다.

제3장

민시천수

(民時天授)

제3장

민시천수(民時天授): 세부적 문자 분류와 왕권 관념

고대 문헌에서 가장 이른 "민시천수(民時天授)"[1]의 관념에 관한 가장 이른 기록은 『상서·요전(堯典)』에서 보인다.

이에 희(羲)와 화(和)에게 명하여, 하늘의 뜻을 받들어, 해와 달, 별자리를 관찰하여 삼가 백성에게 때를 내려주게 하였다.

희중(羲仲)에게 명하여, 우이(嵎夷)에 자리 잡게 하고, 양곡(暘谷)이라 불렀다. 일출을 공경히 맞이하고, 동쪽의 일을 조율하게 하였다. 한낮에는 조(鳥) 별자리가 나타나니, 이로써 중춘(仲春)을 맞았다. 그 백성들은 나뉘어 일하고, 새와 짐승들은 꼬리가 길었다.

다시 희숙(羲叔)에게 명하여, 남교(南交)에 자리 잡게 하고, 명도(明都)라 불

---

1) (역주) 직역하면 "백성의 때[時]는 하늘이 부여한다"는 뜻이다. 고대중국에서 '時'는 단순히 계절이나 시각을 뜻하는 것이 아니라, 천문(天文)·기상(氣象)·절기(節氣) 등을 포함한 농사와 생업의 기준이 되는 시간 체계를 가리킨다. '天授'는 "하늘이 내려준다"는 뜻으로, 시간 질서와 운행이 인간이 아닌 천(天)의 주재에 따른다는 관념을 나타낸다. 따라서 '民時天授'는 백성이 의지하는 생활의 시간 질서가 하늘로부터 부여된다는 의미로, 고대중국의 천인관계(天人關係) 사상과도 연결된다. 이 사상은 제왕이 하늘의 뜻을 받아 백성에게 시(時)를 내려주는 '관상수시(觀象授時)'의 통치 이념으로 구체화되었다.

렀다. 남쪽의 일을 조율하며, 삼가 이르게 하였다. 낮이 길고 화(火) 별자리가 나타나니, 이로써 중하(仲夏)를 바로잡았다. 그 백성들은 (땅에) 의지하여 살고, 새와 짐승들은 털갈이를 하였다.

또 화중(和仲)에게 명하여, 서쪽에 자리 잡게 하고 매곡(昧谷)이라 불렀다. 일몰을 공경히 보내고, 서쪽의 일을 조율하였다. 한밤중에는 허(虛) 별자리가 나타나니, 이로써 중추(仲秋)를 맞았다. 그 백성들은 평안하고 새와 짐승들은 털이 무성하였다.

다시 화숙(和叔)에게 명하여, 북방[朔方]에 자리 잡게 하고, 유도(幽都)라 불렀다. 북쪽의 일을 조율하였다. 낮이 짧고, 묘(昴) 별자리가 나타나니, 이로써 중동(仲冬)을 바로잡았다. 그 백성들은 웅크리고, 새와 짐승들은 부드러운 털이 있었다.

요임금이 말씀하셨다. "아, 너희 희(羲)와 화(和)여! 366일로, 윤달로써 사계절을 정하고, 한 해를 이루어라. 이로써 백공(百工)을 다스리면, 모든 업적이 번영할 것이다."

(乃命羲和, 欽若昊天, 歷象日月星辰, 敬授民時. 分命羲仲, 宅嵎夷, 曰暘谷. 寅賓出日, 平秩東作. 日中, 星鳥, 以殷仲春. 厥民析, 鳥獸孳尾. 申命羲叔, 宅南交, 曰明都. 平秩南訛, 敬致. 日永, 星火, 以正仲夏. 厥民因, 鳥獸希革. 分命和仲, 宅西, 曰昧谷. 寅餞納日, 平秩西成. 宵中, 星虛, 以殷仲秋. 厥民夷, 鳥獸毛毨. 申命和叔, 宅朔方, 曰幽都. 平在朔易. 日短, 星昴, 以正仲冬. 厥民隩, 鳥獸氄毛. 帝曰: "咨, 汝羲暨和. 期三百有六旬有六日, 以閏月定四時, 成歲. 允釐百工, 庶績咸熙.")2)

　'흠(欽)'은 공경하다[敬]는 뜻이며, 약은 순종하다[順]는 뜻이다. 요임금(帝堯)은 희씨(羲氏)와 화씨(和氏)라는 하늘과 땅을 주관하는 두 관리에게 명하여, 삼가 천상(天象)에 순종하고, 해와 달, 별자리의 변화를 반복적으로 관측하여 '천

---

2) 王世舜·王翠葉, 『尙書』(北京: 中華書局, 2012), 7쪽.

시(天時)'를 얻어 백성에게 전하게 하였다.(欽, 敬也. 若, 順也. 帝堯命羲氏與和氏 兩位職掌天地之官, 敬順天象, 反復觀測日月星辰的變化以獲得"天時"而授之於民.) 「요전(堯典)」의 이 구절은 '때[時]'가 '하늘[天]'에서 비롯되고, '해·달·별'에서 비롯됨을 명확히 밝히고 있다. 이는 고대인들의 '민시천수(民时天授)'라는 관념의 진정한 구현이다.

고대인들의 관상수시(觀象授時)에 관한 기원은 사람들이 생각하는 것보다 훨씬 오래되었다. 고고학적 발굴에 따르면, 현재 중국에서 확인되는 가장 이른 천문관측 유적은 산서(山西) 도사(陶寺) 관측대로, 이 유적에서 드러나는 고대인의 천체 관측과 시간 측정 행위는 대략 기원전 2100년경 원시 사회 말기에 이루어진 것으로 보인다. 이는 마야 문명의 천문대 유적보다도 수천 년 앞선 시기이다.[3]

'관상수시(觀象授時)'는 사람들에게 고대의 농경을 쉽게 연상시킨다. 실제로 중국은 예로부터 농업을 근본으로 삼아왔고, 인류 사회생활의 초기 역시 농업과 떼기 힘들다. 그러나 「요전」의 해당 구절을 보면, 적어도 요임금 당시 '시기를 알려주는 것(授時)'의 목적이 단순히 농작에만 있지 않았음을 알 수 있다. 그것은 그 밖의 다른 인사(人事), 심지어 새와 짐승, 벌레와 물고기의 번식과 생식 등과도 관련되어 있다.

즉, 고대인의 '수시(授时)'의 의미는 실제로 인류 사회생활의 모든 측면과 관련되어 있다. 다만 초기 인류의 사회생활이 상대적으로 단순했고, 사람들이 가장 관심을 두고 가장 중요하다고 생각하는 일들이 항상 생존과 번식과 관련되어 있었을 뿐이다. 또, 생존과 번식의 근원이 농사에 있었기 때문에, '시기를 알려주는 것(授時)'의 가장 직접적인 영향도 농업활동에 집중적으로 나타났다.

---

3) 李勇, 「世界最早的天文觀象臺－陶寺觀象臺及其可能的觀測年代」, 『自然科學史研究』, 2010年 第3期

제1절 기년(紀年) 계열 문자 속의 고대 세시(歲時)[4] 제도

'세시(歲時)'란 중국 전통의 시간관념을 특수하게 표현한 개념으로, 세시관념은 고대중국의 시간에 대한 여러 문제를 형식과 내용 면에서 구체적으로 구현된 것이다. 당대(唐代) 시인 유희이(劉希夷)의 「대비백두옹(代悲白頭翁)」에는 "해마다 세월마다 꽃은 비슷한데, 세월마다 해마다 사람은 같지 않네.(年年歲歲花相似, 歲歲年年人不同.)"라는 구절이 있는데, 이는 세월의 덧없음과 인생사의 무상함을 일깨워준다. 이렇듯 시간의 흐름은 잡을 수 없지만, 사람들이 사용한 언어나 문자 속에는 고대인이 흘러가는 시간을 기록하기 위해 썼던 관련 글자와 부호들이 남아 있다. 이러한 글자와 부호들은 형태가 없는 시간에 형태가 있는 흔적이라 할 수 있다.

'일(日)'과 '월(月)' 같은 천체의 형상을 본뜬 문자를 사용하여 시간을 기록하는 방법 외에도, 오늘날 가장 널리 알려진 고대인의 시간 기록 방법은 천간지지(天干地支)일 것이다. 특히 간지(干支)를 이용한 '연대기록법[紀年法]'은 오늘날까지도 다양한 분야에서 광범위하게 사용되고 있다.

다만 주목할 점은, 간지 기년법이 우리가 생각하는 만큼 아주 오래된 제도는 아니라는 점이다. 일반적으로 그 보편적 사용 시기는 동한(東漢) 시기로 보며,

---

4) (역주) 한 해의 시기 구분을 뜻하며, 춘·하·추·동의 계절과 그 안의 절기(節氣)를 포함하는 개념이다. 고대중국에서의 세시 제도는 천문 관측과 역법(曆法)에 따라 사시(四時)와 절기를 확정하고, 이를 백성에게 알려 농사·제사·생활의 기준으로 삼는 체계를 말한다.

일부에서는 서한(西漢) 초기부터 이미 사용된 것으로 보기도 한다.[5]

그렇다면 간지 기년법이 등장하기 이전, 즉 상고(上古) 삼대(三代)와 진(秦)·한(漢) 시기에 고대인들은 어떤 방식으로 연대[年歲]를 기록했을까? 이 문제에 대하여, 고대인들은 역대 문헌에다 우리에게 해답을 남겨놓았다.

『이아·석천(釋天)』에 따르면, 상고(上古) 삼대(三代) 시기에 고대인들의 기년 방식에는 비교적 명확한 구분이 있었다. 구체적으로 "하(夏)나라 때는 '세(歲)'라 부르고, 상(商)나라 때는 '사(祀)'라 불렀으며, 주(周)나라 때는 '년(年)'이라 불렀는데, 요·순[唐虞] 시기에는 '재(載)'라 불렀다.(夏曰歲, 商曰祀, 周曰年, 唐虞曰載.)"라고 했다.[6] 그러나 더 많은 출토 문헌자료에 따르면, 역사상 선진(先秦) 시기의 고대인들의 기년 방식은 『이아』에서 말한 것처럼 그렇게 경계가 명확하지 않았다.

(1) 세(歲)

'세시(歲時)'에 대해 말하자면, 먼저 '세(歲)'라는 글자를 살펴보아야 한다. 『설문보(步)부수』에서는 "세(歲)는 목성(木星)을 말한다. 목성이 28수(二十八宿)를 모두 지나서, [12년에] 음양(陰陽) 12시진을 한 바퀴 다 돌게 된다. 12개월에 1개의 시진을 지나기 때문에, 이를 세(歲)라고 한다. 보(步)가 의미부이고 술(戌)이 소리부이다. 율력서에서는 오성(五星)을 '오보(五步)'라 불렀다.(歲, 木星也. 越歷二十八宿, 宣遍陰陽, 十二月一次. 從步、戌聲. 律曆書名五星爲五步.)"라고 했다.[7]

---

5) 王力, 『中國古代文化常識』(北京: 中國人民大學出版社, 2012), 24쪽.
6) 管錫華, 『爾雅』(北京: 中華書局, 2014), 395쪽.
7) 許愼, 『說文解字』(北京: 中華書局, 1963), 38쪽.

허신의 '세(歲)'에 대한 해석을 보면, '세(歲)'자의 본의(本義)는 결코 시간을 나타내는 것이 아니었다는 사실을 알 수 있다. 그러나 가장 이른 문헌 기록에서도 이 글자가 시간을 기록하는 단위로 사용된 점을 보면, 이는 문자의 가차(假借) 현상으로 보아야 한다.

'세(歲)'의 간체자는 '세(岁)'인데, 이들의 고문자 형태는 다음과 같다.

甲骨文   金文   簡帛文   小篆

갑골문에 나타난 '세(歲)'자는 도끼나 도끼(斧鉞) 모양을 본뜬 것으로, '세(歲)'자의 초기 형태가 본의(本義)하는 바는 바로 이러한 도끼와 같은 무기류였다. 우성오(于省吾)는 이 글자에 대해 "세(歲)자의 초기 문자는……도끼자루에 도끼날이 끼워진 모양을 본뜬 것이다.……위아래 두 점은 도끼날 끝이 휘어져 돌아가면서 비어 있는 부분을 나타내며, 점이 없는 것은 간략화한 글자이다"고 해석하였다.[8]

위에 제시된 갑골문 '세(歲)'자의 마지막 자형인 '㦮' 중에 특이한 ⿱ 형태가 있는데, ⿱는 바로 갑골문에서의 '보(步)'이다. '보(步)'자는 두 개의 '지(止)' 자로 이루어져 있는데, '지(止)'는 '지(趾: 발가락)'의 상형 본자(本字)이다. 이에 대해 곽말약(郭沫若)은 다음과 같이 상세히 설명했다.

---

8) 于省吾, 「釋㦮」, 『双劍誃殷契駢枝 双劍誃殷契駢枝續編 双劍誃殷契駢枝三編』(北京: 中華書局, 2009), 143-145쪽.

‘월(戉: 도끼)’의 둥근 구멍은 걸어두기 위한 것이니, 그 좌우로 뚫린 구멍을 사람에 빗대어 좌우 두 발과 같다고 본 것이다. 이는 두 점과 좌우 두 발 모양의 차이가 단지 상형자에서 회의자로 변한 것일 뿐이다.……‘세(歲)’와 ‘월(戉)’은 고대에 본래 하나의 글자였다. 고대인들은 ‘세성(歲星)’을 숭배해 ‘월(戉)’을 그 상징으로 삼아 그 위엄과 신령스러움을 나타내었다. 그래서 ‘세성(歲星)’을 ‘세(歲)’라 이름 하였고, ‘세성(歲星)’의 ‘세(歲)’에서 ‘연세(年歲)’ 라는 글자가 파생되었다. 이후 ‘세(歲)’와 ‘월(戉)’이 분화되어 별개의 글자가 되었다.(戉之圓孔以備挂置, 故其左右透通之孔, 以人喩之, 恰如左右二足. 是則二 点与左右二足形之异, 僅由象形文變爲會意字而已.……歲戉古本一字; 古人尊視歲 星, 以戉爲之符征以表示其威灵, 故歲星名歲; 由歲星之歲孳乳爲年歲字……歲与戉 始分化而爲二.)[9]

곽말약의 말처럼, ‘세(歲)’와 ‘월(戉: 부월(斧鉞)이라 할 때의 월(鉞)의 본자)’은 처음 에는 본래 하나의 글자였고, 상고시기에는 이 둘의 소리도 서로 통용되었을 가 능성이 크다. ‘부월(斧鉞)’은 살육과 정벌에 쓰이는 도구이므로, 갑골문에서 ‘세 (歲)’자는 주로 제사용 동물의 제물을 절단하는 행위를 나타내는 데 사용되었다. 당란(唐蘭)은 이 시기의 ‘세(歲)’는 ‘가르다’라는 뜻인 ‘귀(劌)’로 읽혀야 하며, 희 생물인 제물을 갈라 제사 지내는 것을 말한다고 보았다.[10]

　결국, 복사의 ‘세(歲)’는 제수(祭需)를 처리하는 행위 동사이자 특정 제사의 명 칭으로도 여겨졌다. 정숙(丁驌)은 복사의 ‘세(歲)’자를 ‘모두 수확의 의미’로 보았 다. 또한, ‘세(歲)’자가 ‘보(步)’로 구성되어 있으니……반드시 ‘세성(歲星)’의 명

---

9)　郭沫若,. 「甲骨文字硏究·釋歲」, 『郭沫若全集』(考古編第一卷)(北京: 科學出版社, 1982), 135-154쪽.

10)　唐蘭, 『天壤閣甲骨文存幷考釋』(上海: 上海古籍出版社, 2016), 122쪽.

칭이라고 하였고, 은(殷)의 '세(歲)'는 봄과 가을 두 계절을 포함하며, 따라서 은상(殷商) 시기에는 1년을 '2세(兩歲)'로 나누었다고 했다.11)

'세(歲)'자가 후에 '해[年歲]'라는 뜻으로 사용되었다 해도, 정숙이 말한 '수확의 의미'는 복사의 사례에서 실제 근거를 찾을 수 없다.

일찍이 은상(殷商) 시대부터 '세(歲)'는 본의(本義) 외에 파생 의미가 있었다.『이아』의 "하(夏)나라에서는 세(歲)라 부른다(夏曰歲)"라는 기록에 따르면, '세(歲)'자가 '해[年歲]'의 의미로 사용된 시기는 '년(年)'이나 '사(祀)' 등의 글자보다 이른 것으로 보인다. 그러나 그 구체적인 시기는 문자 자료의 뒷받침이 있어야만 단정할 수 있다.

현재 하대(夏代)의 문헌으로는 이 관점을 뒷받침할 만한 신뢰할 수 있는 자료가 없다. 따라서 '세(歲)'자가 하대(夏代)에 존재했는지, 그리고 '해[年歲]'의 의미로 사용되었는지는 이미 확인할 방법이 없다. 그러나 하대(夏代) 이후의 상대(商代) 문헌에는 '세(歲)'가 확실히 있었다.

갑골 복사에서 '세(歲)'는, 앞서 말한 바와 같이, 주로 제사를 나타내는 동사로 사용되었다. 그러나 이외에도, 시간 지시어인 '금(今)'과 결합하여 '금세(今歲)'라는 단어를 이루어 시간을 나타내는 데에도 자주 사용되었다. 구체적인 예문은 다음과 같다.

[1] 계묘(癸卯)일에 점을 칩니다. 물어봅니다. "올해 풍년이 들겠습니까?"(癸卯卜, 貞: 今歲受年.)(『合集』9648)

[2] 물어봅니다. "올해 남쪽 지역에 풍년이 들겠습니까?"(貞: 今歲南土受年.)

---

11) 丁驌, 「釋歲」, 『中國文字』新十八期(臺北: 藝文印書館, 1994), 1-3쪽.

(『合集』9739)

[3] 계묘(癸卯)일에 점을 칩니다. '대(大)'가 물어봅니다. "올해 상(商) 지역에
　　풍년이 들겠습니까?" 1월이었다.(癸卯卜, 大貞: 今歲商受年. 一月.)(『合集』
　　24427)

[4] 임진(壬辰)일에 자(子)가 점을 쳐 물어봅니다. "올해 변고가 있겠습니
　　까?"(壬辰, 子卜貞: 今歲有史(事).)(『合補』6827)

'세(歲)'는 복사에서 제사 행위나 제사 명칭으로 사용되었으며, 제사 희생물을
처리하는 방식으로도 사용되었다. 이는 '세(歲)'의 본의(本義)가 부월(斧鉞)과 같
은 예리한 무기를 가리킨 데서 파생된 용법으로 보아야 한다. 금문에서 '세(歲)'
는 이미 빈번하게 '세성(歲星)'을 나타내는 데 사용되었으며, "을묘년이다.(歲在
乙卯)", "병인년이다.(歲在丙寅)" 등과 같이 시기를 기록하는 표현이 자주 보이
는데, 이 모두가 그 증거라 할 수 있다.

'세(歲)'가 '해[年歲]'를 표현하는 데 쓰이면서, 고대인들은 천체 중에서 해[年
歲]를 결정하는 별자리를 '세성(歲星)'이라 불렀는데, 이것이 우리가 일반적으로
말하는 '태세(太歲)'이다. 고대인들은 황도를 12구역으로 나누어 위치를 정하고,
'세성(歲星)'이 서쪽에서 동쪽으로 황도를 한 바퀴 도는 데 걸리는 시간이 12년
임을 관측했다. '세성(歲星)'이 별자리 한 구역을 지날 때를 1년으로 삼았는데,
이것이 바로 '세성기년법(歲星紀年法)'이다.

예컨대, 『국어·진어(晉語)』(4)의 "군주께서 행차하실 때, 세성이 대화(大火)에
위치해 있었다.(君之行也, 歲在大火.)"12)라는 구절은 세성(歲星)이 '대화(大火)'라
는 성차(星次)에 위치했음을 말한다.

---

12) 上海師范大學古籍整理研究所, 『國語』(上海: 上海古籍出版社, 1998), 365쪽.

‘세성(歲星)’의 ‘세(歲)’에 대해 세간에는 또 다른 견해가 존재한다. 즉, 고대인은 세성으로 연도를 기록했으며, ‘보(步)’에는 ‘경과하다’는 뜻이 있으므로 ‘세성(歲星)’의 ‘세(歲)’에 ‘보(步)’라는 구성 성분을 덧붙였다는 것이다. 이러한 설은 허신이 ‘세(歲)’자를 해석할 때 언급한 “오성(五星)을 오보(五步)라 한다.(五星爲五步.)”라는 관점에서 비롯되었을 것으로 보인다.

그러나 허신의 설은 ‘세(歲)’와 ‘목성(木星)’의 관계만을 증명할 수 있을 뿐, 고문자의 형태를 보면 ‘세(歲)’의 원래 뜻은 병기의 명칭이었음이 분명하다. ‘세성(歲星)’을 가리키는 용법은 후대에 생긴 의미이고, 이후 ‘세성(歲星)’으로 연도를 기록하는 데 쓰이게 되면서, 다시 ‘해[年歲]’를 나타내는 ‘세(歲)’로 파생되었는데, 이는 오늘날 ‘세(歲)’의 일반적인 용법과 일치한다.

(2) 년(年)

‘세성기년법(歲星紀年法)’ 이전에, 언어에서 더 일찍 연대를 기록하는 데 사용된 글자는 ‘년(年)’이었다. 『이아』의 기록에 따르면, ‘년(年)’이 ‘해[年歲]’의 의미로 사용된 것은 주로 서주(西周)시기였다고 하나, 실제로 이 글자는 서주(西周) 이전인 은상(殷商) 시기에도 이미 존재했었다.

고문자 ‘년(年)’의 시기별 자형은 다음과 같다.

甲骨文　　　　　金文　　　　　簡帛文　　　　　小篆

　‘년(年)’의 갑골문은 아래쪽 부분이 측면으로 선 사람의 형상을 본뜬 것이고, 윗부분은 사람이 등에 지고 있는 벼 이삭의 형상이다. 이 자형은 곡식을 수확할 때, 사람이 벼 이삭을 짊어진 직관적인 모습을 나타내고 있다. 따라서 ‘년(年)’은 본래 ‘한 해의 수확[年成]’ 또는 ‘수확[收成]’의 의미였다. 갑골 복사에서 흔히 보이는 ‘수년(受年)’이라는 단어는 바로 좋은 수확을 하는 것을 가리킨다.

　『설문화(禾)부수』에서는 “년(年)은 곡식이 익다라는 뜻이다.(年, 穀熟也.)”13) 라고 했고, 『곡량전(穀梁傳)』에서는 “오곡(五谷)이 모두 익은 것을 유년(有年)이라 한다.(五穀皆熟, 爲有年也.)”14)라고 했다. 여기서 ‘년(年)’은 모두 그 본래의 의미를 가리키는 것이지만, 이는 이후 ‘임(稔)’자로 표현되었다. 『설문화(禾)부수』에서 “임(稔)은 곡식이 익다라는 뜻이다.(稔, 穀熟也.)”15)라고 한 것이 그 증거이다.

　‘곡식이 익다[穀熟]’는 의미가 ‘임(稔)’자로 표현하게 된 이유는, ‘년(年)’자의 형태가 시간을 기록하는 ‘해[年歲]’의 의미로 가차되었기 때문이다. 고대의 가차는 한 번 빌려 쓰면 본의(本義)로 되돌려 사용하지 않는 경우가 많았다. 이로써 가차자와 피가차자를 구분하기 위해, 사람들은 부득이하게 피가차자가 본래 나타내던 의미를 표현할 새로운 자형을 따로 만들 수밖에 없었다.

　그리고 새로운 자형이 나타남에 따라, 신구 두 자형은 흔히 이때부터 갈라져 각기 다른 길을 걷게 되었고, 이로써 용자(用字)의 분업이 완전히 이루어져, 두 글자는 이후 거의 관련이 없게 되었다. ‘년(年)’자가 바로 그와 같은 경우이다.

---

13) 許愼, 『說文解字』(北京: 中華書局, 1963), 146쪽.
14) 承載, 『春秋穀梁傳譯注』(上海: 上海古籍出版社, 2004), 64쪽.
15) 許愼, 『說文解字』(北京: 中華書局, 1963), 146쪽.

본래 ‘곡식이 익는다[穀熟]’는 의미를 가졌던 ‘년(年)’을 차용하여 시간을 나타내면서, 오랫동안 본의(本義)로 되돌리지 않았고, 후에 다시 ‘곡식이 익는다[穀熟]’는 의미를 위해 ‘임(稔)’이라는 새로운 자형을 따로 만들었다. 따라서 원래의 자형인 ‘년(年)’은 시간상의 ‘해[年歲]’만을 나타내게 되었다.

하지만 갑골 복사에서 ‘년(年)’은 대부분 본의(本義)로 사용되어, ‘곡식의 익음[穀熟]’이나 ‘수확[年成]’의 의미로 사용되었다. 그렇다면 『이아』에 “주(周)나라 때는 ‘년(年)’이라고 불렀다.(周曰年.)”는 기록이 실제와 부합한다고 볼 수 있을까? 사실 꼭 그렇지만은 않다. 상대(商代)에 관련 사례가 드물긴 하지만, 복사에서 ‘년(年)’이 시간 단위로 사용된 예가 하나 발견되었다.

> [5] □[술(戌)]일에 점을 칩니다. ‘출(出)’이 묻습니다. 이 [재위] 15년에 왕께서 [제사를 드리면]……(□[戌]卜, 出貞: 自今十年又五王[燺]……)(『合集』 24610)

예문 [5]에서 “자금십년우오(自今十年又五)”를 글자 그대로 해석하면 “현재로부터 15년째”라는 뜻이다. 그러나 어떤 이들은 이것이 점사(占辭)라고 생각할 수 있겠지만, 점사에서 그 기간이 15년에 걸친다는 것은 논리적으로 타당하지 않다. 이에 대해 필자는 다음과 같은 견해를 갖고 있다.

‘년(年)’자가 양사로 쓰여 연세의 의미를 나타내는 경우는 서주(西周)시기에는 흔히 보인다.16) 그러나 상대(商代)에서는 오직 두 개의 사례만 확인된다. 하나

---

16) “만세토록 자손 대대로 길이 보물로 삼아 사용하라.(萬年子子孫孫永寶用.)” 등과 같은 표현에서 다수 보인다.

는 앞서 든 예문 [5]이고, 다른 하나는 후기 상나라 제을(帝乙)과 제신(帝辛) 시기의 「소신부방정(小臣缶方鼎)」 청동기 명문에 보이는 "적오년(積五年)"이라는 표현이다.[17]

예문 [5]의 사례에서 점복관[貞人]의 이름이 '출(出)'로 기록되어 있는 것은 해당 판의 복사가 제2기 '출조(出組)'에 속한다는 것을 보여준다. 이 시기의 연대는 후기 상나라 제을(帝乙), 제신(帝辛) 시기와는 일정한 간격이 있다.[18] 당시 이미 '년(年)'을 해[年歲]의 의미로 사용했는지는 추가적인 고증이 더 필요하다.

그러나 이 '년(年)'을 '해[年歲]'로 정의하지 않는다면, '십년우오(十年又五)'라는 말은 해석하기 어렵다. 왜냐하면, 고대인들은 수(數)를 셀 때 정수와 끝수[零數]를 이어주는 접속사 '우(又)'(또는 '有')를 넣는 경우가 많았고, 보통 '정수+우(유)+끝수(整又(有)零)'의 방식으로 표현했기 때문이다. 이러한 용법은 은상(殷商) 시기에도 예외가 아니어서, 금문에서도 "제15년 5월, '기생패' 때였다(唯十又五年五月既生霸)"(「十五年趞曹鼎」), "왕 재위 제23년 9월(佳(唯)王廿又三年九月)"(「小克鼎」) 등과 같은 예가 자주 보인다.

---

17) 中國社會科學院考古研究所, 『殷周金文集成』(第五冊)(北京: 中華書局, 1985), 74쪽.

18) 앞서 언급한 바와 같이 동작빈은 상왕(商王)의 계보에 따라 갑골문을 다섯 시기로 나누었다. 구체적으로 제1기는 무정(武丁) 시기, 제2기는 조경(祖庚)·조갑(祖甲) 시기, 제3기는 름신(廩辛)·강정(康丁) 시기, 제4기는 무을(武乙)·문정(文丁) 시기, 제5기는 제을(帝乙)·제신(帝辛) 시기이다. 이어 진몽가(陳夢家)는 복사에 서명된 점복가의 이름을 계통별로 연결하여 여러 점복가 집단으로 나눈 뒤, 각 집단을 대표하는 점복가 이름으로 분류하여 명명하였다. 그래서 빈조(賓組), 출조(出組), 하조(何組) 등의 복사 분류 개념이 생겨났다. 여기서 말하는 '출조(出組)'는 주로 동작빈이 분류한 제2기 조경(祖庚)·조갑(祖甲) 시기의 인물에 해당하므로, 이 부분의 복사는 '제2기 출조(出組) 복사'라고 부를 수 있다. 조경(祖庚)·조갑(祖甲) 시기는 제5기의 제을(帝乙)·제신(帝辛) 시기와는 적어도 수십 년의 시간적 간격이 존재한다.

예문 [5]의 '정수(整數)+양사(量詞)+又+끝수[零數]'의 형식은 일반적으로 후대에 더 많이 보이는 것으로 여겨지지만, 사실 갑골 복사에서도 이미 일정한 사용 빈도를 보인다. 예문 [5] 외에도 『합집』321의 "물어봅니다. 강(羌)족 30명, 배를 가른 제물 희생 소 15마리를 바쳐도 될까요?(貞: 三十羌, 卯十牢又五.)", 『합집』898의 "물어봅니다. 제사 책력에 따라, 조을(祖乙)께 목을 자른 제물 15마리, 배를 가른 희생 소 15마리를 바칠까요?(貞: 酚祖乙十伐又五, 卯十牢又五.)" 등의 예가 있다. 이로부터 '정수+양사+又+끝수'의 형식이 이미 은상(殷商) 시기부터 널리 쓰였음을 알 수 있다.

그렇다면, 예문 [5]의 '십년우오(十年又五)' 형식은 '십뢰우오(十牢又五)', '십벌우오(十伐又五)'와 무엇이 다른가? 예문 [5]의 탁본은 매우 선명하고, 관련 글자의 형태에도 전혀 훼손이 없다. 복사의 내용과 언어 형식의 통례를 보더라도, '년(年)'을 해[年歲]를 나타내는 단어로 풀이하고, '십년우오(十年又五)'가 확실히 '15년(十五年)'의 의미를 나타낸다고 해석하는 것 외에는, 현재로서는 더 합리적인 설명이 없는 듯하다.

이렇게 보면, '년(年)'이 해[年歲]를 나타내는 단어로 은상(殷商) 시기에 이미 사용되었다고 단정할 수 있다. 위의 내용을 종합해 볼 때, 『이아』의 기록만을 근거로 "주나라에서는 '년'이라고 한다.(周曰年.)"라고만 볼 수는 없다.

'세(歲)'와 '년(年)' 이외에도, 해[年歲] 관련된 의미를 나타내는 글자로는 '사(祀)', '재(載)', '세(世)' 등이 있다.

(3) 사(祀)

‘祀(사)’자는 가장 이른 용례가 갑골문과 금문에서 보이며, 또한 그 출현 빈도도 결코 낮지 않다. 그 구체적인 자형은 다음과 같다.

| 甲骨文 | 金文 | 簡帛文 | 小篆 |

고문자 ‘사(祀)’는 전형적인 형성자로, 소리부가 ‘사(巳)’이다. 의미부가 ‘시(示)’임에 근거하여, 이 글자의 의미범주가 제사와 관련되어 있음을 알 수 있다. 『이아』에서 말한 “상(商)나라에서는 ‘사(祀)’라 한다.(商曰祀.)”는 구절 말고도, 나진옥(羅振玉) 역시 유사한 관점을 가지고 있었는데, 그는 “상(商)나라에서는 년(年)을 ‘사(祀)’라 부르고 또 ‘사(司)’라고도 불렀으니, ‘사(司)’는 바로 ‘사(祠)’자이다. 『이아』에서는 ‘춘제(春祭)’를 ‘사(祠)’라 부른다.(春祭曰祠.)’라고 했다.……상나라 시기에는 ‘사(祠)’와 ‘사(祀)’를 모두 제사의 총칭으로 썼고, 주(周)에 와서는 ‘사(祠)’를 봄 제사[春祭]를 가리키는 명칭으로 삼았다.”라고 했다.[19] ‘사(祀)’자의 가장 일반적인 의미는 모든 ‘제사’를 통칭하는 것이지만, 동시에 은상(殷商) 시

---

19) 羅振玉, 「殷墟書契考釋·禮制第七」, 『甲骨文獻集成』(第七冊)(成都: 四川大學出版社, 2001), 70쪽.

기의 특정 제사의 명칭이기도 하다.

동작빈은 "은(殷)나라 사람들이 1년을 '1사(一祀)'라고 부른 것은 제을(帝乙)과 제신(帝辛) 시기 때의 일이다. 이는 사전(祀典)[20]과 밀접한 관계가 있다.……다섯 '사계(祀系)'가 모여 하나의 '사통(祀统)'을 이루는데, 즉 1년 중에 선조(先祖)와 비조(妣祖)에게 올리는 다섯 종류의 제사가 한 주기를 이루는 것을 말한다. 이것이 바로 '일사(一祀)'이다."라고 보았다.[21]

은상(殷商)시기부터 고대인들은 귀신에게 제사지내는 일에 매우 집착했다. 『설문 시(示)부수』에서 "사(祀)는 제사가 끊임없음을 뜻한다.(祀, 祭無已也.)"[22]라고 한 것은, 제사가 연속적이고 주기적인 활동임을 말한다. 상옥지(常玉芝)의 주제(周祭) 제도에 관한 연구에 따르면, '사(祀)'는 상대(商代)에서 다섯 가지 동류의 제사를 한 차례 모두 거행하는 주기를 가리켰다.[23] 이러한 대규모 제사의 한 주기는 오늘날 태양력 1년의 운행 주기와 대략 일치하였으므로, 역사적 변화에 따라 이 대규모 제사의 순환 주기가 '사(祀)'라는 명칭으로 불리게 되었고, 점차 '사(祀)'자가 시간을 기록하는 단어로 변하게 되었다.

'사(祀)'는 초기 상대(商代) 복사에서 이미 시간을 나타내는 데 사용되었다. 가장 흔한 형식은 숫자에 '사(祀)'를 더하는 것으로, 구체적인 예문은 다음과 같다.

[6] [재위] 20년, 이를 사용하면 왕께서 □을 받을까요? | 이를 사용했다. 10

---

20) (역주) '사전(祀典)'은 제사의 규범이나 의례를 담은 제도 또는 법전을 의미한다. 고대 중국에서는 국가나 왕실에서 행하는 제사의 대상, 시기, 절차, 방식 등을 규정한 의례 체계를 가리킨다.

21) 董作賓, 「殷歷譜」, 『董作賓先生全集』(乙編第一冊)(臺北: 藝文印書館, 1977), 73쪽, 90쪽.

22) 許愼, 『說文解字』(北京: 中華書局, 1963), 8쪽.

23) 常玉芝, 『商代周祭制度』(北京: 中國社會科學出版社, 1987), 191-216쪽.

년이었다.(叀廿祀用王受□. | 用十祀.)(『合集』29714)

[7] □□일에 [점을 칩니다], 물어봅니다. 왕께서 제사를 주과하시면서……
‘벌’ㄷ제사를 지내면, 끝까지 재앙이 [없을까요]? 6월이었다. 왕의 재위
20년이었다.(□□[卜], 貞: 王[賓]……伐, 卒[无]咎. 在六月, 王廿祀.)(『合集』
35368)

[8] 왕께서 점괘를 해석해 말씀하셨다. 매우 길할 것이다. 왕의 재위 2년
‘융(彡)’제사를 드리던 날이었다.……(王固曰: 引吉. 隹王二祀彡日, 隹……)
(『合集』36734)

[9] 계축(癸丑)일에 점을 칩니다. 물어봅니다. 올해 기장 농사가 잘 될까요?
매우 길할 것이다. 8월이었다. 왕의 재위 8년이었다.(癸丑卜, 貞: 今歲受禾.
引吉. 在八月, 隹王八祀.)(『合集』37849)

[10] ……□월, 왕의 재위 19년이었다.(……[在]□月, 隹王十祀又九.)『合集』
37861

　　간혹 예문 [10]과 같이 ‘수(數)＋사(祀)＋우(又)＋수(數)’의 형식도 있다. 그러
나 이러한 ‘사(祀)’로 시간 명칭을 표현하는 용법은 거의 모두 복사 후기인 제5
기 황조(黃組)에서 나타나는데, 이는 상대(商代)의 가장 후기에 속한다. 그보다
이른 시기에는 ‘사(祀)’자가 주로 특정 제사 행위를 표시하는 데 사용되었고, 시
간을 나타내지는 않았다. 이를 통해, ‘사(祀)’가 시간을 나타내는 데 사용된 것은
상대 말기에 비로소 나타난 용법임을 알 수 있다.

(4) 재(載)

　　‘재(載)’의 출현 시기는 상대적으로 늦은데, 갑골문에서는 관련 자형을 명확히
볼 수 없다.24) 서주(西周) 금문과 전국(戰國) 간백(簡帛)에 ‘재(載)’의 자형이 있

다 해도, 그 용법에서 시간을 나타내는 명칭으로 사용된 예는 하나도 없다. 이로써 '재(載)'가 시간을 표현하는 용법은 뒤늦게 생겨난 것임을 알 수 있다. 고문자 '재(載)'의 자형은 다음과 같다.

金文　　　　　簡帛文　　　　　小篆

『이아·석천(釋天)』에서는 "재(載)는 세(歲)이다. 하(夏)나라에서는 세(歲)라 하고, 상(商)나라에서는 사(祀)라 하고, 주(周)나라에서는 년(年)이라 하고, 요·순[唐虞] 시기에는 재(載)라 한다.(載, 歲也. 夏曰歲, 商曰祀, 周曰年, 唐虞曰載.)"라고 했다.[25]

곽박(郭璞)은 「주(注)」에서 "하(夏)나라에서는 세(歲)라 하는데, 세성(歲星)이 한 차례 운행하는 것을 근거로 한 것이다. 상(商)나라에서는 사(祀)라 하는데, 사계절[四時]이 한 번 끝남을 근거로 한 것이다. 주(周)나라에서는 년(年)이라 하는데, 벼가 한 번 익음을 근거로 한 것이다. 요·순[唐虞] 시기에서는 재(載)라 하는데, 재(載)는 '시작[始]'을 뜻하며, 만물이 끝나고 다시 시작함을 근거로 한 것이다.(夏曰歲, 取歲星行一次. 商曰祀, 取四時一終. 周曰年, 取禾一熟也. 唐虞曰載, 載, 始也, 取物終更始.)"라고 했다.[26]

---

24) 복사『둔남(屯南)』4325에는 '재(載)'와 유사한 자형이 하나 보이지만, 해당 탁편(拓片)은 훼손이 심하여 형태를 식별하기 어렵다. 유쇠(劉釗)가 편집한『신갑골문편(新甲骨文編)』에서는 이 자형을 '재(栽)'로 해석하였다. 따라서 현재까지 확인되는 갑골문에서는 '재(載)'자의 기록이 없다.

25) 管錫華,『爾雅』(北京: 中華書局, 2014), 395쪽.

26) 十三經注疏整理委員會,『爾雅注疏(十三經注疏)』(北京: 北京大學出版社, 2000), 188쪽.

곽박의 주석을 보면, 해[年歲]의 의미인 '재(載)'는 '물종갱시(物終更始: 사물이 끝나고 다시 시작함)'의 의미에서 비롯된 것이다. 『광운(廣韻)』에도 "재(載)는 시작이다.(載, 始也.)"라고 했다.[27)]

『설문』의 단옥재「주(注)」에서는 "재(載)는 또 가차(假借)하여 '시작'을 뜻하게 되었으니, 이는 재(才)의 가차이다. 재(才)는 초목의 시작이다. 하(夏)나라에서 재(載)라 한 것도, 또한 사시(四時)의 끝과 시작을 말한 것이다."라고 했으니[28)], 이것이 바로 이 단어의 의미이다.

『시경·칠월(七月)』에 있는 "칠월에는 참새매가 울고, 팔월에는 길쌈을 시작한다.(七月鳴鵙, 八月載績.)"에서의 '재(載)' 역시 '시작'의 의미로 사용되었다.[29)] 중국 고대 전통문화에서는 예로부터 묵은 것을 없애고 새것을 펼친다는 관념이 있었으니, 한 해의 끝[歲末]을 묵은 것을 없애는 때로, 한 해의 처음[歲初]을 새로 시작하는 때로 여겼다. 이로써 '시작'을 나타내는 '재(載)'가 해[年歲]와 관련된 의미를 지니게 된 것이다.

『좌전·선공(宣公)』(3년)에 "걸(桀)이 혼탁한 덕을 지녀, [제국을 상징하는] 정(鼎)이 상(商)으로 옮겨가니, 그 역사[載祀]가 6백 년이었다.(桀有昏德, 鼎迁于商, 載祀六百.)"라고 했는데,[30)] 두예(杜預)는「주(注)」에서 "재(載)와 사(祀)는 모두 년(年)을 뜻한다.(載, 祀皆年.)"라고 했다.[31)] 이는 이때의 '재(載)'가 이미 해[年歲]의 의미를 가지고 있었음을 나타낸다.

---

27) 余迺永, 『新校互注宋本广韻』(上海: 上海辭書出版社, 2000), 389쪽.
28) 許愼著, 段玉裁注, 『說文解字注』(上海: 上海古籍出版社, 1981), 727쪽.
29) 劉毓慶·李蹊, 『詩經』(北京: 中華書局, 2011), 364쪽.
30) 郭丹·程小靑·李彬源, 『左傳(中冊)』(北京: 中華書局, 2012), 744쪽.
31) 十三經注疏整理委員會, 『春秋左傳正義(十三經注疏)』(北京: 北京大學出版社, 2000), 694쪽.

(5) 세(世)

'세(世)'자는 갑골 복사에서 보이지 않지만, 그와 관련된 고문자 형태는 다음과 같다.

金文   簡帛文   小篆

갑골문에는 단독으로 된 '세(世)'자는 나타나지 않았지만, '세(世)'를 편방이나 구성 성분으로 포함한 글자는 확인되었다. 예컨대, 부인의 이름에 쓰인 '설(媟)'자가 바로 '세(世)'라는 편방 부호를 포함하고 있다. 서주(西周) 금문에서는 이미 '세(世)'를 사용하여 해[年歲]의 의미를 표현하는 경우가 보이는데, "백세자자손손(百世子子孫孫)"(「師晨鼎」), "기만년세자자손손(其萬年世子子孫孫)"(「恒簋蓋」) 등이 모두 이 의미로 사용된 것이다.

그렇다면 '세(世)'가 해[年歲]의 의미로 쓰인 시기는 적어도 서주(西周)까지 거슬러 올라갈 수 있다. 그러나 서주(西周) 금문에서의 '세(世)'의 용법은 해[年歲]의 의미라기보다는 세대(世代)의 의미로 이해하는 편이 더 적절하다. 『설문삽(卅)부수』에서는 "세(世)는 30년을 1세(一世)라 한다. 삽(卅)에서 획을 길게 빼서 늘인 모습이다. [빼서 늘인 획인 불(丿)은] 소리부도 겸한다.(世, 三十年爲一世. 从卅而曳長之. 亦取其聲也.)"[32]라고 했다. 즉 '세(世)'자는 본래 '삽(卅)'자의 형태에 약간의 획을 끌어 변화시킨 것이며, 그 독음 역시 '삽(卅)'에서 취하였다는 뜻이다.

32) 許愼, 『說文解字』(北京: 中華書局, 1963), 51쪽.

임의광(林義光)은 『문원(文源)』에서 허신의 "30년을 1세(一世)라 한다."는 설을 부정했다. 그는 "삽(卅)에서 획을 길게 끈다.(卅曳長)"는 것이 30년을 뜻하는 것이 아니라, 고문자 형태에 근거해 볼 때, '세(世)'의 고문자 형태는 "엽(枼)의 고문(古文)으로, 줄기와 잎의 형상을 본뜬 것이다. 초목의 잎이 겹겹이 무수히 포개지는 데서 세대(世代)의 세(世)로 의미가 파생되었다. 글자 역시 엽(枼)으로 쓴다."[33]라고 보았다.

임의광의 이러한 해석은 '세(世)'의 고문자(古文字) 형태에서 금문자(今文字)로의 변화 상황과 매우 부합한다. 위에서 언급한 '세(世)'의 금문(金文) 형태를 통해 분명히 그것이 가지와 잎의 형상을 본뜬 것임을 확인할 수 있다. 이러한 자형의 특징은 "30년을 1세(一世)라 한다."는 설과는 아무런 관련이 없다.

『논어·자로(子路)』에 "만약 왕도로써 천하를 다스리는 성군이 있다면, 반드시 한 세(世)를 지나야 인(仁)이 실현될 것이다.(如有王者, 必世而後仁.)"라고 했는데, 하안(何晏)은 「집해(集解)」에서 공안국(孔安國)이 "30년을 세(世)라 한다.(三十年曰世.)"[34]고 한 말을 인용했다. 『논형(論衡)·선한(宣漢)』에도 "게다가 공자가 말한 1세(一世)는 30년을 말한다.(且孔子所謂一世, 三十年也.)"[35]라는 표현이 있다. 허신의 해석은 고대에 30년을 1세(一世)라고 부르던 습관을 억지로 끌어다 붙인 것일 수 있다.

'세(世)'가 시간을 기록하는 단어가 되면서, 그 의미 범위는 역사적 변천 과정에서 어느 정도 차이가 생길 수 있다. 허신 시대에는 "30년을 1세(一世)라 한

---

33) 林義光, 『文源』(上海: 中西書局, 2012), 107쪽.
34) 十三經注疏整理委員會, 『論語注疏(十三經注疏)』(北京: 北京大學出版社, 2000), 198쪽.
35) 王充, 『論衡』(上海: 上海古籍出版社, 1990), 187쪽.

다.”라고 보았으나, 후대에는 흔히 ‘세대’를 가리키게 되었다. 사실 이러한 용법은 일찍이 서주(西周) 금문에서도 있었으니, 위에서 언급한 예문과 같다. 『시경·대아(大雅)』에는 “문왕의 자손들이 백세토록 번성하리라.(文王孫子, 本支百世.)”36)라고 했고, 『좌전』에서는 “정사를 맡은 지 3세가 되었다.(從政三世.)”37)라고 하였는데, 이는 모두 부자(父子)가 서로 계승되는 기간을 ‘1세(一世)’로 본 것이다. 이후에는 납란성덕(納蘭性德)38)의 “평생토록, 한 세상에서 오직 한 쌍으로 함께하는 사람(一生一世一雙人)” 등과 같이, 사람이나 사람이 세상에서 살아가는 한평생을 ‘1세(一世)’라고 부르게 되었다.

‘세(世)’자의 의미 범위가 변하면서, 이와 대응되는 일부 시간을 기록하는 유사 단어들도 더는 일대일로 대응시키기 어려워졌다. 예를 들어, 고대 문헌에서 ‘세(世)’와 ‘대(代)’는 서로 다른 의미를 가진다. 일반적으로 ‘세(世)’는 대부분 사람이 세상에 살아가는 한평생을 가리키며, 또한 부자(父子)가 서로 이어지는 한 세대를 표현하는 데 사용되었다. 예컨대, ‘사세동당(四世同堂)’은 조부에서 손자까지 네 세대를 나타낸다. 반면 ‘대(代)’는 왕조를 나타내는 의미도 있어, 이것이 ‘세(世)’와 가장 크게 구별되는 점이다.

---

36)　劉毓慶·李蹊, 『詩經』(北京: 中華書局, 2011), 644쪽.

37)　郭丹·程小青·李彬源, 『左傳(下冊)』(北京: 中華書局, 2012), 1691쪽.

38)　(역주) 납란성덕(納蘭性德, 1655-1685)은 청(淸)나라 강희(康熙) 연간의 사대부 시인으로, 자(字)는 용인(容若)이며, 본명은 성덕(成德)이다. 부친 납란명주(納蘭明珠)는 청나라 조정의 대학사로 권세가였으며, 성덕은 무과에 급제하여 무관으로 임관하였다. 그러나 문학적 재능이 뛰어나 청(淸)나라 초기 사문학의 대표적 인물로 평가받는다. 부인 노씨(盧氏)의 요절로 인한 비애가 작품에 짙게 배어 있으며, 사(詞)는 온유(婉約)하고 애상적인 정취로 유명하다.

제2절 계절 관련 문자와 사시(四時) 구분 관념

'년(年)', '세(歲)' 등의 기년(紀年) 용어 외에도, 고대인들이 하늘로부터 부여받았다고 여긴 '천수(天授)'의 시간에는 '사시(四時)'가 있다. 이는 『상서·요전(堯典)』에 말한 "해와 달과 별자리의 운행을 관찰하여, 삼가 백성들에게 때를 알려주었다.(歷象日月星辰, 敬授人時.)"에서의 "수인시(授人時)"이다.

넓은 의미로 말했을 때, 요제(堯帝)가 부여한 '인시(人時)'가 반드시 '사시(四時)'에만 국한되는 것은 아니지만, '사시(四時)'가 여러 '시(時)' 중에서 가장 중요하다는 것은 의심의 여지가 없다. 따라서 좁은 의미로 보면 그 중에서도 '수인시(授人時)'를 바로 일 년 사계절의 '사시(四時)'로 볼 수 있다.

'사시(四時)'는 현재의 이해로 보면, '사계(四季)'를 말하는 것이다. 『순자·왕제(王制)』에서 말하는 "봄에는 밭을 갈고, 여름에는 김을 매고, 가을에는 거두고, 겨울에는 저장하니, 이 네 가지를 때를 놓치지 않으면 오곡이 끊이지 않고 백성이 넉넉히 먹을 수 있다.(春耕, 夏耘, 秋收, 冬藏, 四者不失時, 故五穀不絶而百姓有餘食也.)"[39]라는 구절의 '사시(四時)'이다.

봄·여름·가을·겨울의 사시(四時) 구분은 구체적으로 어느 시기까지 거슬러 올라갈 수 있을까? 그 구체적인 기원과 발전 과정은 어떠한가? 이러한 문제들은 모두 역사적 언어와 문자 자료를 통해 그 일면을 엿볼 수 있다.

---

39) 方勇·李波, 『荀子』(北京: 中華書局, 2011), 128쪽.

(1) 계(季)

　우선 사계절의 의미를 나타내는 '계(季)'부터 살펴보자. '계(季)'는 비교적 이른 시기에 출현했으며, 갑골문과 금문에서 모두 보편적으로 나타났다. 각 시기별 주요 고문자 자형은 다음과 같다.

甲骨文　　　　　金文　　　　　簡帛文　　　　　小篆

　'계(季)'의 고문자와 현대 한자의 구조는 모두 '화(禾)'와 '자(子)' 두 편방으로 결합되어 있어, 전혀 차이가 없다. 고문자 자형을 분석해보면, 이 글자는 '자(子)'가 의미부이고 '화(禾)'가 의미부인 회의(會意) 구조로, 자형 전체가 어린 벼를 뜻한다는 견해가 있다.[40]

　『설문자(子)부수』에서는 "계(季)는 어린 것을 일컫는다. 자(子)가 의미부이고 치(稚)의 생략된 모습도 의미부인데, 치(稚)는 소리부도 겸한다.(季, 少稱也. 从子, 从稚省, 稚亦聲.)"라고 했다.[41]

　허신의 '계(季)'에 대한 해석은 그것이 본의(本義)인지 확인하기 어렵다. 위에

---

40) 黃德寬, 『古文字譜系疏証』(北京: 商務印書館, 2007), 2896쪽.
41) 許愼, 『說文解字』(北京: 中華書局, 1963), 310쪽.

서 든 여러 고문자의 형태를 보면, '계(季)'의 편방 '자(子)'가 '치(稚)'의 생략형인지 확정할 수 없다.(고문자에서는 '치(稚)'자가 나타나지 않는다.) 임의광은 이에 대해 더 합리적인 해석을 했는데, 그는 "계(季)와 치(稚)는 음이 같으므로, 마땅히 치(稺)의 고문으로, 어린 벼를 뜻한다. 자(子)와 화(禾)로 구성되어 있고, 고대에는 계(季)로 썼는데, 숙계(叔季)의 계(季)로 파생되었다."라고 보았다.[42]

『설문화(禾)부수』에서는 "치(稺)는 어린 곡식을 말한다.(稺, 幼禾也.)"[43]라고 하였으니, 이는 앞의 해석과 서로 증거가 될 수 있다.

그러나 이렇게 이해한다면, '계(季)'가 어린 곡식을 나타내는 회의(會意) 방식은 전통적인 회의에서처럼 자형 구조의 상형 의미를 조합하여 이루는 방식이 아니다.[44] 이미 '자(子)'가 "어린 것을 일컫는다(少稱)"는 의미를 지닌다는 전제를 바탕으로 자형 구조를 조합하여 회의한 것이다. 즉, 후대에 흔히 볼 수 있는 '정(正)이 아니면 곧 왜(歪)다.(不正即歪)' 등과 같은 새로운 유형의 회의 방식인 것이다.

이러한 새로운 유형의 회의 방식이 상고시기에 이미 실제로 나타났는지는 논외로 하더라도, '계(季)'자의 구성 방식의 기원을 입증할 만한 더 이상의 증거가 없는 상황에서는, '어린 곡식[幼禾]'이 '계(季)'의 원시적 회의 해석이라는 견해를 단호히 부정하기는 어려워 보인다.

---

42) 林義光, 『文源』(上海: 中西書局, 2012), 355쪽.

43) 許愼, 『說文解字』(北京: 中華書局, 1963), 144쪽.

44) 전통적인 회의자(會意字)의 회의 방식은 대부분 두 개 이상의 상형 부호로 구성되며, 이러한 상형 부호들은 조합 방식에 따라 전체적으로 하나의 새로운 형상을 떠올리게 하는 의미를 표현한다. 예컨대, 사람 모양의 부호가 나무 모양의 부호에 기대어 있는 글자 구조는, 그 구조 형식에 따라 "사람이 나무에 기대어 쉰다."는 뜻을 회의할 수 있다. 그러므로 이러한 조합 구조로 만들어진 '휴(休)'자는 '휴식하다'라는 의미를 나타내게 된다.

그러나 주목할 점은, 고대 문헌에서 이러한 '어린 곡식'의 의미를 나타내는 '계(季)'는 흔적이 남아 있지 않다는 것이다. 가장 이른 상대(商代) 문자에서, '계(季)'는 '어린 것을 일컫는다[少稱]'도 아니고 '어린 곡식[幼禾]'도 아니었다. 그 예문은 다음과 같다.

> [11] 물어봅니다. '유(侑)'제사를 계력(季曆)께 드릴까요?.(貞: 侑于季.)(『合集』 14711)
>
> [12] 계력(季曆)께서 왕에게 위해를 가하지 않을까요?(季弗害王.)(『合集』14719)
>
> [13] 기(己)일에 점을 칩니다. 계력(季曆)께 '고(告)'제사를 오늘 올리지 말까요?(己卜弜告季于今日.)(『花東』249)

위에서 예로 든 갑골문의 여러 사례에서 '계(季)'는 고유명사로, 상대(商代)의 특정 조상[先公]의 인명을 나타내는 전용 글자로 사용되었다. 이는 일반적으로 상(商)나라 사람들이 제사를 지내는 대상이었다. 이 글자의 의미 용법에서, '계(季)'의 조자 근거와 그것이 '어린 곡식[幼禾]'이나 '어린 것을 일컫는다[少稱]'는 의미와의 관련성을 전혀 추론할 수 없다. '계(季)'를 사용하여 '어린 것을 일컫는다[少稱]'는 의미로 쓰인 가장 이른 사례는 서주(西周)시기 청동기 명문(銘文)에서 볼 수 있다.

> [14] 정월(正月) 늦은 봄 길일 정해(丁亥)일.(唯正月季春吉日丁亥.)(「王者旨于賜鐘」)
>
> [15] 정월(正月) 늦은 봄.(正月季春.)(「欒書缶」)

여기에서 '계춘(季春)'은 봄철의 세 번째 달을 가리키는데, 이는 맹(孟)·중(仲)·

숙(叔)·계(季)의 '계(季)'에 해당된다. 이 외에도, 후대의 문헌에서 '계(季)'는 대부분 '어린 것을 일컫는다[少稱]'로 사용되어, 가족에서 가장 나이가 적은 사람을 지칭했다. 『의례(儀禮)·사관례(士冠禮)』에서는 "백모보(伯某甫)라 말한다. 중(仲)·숙(叔)·계(季)는 각각 해당되는 바에 따른다.(曰伯某甫. 仲, 叔, 季, 唯其所當.)"[45]라고 했다. 주석에서는 "백(伯)·중(仲)·숙(叔)·계(季)라고 말하는 것은 장유(長幼)의 차례를 나타내는 호칭이다.(言伯, 仲, 叔, 季者, 是長幼次第之稱.)"[46]라고 했다.

　이것이 바로 흔히 접하는 '맹(孟)·중(仲)·숙(叔)·계(季)'라는 호칭으로, 예컨대 형제 중에서 가장 어린 사람을 '계제(季弟)'라고 부른다. '계(季)'자는 이후 '어린 것을 일컫는다[少稱]'는 의미에서 한 계절의 마지막 달이라는 의미로 파생되었다. 예컨대, 『예기·월령(月令)』에서는 "계춘지월(季春之月)에 해는 위수(胃宿)에 있고, 해질녘에는 칠성(七星)이 중천에 있으며, 새벽에는 견우성[牽牛]이 중천에 있다.(季春之月, 日在胃, 昏七星中, 旦牽牛中.)"[47]라고 했다. 여기서 '계춘지월(季春之月)'은 바로 봄의 마지막 달을 나타낸다.(즉, 위에서 인용한 금문에서의 사례와 동일하다.) '계(季)'자가 '사계절'의 '계절'이라는 뜻으로 쓰이게 된 것은 그보다 훨씬 뒤의 일이다.

(2) 춘(春)

　사계절의 첫 번째인 '춘(春)'은 그 자형이 원래 '춘계(春季)'의 의미를 나타내기 위한 것이 아니었다. 그 조자 의도는 사실 회의(會意)의 형식으로, 초목이 햇

---

45) 彭林, 『儀禮』(北京: 中華書局, 2012), 31쪽.
46) 十三經注疏整理委員會, 『儀禮注疏(十三經注疏)』(北京: 北京大學出版社, 2000), 58쪽.
47) 楊天宇, 『禮記譯注(上)』(上海: 上海古籍出版社, 2016), 228쪽.

빛 아래에서 싹트는 모습을 나타내는 것이었다. 이는 '춘(春)'자의 고문자 형태를 통해 어느 정도 짐작할 수 있는데, 그 구체적인 자형은 다음과 같다.

甲骨文　　　　金文　　　　簡帛文　　　　小篆

　위의 고문자 형태를 보면, 이 자형들은 현재의 '춘(春)'자와 닮은 점이 전혀 없는 것처럼 보인다. 사실, '춘(春)'자는 '춘(萅)'이라고 쓰는 이체자가 있는데, 이는 '초(艸)'가 의미부이고, '둔(屯)'이 의미부이며, '일(日)'도 의미부인 구조이다. 이 이체자를 알게 되면, 위의 고문자 형태도 이해할 수 있게 된다. 고문자 형태에 포함된 여러 편방이나 구성 성분은 바로 '춘(萅)'의 세 가지 주요 구성 성분과 정확히 대응한다.[48] 또한, 갑골문의 구조를 보면 매우 분명하게 알 수 있다. 이 자형은 '철(屮)'이 의미부이고, '목(木)'이 의미부이며, '일(日)'도 의미부인데, 바로 초목이 햇빛 속에서 싹트는 모습을 직관적으로 묘사한 것이다. 여기에서 편방이 되는 '둔(屯)'은 단지 소리부로만 작용하고 의미를 나타내는 데에는 관여

---

48) 갑골문에서 이 글자에 여러 개의 '목(木)'이 나타나는 것은, 고문자에서 흔히 '초(艸)' 또는 '철(屮)'과 목(木) 편방이 혼용되는 경우가 많았기 때문이다. 여기서의 '목(木)'은 '초(艸)'와 동일한 의미를 나타낸다. 또, '목(木)'이나 '초(艸)'의 수량은 대부분의 경우 구체적인 의미 표현에는 영향을 주지 않는다.

하지 않는다.

『춘추공양전(春秋公羊傳)·은공(隱公)』원년에서는 "봄이란 무엇인가? 한 해의 시작이다.(春者何? 歲之始也.)"49)라고 했다. 사람들이 처음에 '춘(春)'으로 일 년의 시작을 나타낸 것은, 이 자형이 나타내는 초목이 처음 움트는 모습에서 파생되었다. 흥미로운 것은, '춘(春)'의 이러한 '싹틈'의 의미가 '춘(春)'을 포함하는 다른 글자에서도 나타난다는 점이다. 예컨대, '준(蠢)'은 '춘(春)'자와 독음이 가까운데,『설문 곤(蚰)부수』에서는 '준(蠢)'을 "'벌레가 움직이다'라는 뜻이다.(蟲動也)"50)라고 해석했고,『이아 석훈(釋訓)』에서는 '준(蠢)'과 '동(動)' 두 글자를 같이 "하다는 뜻이다.(作也.)"51)라고 풀이했다.

이를 통해, '준(蠢)'자는 원래 '움직이다[動]', '하다[作]'의 의미가 있으며, 그 '우둔하다[愚鈍]'는 의미도 후에 생긴 것임을 알 수 있다. "준준욕동(蠢蠢欲動)"이라는 단어는 바로 '준(蠢)'의 이 '움직이다[動]', '하다[作]'의 의미에서 비롯되었다. 최근에는 일부 학자들이 갑골문에서 과거에 '둔(屯)'으로 해석되던 글자를 '준(蠢)'으로 다시 해독하기도 했는데,52) 이는 두 글자가 긴밀한 관련이 있다는 점에 기초한 것이다.

갑골 복사에서 '춘(春)'자는 실제적인 시간 명칭으로, 흔히 '금(今)'과 결합하여 '금춘(今春)' 등의 단어로 나타난다. 예문은 다음과 같다.

[16] 무인(戊寅)일에 점을 칩니다. '쟁(爭)'이 물어봅니다. "올봄에 노예들을 모아

---

49) 王維堤·唐書文,『春秋公羊傳譯注』(上海: 上海古籍出版社, 2016), 1쪽.
50) 許愼,『說文解字』(北京: 中華書局, 1963), 284쪽.
51) 管錫華,『爾雅』(北京: 中華書局, 2014), 109쪽.
52) 蔣玉斌,「釋甲骨金文的"蠢"兼論相關問題」,『夏旦學報(社會科學版)』, 2018年 第5期.

일을 시킬까요?” 11월이었다.(戊寅卜, 爭貞: 今春衆⍚工. 十一月.)(『合集』18)
[17] 임자(壬子)일에 점을 칩니다. □가 물어봅니다. “올봄에 풍년이 들까요?”
　　9월이었다.(壬子[卜], □貞: 今春受年. 九月.)(『合集』965)

　　여기에서 ‘금춘(今春)’은 지금 시점에서 가장 가까운 봄을 나타내는데, ‘춘(春)’
은 바로 사계절의 첫 번째인 봄[春季]을 의미한다. 이를 통해, ‘춘(春)’이 사시(四
時)를 나타내는 용법은 제일 먼저 갑골문에서 보이는데, 은상(殷商) 시기 사람들
의 의식 속에 이미 ‘봄[春季]’이라는 관념이 확실히 존재했음을 알 수 있다.

(3) 하(夏)

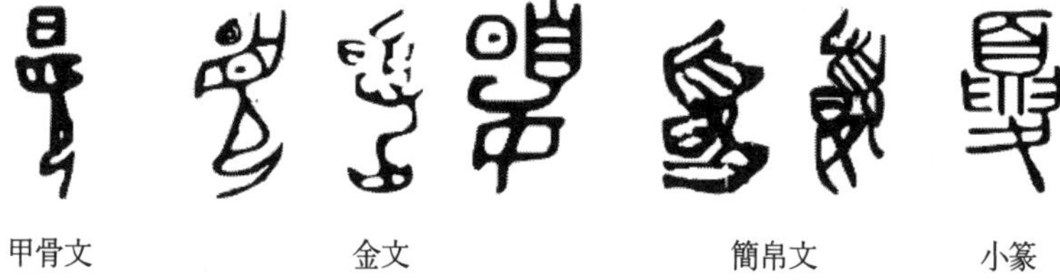

甲骨文　　　　　　　　金文　　　　　　　　簡帛文　　　　小篆

　　‘하(夏)’의 고문자 형태는 위에 제시한 바와 같다. 가장 이른 ‘하(夏)’자는 갑골
문에서 보이며, 그 자형 구조의 특징으로 보아, 회의자(會意字)로 판단된다. 그
형태의 아래쪽은 옆모습으로 무릎을 꿇고 앉은 사람의 모습을 나타내고, 사람
모습의 위쪽에는 머리 부분의 형상(즉 ‘수(首)’자)이 두드러지게 표현되어 있으며,
다시 그 위쪽에는 ‘일(日)’자 부호가 추가되어 있다.
　　이 자형의 구체적인 구조의 의미는 아직 분명히 밝혀지지 않았으므로, 이

글자의 본의(本義)에 대한 이해도 여전히 충분하지 않다. 복사에서 볼 수 있는 '하(夏)'자는 고유명사로, 예외 없이 모두 인명을 나타내는 데 사용되었다. 예를 들면 다음과 같다.

> [18] 계사(癸巳)일에 점을 칩니다. '하(夏)'가 물어봅니다. "다음날 지낼 '조갑'의 '세'제사에 희생 소를 사용할까요?"(癸巳卜, 夏貞: 翌日祖甲歲其牢.)(『合集』27336)

복사에서 '하(夏)'는 인명으로서, 갑골문 제3, 제4기 시기에 점복 업무를 담당했던 점복관[貞人]을 가리킨다. 이러한 고유명사만으로는 '하(夏)'자의 본의(本義)를 거슬러 추적할 수 없다. 그러나 '하(夏)'의 갑골문 자형에 근거하여, 일부 학자들은 그것이 처음에는 여름의 태양[夏日]이 사람을 작열시킨다는 의미였을 것이라고 추측했다.53) 물론 이는 하나의 견해일 뿐, 결국 그 진위를 고증하기는 어렵다.

금문에서 '하(夏)'자의 두 번째 형태는 사람의 모습 위에 손을 나타내는 부호를 추가한 것이며, 때로는 발가락을 의미하는 '지(止)'를 추가하기도 한다. 세 번째 자형은 아랫부분의 사람 모습을 '여(女)'로 바꾼 것이다. 전체적으로 볼 때, 금문 자형의 구성 방식은 갑골문과 큰 차이가 없다. 『설문쇠(夊)부수』에서는 "하(夏)는 중원 지역의 사람을 말한다. 쇠(夊)가 의미부이고, 혈(頁)도 의미부이고, 구(臼)도 의미부이다. 구(臼)는 두 손을 뜻하고, 쇠(夊)는 두 발을 뜻한다.(夏, 中國之人也. 从夊, 从頁, 从臼. 臼, 兩手; 夊, 兩足也.)"54)라고 했다. 허신이 설명

---

53) 黃德寬, 『古文字譜系疏証』(北京: 商務印書館, 2007), 1314쪽.
54) 許愼, 『說文解字』(北京: 中華書局, 1963), 112쪽.

한 자형은 금문의 복잡한 구조와 정확히 부합한다. 안타깝게도, 금문의 '하(夏)' 자도 호칭으로 사용된 고유 글자이기 때문에, 그 본의(本義)를 확정하기 어렵다.

그러나 전국시기 초간(楚簡)에 보이는 '하(夏)'자는 이 글자의 해석에 다소 반가운 실마리를 제공한다. 일반적으로 초간(楚簡)의 '하(夏)' 자형은 일(日)이 의미부이고 하(夏)가 소리부인 형성자로 이해된다. 예컨대, 포산(包山) 죽간「복서제도기록(卜筮祭禱記錄)」 제200간에는 "하柰유희(夏柰有喜)"라는 구절이 있는데,55) 그 중 '하(夏)'의 자형은 𱅈로 되었다. '하柰(夏柰)'는 일반적으로 초(楚)나라에서 달을 기록하는 고유명사로 여겨지며, 그 중의 '하(夏)'는 '여름[夏季]'을 나타내는 '하(夏)'일 가능성이 매우 크다.

자형이 변하면서, 소전(小篆) 시기의 '하(夏)'는 이미 점차 그 최초의 상형성을 잃고, 현대 한자의 대략적인 형태를 나타내게 되었다.

'하(夏)'자의 의미에 관해, 『석명·석천(釋天)』에서는 "하(夏)는 포용[假]을 뜻한다. 만물을 넓게 감싸며 생장시키는 작용을 한다.(夏, 假也, 寬假萬物, 使生長也.)"56)라고 했다. 이는 소리를 빌려 뜻을 풀이한 것으로 보인다.

'하(夏)'자는 '크다[大]'는 의미를 내포하고 있다. 『방언(方言)』에서는 '하(夏)'를 '크다[大]'로 해석하고, "함곡관 서쪽의 진(秦)나라와 진(晉)나라 사이에서는 만물이 장대하고 찬미할 만한 것을 '하(夏)'라 불렀고, 주(周)나라와 정(鄭)나라 사이에서는 이를 '하(嘏)'라고 불렀다.(自關而西秦晉之間, 凡物之壯大者而愛偉之謂之夏, 周鄭之間謂之嘏.)"57)라고 했다. 이는 '하(夏)'의 '장대(壯大)하다'는 의미

---

55) 湖北省荊沙鐵路考古隊,『包山楚簡』(北京: 文物出版社, 1991), 圖版89, 釋文32쪽.
56) 祝敏徹·孫玉文,『釋名疏証補』(北京: 中華書局, 2008), 7쪽.
57) 李發舜·黃建中,『方言箋疏』(北京: 中華書局, 2013), 43쪽.

를 나타낸 것이다.

'하(夏)'의 이러한 '장대(壯大)하다'는 의미는 고대 문헌에서도 자주 보인다. 예컨대, 『시경·권여(權輿)』에서는 "나에게 커다란 집에서 융숭한 대접하시더니, 지금은 먹는 것도 근근이 끼니를 이을 정도.(於我乎夏屋渠渠, 今也每食無餘.)"[58]라고 했는데, 여기서 '하옥(夏屋)'은 바로 높고 큰 집을 나타낸다. 『초사·애영(哀郢)』에서는 "일찍이 웅대한 궁전이 이미 폐허로 변한 줄조차 알지 못하였다.(曾不知夏至之爲丘兮.)"[59]라고 하였고, 「주(注)」에서 "하(夏)는 대전(大殿)이다.(夏, 大殿也.)"[60]라고 한 것도 그 한 예이다. 이처럼 '하(夏)'의 '높고 크다', '장대하다'는 의미는 이후에 대부분 '하(夏)'로 나타내었다. 이는 곧 우리가 현재 말하는 '화려하며 넓고 큰 집(華屋廣廈)'의 '하(廈)'이다.

중화민족(中華民族)은 예로부터 '화하(華夏)'라고 불렸는데, 실제로 '화(華)'와 '하(夏)'는 상고시기에 동음이었다. 『상서·순전(舜典)』에서는 "남만(南蠻)과 동이(東夷)가 화하(華夏)를 어지럽힌다.(蠻夷猾夏.)"라고 했고, 「전(傳)」에서는 "하(夏)는 화하(華夏)를 말한다.(夏, 華夏.)"라고 했다. 또 『정의(正義)』에서는 "하(夏)는 크다[大]는 뜻이니, 중국은 문장이 빛나고 예의가 크다.(夏訓大也, 中國有文章光華, 禮義之大.)"[61]라고 했다. 따라서 많은 학자들이 '하(夏)'가 '크다[大]'는 의미로 사용되었고, 여름이 바로 만물이 모두 자라는 때이므로, '하(夏)'를 사용하여 만물이 무성하게 자라는 여름을 표현했다고 여겼다.

물론, 이는 어디까지나 하나의 추측에 불과하며, 이를 뒷받침할 실증은 아직

---

58) 劉毓慶·李蹊, 『詩經』(北京: 中華書局, 2011), 327쪽.
59) 林家驪, 『楚辭』(北京: 中華書局, 2010), 122쪽.
60) 黄灵庚, 『楚辭章句疏証』(北京: 中華書局, 2007), 1423쪽.
61) 十三經注疏整理委員會, 『尚書正義(十三經注疏)』(北京: 北京大學出版社, 2000), 89-90쪽.

없는 상태이다. 따라서 '하(夏)'의 형태를 구성하는 근거에 대한 고증은 앞으로도 더 깊이 연구할 여지가 크다. 그러나 고문자에서 의미를 나타내는 구조로 볼 때, '하(夏)'가 계절의 의미를 나타내는 데 사용된 것은 매우 가능성이 높은 차용일 뿐, 그 의미와 본래 고문자 자형 사이에 직접적인 상형이나 회의의 연관성이 있다고 보기는 어렵다.

(4) 추(秋)

'추(秋)'는 매우 흥미롭고 생동감 있는 글자이다. 그 고문자 형태는 금문자(今文字)와 큰 차이가 있는데, 구체적인 자형은 다음과 같다.

| 甲骨文 | 金文 | 簡帛文 | 小篆 |

'추(秋)'자는 상대(商代)의 갑골문에서 가장 먼저 보이는데, 곤충 한 마리를 본뜬 모습이다. 어떤 학자는 '추(秋)'의 상형적인 모습에 근거하여 그 고문자 자형이 가을 수확 시기에 흔히 볼 수 있는 메뚜기를 가리킨다고 보았다. 이를 통해 고대인들이 바로 가을에 흔히 볼 수 있는 곤충의 모습을 빌려 추상적인 계절을 나타내는 개념인 '가을[秋]'을 나타냈다고 추측했다.

　가을은 본래 곡식이 익는 시절로, 『설문화(禾)부수』에서는 "추(秋)는 벼 같은 곡식이 익을 때라는 뜻이다.(秋, 禾穀熟也.)"[62]라고 했다. '추(秋)'는 그 본의(本

義)인 "곡식이 익다[穀熟]"에서 점차 곡식이 익는 시간, 즉 가을의 의미로 발전하였는데, 이는 사유 논리에 부합한다. '추(秋)'가 시간의 의미를 나타내는 용법은 상대 갑골문에서 명확한 실증을 찾을 수 있으며, 복사에서는 다음과 같은 사례가 자주 보인다.

[19] 을미(乙未)일. 내가 점을 쳐, 물어봅니다. "이번 가을 우리가 상 땅으로 들어갈 수 있을까요?"(乙未. 余卜, 貞: 今秋我入商.)(『合集』21586)

[20] 물어봅니다. "이번 가을 기장 농사에 홍수를 들지 않을까요?"(貞: 今秋禾不遘大水.)(『合集』33351)

[21] 정해(丁亥)일에 점을 칩니다. 물어봅니다. "이번 가을에 풍년이 들까요?" 길할까요? 풍성하게 수확하여 매우 길할 것이다.(丁亥卜, 貞: 今秋受年, 吉秝. 吉.)(『屯南』620)

복사에서 '금추(今秋)'는 '금춘(今春)'과 용법이 같아, 분명히 시간을 말하고 있다. '년(年)'과 '화(禾)'의 수확은 계절에 맞추어 이루어지는 일이므로, 복사 사례에서 흔히 보이는 '수년(受年)', '수화(受禾)' 등의 말은 '추(秋)'가 나타내는 시간이 바로 오늘날 우리가 말하는 가을 수확기[秋收]의 가을임을 입증해 준다. 복사에서 '금추(今秋)' 등의 표현은 상고 은상(殷商) 시기에 이미 '가을[秋季]'이라는 개념이 인류의 의식 속에 존재했음을 확실히 보여준다.

---

62) 許愼, 『說文解字』(北京: 中華書局, 1963), 146쪽.

(5) 동(冬)

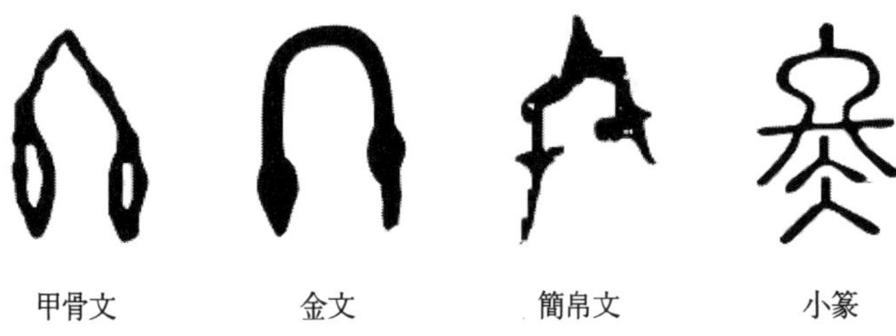

| 甲骨文 | 金文 | 簡帛文 | 小篆 |

　‘동(冬)’의 갑골문 자형은 구조상 그 조자 의도를 해석하기 어렵기 때문에, 그 글자의 의미에 대한 설명도 아직까지 정설이 없다. 그러나 ‘동(冬)’이 ‘종(終)’의 초기 글자라는 결론은 이미 학계의 공통된 인식이다. 상고시기에 이미 ‘겨울’이라는 계절 개념의 존재 여부는, 오늘날까지도 명확한 결론이 내려지지 않았다.

　『설문빙(仌)부수』에서는 “동(冬)은 네 계절이 다 끝남을 뜻한다. 빙(仌)이 의미부이고 종(夂)도 의미부이다. 종(鼕)은 종(終)의 고문체이다.(冬, 四時盡也. 从仌, 从夂. 鼕, 古文終字.)”63)라고 했다. 단옥재는 「주(注)」에서 “동(冬)은 끝남[終]을 말한다. 『고공기(考工記)』에서는 ‘물은 때로는 얼고, 때로는 녹는다.’고 하였다. 그러므로 동(冬)은 빙(仌)이 의미부이다.(冬之爲言終也. 『考工記』曰: 水有時而凝, 有時而釋. 故冬从仌.)”64)라고 했다. 이는 전서체 ‘동(冬)’에 대한 해석

---

63) 許愼, 『說文解字』(北京: 中華書局, 1963), 140쪽. ‘빙(仌)’은 바로 ‘빙(冰)’을 말한다. 허신의 설명은 ‘동(冬)’이 ‘겨울’을 나타낸다고 보았기에, ‘동(冬)’자에 추위를 나타내는 ‘빙(冰)’ 부호가 포함되어 있다고 해석했다.

64) 許愼著, 段玉裁注, 『說文解字注』(上海: 上海古籍出版社, 1981), 571쪽.

이다. 허신은 '동(冬)'이 '종(終)'의 고문체라고 보았다. 『설문 멱(糸)부수』에서는 "종(終)은 급하게 묶다라는 뜻이다.(終, 絿絲也.)"[65]라고 했다. 혹자는 '종(終)'의 본의(本義)가 방추(紡錘)로, 그 자형이 위에서 제시한 '동(冬)'의 갑골문, 금문, 간백문 등의 형태와 서로 대응된다고 보았다.

그러나 단옥재는 허신이 말한 '구사(絿絲)'가 오자라고 보았다. 허신과 단옥재의 '동(冬)'과 '종(終)'에 대한 해석을 종합하고, 갑골문 '동(冬)'을 '종(終)'으로 읽는 견해를 결합해 보면[66], '동(冬)'과 '종(終)' 두 글자가 상고시기에 적어도 음운적으로 매우 가까웠음을 알 수 있다.

갑골문 자형 'ᠺ'은 일반적으로 '동(冬)'으로 해석되지만, 때로는 그 본래글자가 '종(終)'이거나 '종(終)'으로 읽는다고 명시되기도 한다. 이는 자형의 구조상 'ᠺ'이 '멱(糸)'을 의미부로 하지 않기 때문에, 이를 '동(冬)'으로 정하는 것이 더 실제에 부합하기 때문일 것이다. 그러나 실제 글자 사용에 있어서, 복사에서의 'ᠺ'은 겨울이라는 의미를 나타내지 않으며, 그 주요 용법은 다음과 같다.

[22] 물어봅니다. "밤새도록 비가 오지 않을까요?"(貞: 不其終夕雨.)(『合集』 12998)

[23] 신미(辛未)일에 점을 칩니다. '내(內)'가 물어봅니다. 오는 임신(壬申)일에 날이 갤까요? '임(壬)'일에 종일토록 날이 흐렸다.(辛未卜, 內, 翌壬申啓. 壬終日寉(陰).)(『合集』 13140)

[24] 병진(丙辰)일에 점을 칩니다. '각(殼)'이 물어봅니다. "상제께서 이 도읍을 끝낼까요?" | 묻습니다. "상제께서 이 도읍을 끝내지 않을까요?"(丙辰

---

65) 許愼, 『說文解字』(北京: 中華書局, 1963), 273쪽.
66) 于省吾著, 姚孝遂按語編撰, 『甲骨文字詁林』(北京: 中華書局, 1996), 3130쪽.

卜, 殼貞: 帝隹其終茲邑. ｜ 貞: 帝弗終茲邑.)(『合集』14209)

위의 여러 예문에서 '동(冬)'자는 해석서에서 대부분 '종(終)'으로 해석되는데, 이는 바로 복사에서 이 글자가 '종(終)'의 의미로 사용된 실제 상황을 말해준다. 그 중 예문 [22]와 [23]은 후대의 '종(終)'과 같은 뜻으로 사용된 경우인데, '종석(終夕)'은 '밤 내내'를 나타내고, '종일(終日)'은 '하루 종일'을 나타낸다. 예문 [24]의 '종(終)'은 부사 '기(其)'와 '불(弗)' 뒤에 사용되었는데, 단어의 의미는 아직 고증이 필요하지만, 이 용법으로 볼 때 동사일 가능성이 크다. 결론적으로, 복사에서는 '종(終)'이나 '동(冬)'이 겨울을 의미하는 사례가 없다.

'종(終)'과 '동(冬)'이 이미 갑골문 시기에 한 글자에서 분화된 것으로 여겨진다면, 그 의미상의 관련성은 어떻게 해석할 수 있을까? 『춘추번로(春秋繁露)·천변재인(天辯在人)』에서는 "동(冬)은 사물을 시들게 하는 기운이다.(冬, 喪物之氣也.)"[67]라고 했다.

이를 통해, '종(終)'의 의미는 바로 만물이 시들고 쇠락하는 것으로, 만물의 종점을 나타낸다는 것을 알 수 있다. 이러한 의미에서, '겨울[冬]'의 만물이 쇠락한다는 의미와 정확히 일치한다.

'동(冬)'이 '겨울'이라는 계절을 나타내는 것은 '동(冬)'이 '종(終)'에서 분화된 이후의 일로 보인다. 적어도 갑골문과 금문에서는 아직 '동(冬)'의 자형으로 '겨울'이라는 개념을 나타내는 용법이 확정되지 않았다. 따라서 상고시기에 '겨울'의 개념이 존재했는지에 대해서 학자들은 대부분 의문을 품고 있다.

---

67) 張世亮·鐘肇鵬·周桂鈿, 『春秋繁露』(北京: 中華書局, 2012), 433쪽.

제3절 고대 세시(歲時)제도와 왕권 관념

　상술한 기년(紀年)의 글자 분류와 계절의 글자 분류에 나타난 고대 세시(歲時)와 사시(四時) 구분 제도를 통해, 고대 세시(歲時)제도의 형성과 중국 초기 왕권 관념 사이에 실제로 밀접한 관계가 존재함을 명확하게 느낄 수 있다. 전체적으로 볼 때, 세시(歲時)제도는 기년(紀年)제도와 사시(四時) 구분 제도를 비롯한 모든 시령(時令)과 관련된 제도와 관념을 포함해야 한다. 여기서는 정치적 색채가 더욱 짙은 기년(紀年)과 사시(四時) 구분의 문제만을 논의하고자 하는데, 특히 『상서·요전(堯典)』에 나타난 사시관(四時觀)이 가장 두드러진다.

(1) 사시(四時) 관념과 통치자의 권위

　사시(四時) 관념을 살펴보면, 상고시기의 사시(四時) 관념은 오늘날 우리가 말하는 사계절 개념과 정확히 일치하는 것이 아니었다. 그러나 마찬가지로 1년의 주기적 흐름을 기후 변화에 따라 시기를 구분한 결과였다. 사람들은 이렇게 시기를 구분하여 농사에 종사하였고, 이는 작물의 성장과 수확에 유리하였다. 초기의 사시(四時) 개념(혹은 '사시' 관념의 시작이라고 말하기도 한다.)은 소수의 농업에 종사하는 경험자들로부터 생겨났다. 이러한 농사 경험이 풍부한 사람들은 시기에 맞춰 경작할 때 더 좋은 수확할 수 있다는 '비결'을 서서히 터득하게 되었다.

　이러한 경험자들은 곧 대중의 지지를 얻게 되었고, 이는 초기 사회 집단의 형성 방식이었을 가능성이 크다. 사회 집단이 통합되고 확장되면서, 이 집단은 점차 부락으로 발전했다. 그리고 집단의 우두머리 자리에 있는 소수의 사람들은 여전히 농업생산의 '비결'을 손에 쥐고 있었다.

지도자들은 추앙받는 이로움을 맛보고, 자신의 수장 지위를 더 공고히 하고자, 자신들이 쥐고 있는 '비결'에 어떤 신비한 종교적 색채를 덧씌웠다. 예컨대, 이러한 기술은 '하늘로부터 내려 받은 것'이며, 자신들만이 '하늘로부터 내려 받은' 행위의 유일한 수용 대상이라고 선전했다. 일반 민중들이 이 '하늘로부터 내려 받은 때'를 얻고자 한다면, 반드시 집단의 지도자를 통해서만 전수받을 수 있었다.

통일 왕조가 성립된 이후에도, 과거의 집단 지도자들은 백성을 다스리는 통치자로 변모하였고, 통치자는 여전히 '하늘로부터 내려 받은 때'를 독점했다. 백성들은 봄 경작과 가을 수확 등의 농사일을 정확한 사시(四時)에 따라 하고자 한다면, 통치자가 반포한 사시(四時) 역법을 엄격히 준수해야 했다. 이것이 바로 고대 사시(四時) 관념과 봉건 왕권 관념의 서로 분리할 수 없는 연관성이다.

그러나 고대 통치자가 사시(四時) 역법을 반포한 행위도 매우 긴 발전 과정이 있었다. 즉, 사시(四時)를 구체적으로 구분하는 방식은 단번에 이루어진 것이 아니라, 시대와 통치자의 전수 방식에 따라 다양하고 풍부한 형태로 나타났다. 『갈관자(鶡冠子)·환류(環流)』에서는 다음과 같이 기록되어 있다.

두병(斗柄: 북두칠성)이 동쪽을 가리키면 천하는 모두 봄이 되고, 두병이 남쪽을 가리키면 천하는 모두 여름이 된다. 두병이 서쪽을 가리키면 천하는 모두 가을이 되고 두병이 북쪽을 가리키면 천하는 모두 겨울이 된다.(斗柄東指, 天下皆春; 斗柄南指, 天下皆夏; 斗柄西指, 天下皆秋; 斗柄北指, 天下皆冬.)[68]

이는 고대인들이 북두성을 이용해 사시(四時)를 구분한 예로, 물론 이것은 "해와 달, 별자리의 운행을 살펴" 역법을 정하는 방법의 하나에 불과하다.

춘(春)·하(夏)·추(秋)·동(冬)이라는 사계절의 명칭이 최초로 기원한 시기는 오늘날까지도 결론을 내리기 어렵지만, 늦어도 서주(西周)시기 이전으로 거슬러 올라가지는 않을 것으로 보인다. 현재 확인되는 갑골문 자료에서 계절을 나타내는 단어에 봄[春]과 가을[秋]만 보이고, 여름[夏]과 겨울[冬]은 나타나지 않는다.

서주시기에 지어진『시경·빈풍(豳風)』의「칠월(七月)」에 "봄날 햇살 따스해지고(春日載陽)"69)라는 구절이 있으며, 이 외에도『소아(小雅)·출차(出車)』에도 "봄날은 길고(春日遲遲)"70)라는 등의 표현이 있다.

『상서·반경(盤庚)』에도 "마치 농부가 부지런히 밭을 갈고 힘써 수확해야만 비로소 풍년을 거둘 수 있는 것과 같다.(若農服田力穡, 乃亦有秋.)"71)라는 구절이 있다. 갑골문에 '하(夏)'자가 보이기는 하지만, 인명으로만 사용되었고, 시간 명칭을 나타내는 용례는 보이지 않는다. 또, '동(冬)'자가 있긴 하지만, 역시 '끝[終]'을 의미하는 데만 사용되었을 뿐, 계절을 비롯한 시간 명칭의 의미는 없다.

이를 통해 볼 때, 적어도 은상(殷商) 시기에는 1년의 계절 구분이 여전히 봄[春]과 가을[秋] 두 계절을 기준으로 이루어졌다고 보아야 한다. 상옥지(常玉芝)의 통계에 따르면, 은상(殷商) 시기의 봄은 은(殷)나라 역법으로 10월에서 3월에 해당하고, 가을은 4월에서 9월에 해당한다. 당시 연말과 연초가 맞물리는 시기는 메기장[黍]을 심고 보리[麥]를 수확하는 달이었다.72)

---

68) 黃怀信,『鶡冠子校注』(北京: 中華書局, 2014), 70쪽.
69) 劉毓慶·李蹊,『詩經』(北京: 中華書局, 2011), 363쪽.
70) 劉毓慶·李蹊,『詩經』(北京: 中華書局, 2011), 418쪽.
71) 王世舜·王翠葉,『尙書』(北京: 中華書局, 2012), 106쪽.

또한, 일부 학자들은 상대(商代)에 1년이 봄[春]과 가을[秋] 두 계절로 나뉜 것은 당시 사람들의 의식 속에 여름[夏]과 겨울[冬] 두 계절의 개념이 없어서가 아니라, 농업활동을 중시했기 때문이라고 보기도 한다.[73] 봄과 가을 두 시기의 출현 시간은 현재 확정하기 어렵지만, 문헌자료의 기록으로 볼 때 확실히 너무 늦지는 않을 것이다.

『상서·요전(堯典)』에는 "춘분 시기에 성조(星鳥: 주작 별자리)가 밤하늘에 뜨면, 중춘(仲春)이 됨을 알린다.(日中星鳥, 以殷仲春.)"라는 구절이 있는데, 여기서 '성조(星鳥)'는 고대 천문학에서 말하는 남방의 주작 칠성(朱雀七星)이다. 일부 학자들은 '성조(星鳥)'로 춘분을 정하는 방식이 철새가 남쪽으로 날아가는 습성과 관련이 있을 것이라고 여겼다. 『상서』에 기록된 고대인들이 천문 현상에 따라 사시(四時)를 정하는 상황에 근거하여, 우성오(于省吾)는 고대 중국인들이 사시(四時)를 명확히 구분한 시점이 가장 이르더라도 서주(西周) 말엽을 넘지 않을 것이라고 보았다.[74]

그러나 일부 천문학자들은 『상서』에서 언급한 "춘분 시기에 성조(星鳥)가 밤하늘에 뜨다(日中星鳥.)", "하지(夏至) 시기에 대화성이 정남(正南)에 나타나다.(日永星火.)" 등의 천문 현상이 나타난 시기가 하대(夏代) 초기에 있었다고 생각했다.[75] 결론적으로, 관련 문헌이 부족하여 지금까지도 상대(商代)에 여름[夏]과 겨울[冬]의 개념이 존재했는지 확정하기 어렵다. 그러나 어쨌든, 현재 남아

---

72) 常玉芝, 『殷商歷法硏究』(長春: 吉林文史出版社, 1998), 425-426쪽.
73) 宋鎭豪, 『中國風俗通史·夏商卷』(上海: 上海文藝出版社, 2001), 446쪽.
74) 于省吾, 「歲、時起源初考」, 『歷史硏究』, 1961年 第4期.
75) 趙莊愚, 「從星位歲差論証几部古典著作的星象年代及成書年代」, 『科技史文集』第10輯(天文學史專輯 3)(上海: 上海科學技術出版社, 1983), 69-92쪽.

있는 문헌의 기록으로 볼 때, 고대인의 사시(四時) 관념에서는 여름[夏]과 겨울[冬]보다, 분명히 봄[春]과 가을[秋]을 더 중시했으므로, 이 둘이 더 자주 함께 사용되었다.

고대인들은 종종 '춘추(春秋)' 두 글자를 사용하여 봄·여름·가을·겨울 네 계절을 나타냈고, 또 고대의 역사서에서 고유명사로 사용되었다. 예컨대, 『맹자·이루(離婁)』(하)의 "진(晉)의 승(乘), 초(楚)의 도올(檮杌), 노(魯)의 춘추(春秋)는 모두 같은 것이다.(晉之乘, 楚之檮杌, 魯之春秋, 一也.)"76)라는 구절에서 말하는 '춘추(春秋)'는 바로 노나라의 역사서인 『춘추(春秋)』를 가리킨다.

이후 1년은 봄·여름·가을·겨울의 네 계절로 나뉘었고, 1년의 12달은 다시 맹(孟)·중(仲)·계(季)의 순서에 따라 각 계절을 차례로 맹춘(孟春)·중춘(仲春)·계춘(季春), 맹하(孟夏)·중하(仲夏)·계하(季夏), 맹추(孟秋)·중추(仲秋)·계추(季秋), 맹동(孟冬)·중동(仲冬)·계동(季冬)으로 명명했다. 물론, 이는 훨씬 후대의 일이다.

총괄하자면, 사시(四時)를 확정하는 것이든, 사시(四時)를 구체적으로 구분하는 것이든, 중대한 세시(歲時)와 관련된 모든 제도는 흔히 통치자나 상위자의 손을 거쳐야만 그 정통성을 확립할 수 있었다. 이러한 뿌리 깊은 관념이 고대인의 의식 세계에 늘 잠재해 있었던 이유는, 그것이 애초부터 왕권 통치를 위한 목적으로 형성되어, 그로부터 점차 발전해 왔기 때문이다.

(2) 시간과 왕권

'백성의 시간은 하늘이 내려준다.(民時天授)'는 관념을 통해 시간의 순리를 지

---

76) 方勇, 『孟子』(北京: 中華書局, 2010), 158쪽.

키는 예제(禮制)를 공고히 하는 것 외에도, 통치자는 종종 자신의 재위 기간에 연호를 더하는 방식으로 연대를 기록했다. 이는 시간개념과 왕권을 사상적으로 긴밀히 결부시킨 또 하나의 증거이다.

서주(西周)시기 청동기 명문(銘文)의 서두에는 예외 없이 "왕의 원년 6월 기망 을해일(唯王元年六月旣望乙亥)"과 같은 말이 있고77), 『춘추(春秋)』의 경문(經文) 서두에도 이와 같은 구절로 되어 있다. 이처럼 '왕(王)'과 연호를 긴밀히 연결하는 방식은 왕권과 '시(時)'를 분리할 수 없게 만들고, 나아가 백성들의 사상 속에 "백성의 시간은 왕이 내려준다.(民時王授)"라는 관념을 더욱 굳게 심어주었다.

뿐만 아니라, 후대에 새로운 제왕이 즉위할 때마다 흔히 '건원(建元)'이나 '개원(改元)'을 단행했는데, 이는 새 통치자가 대권을 잡자마자 기년(紀年) 등 시령(時令)의 부여를 우선적으로 장악했음을 보여준다. 이는 곧 왕권과 '수시(授時)' 관념이 서로 불가분의 관계에 있음을 잘 드러내는 것이다.

천자(天子)는 또한 천간(天干)을 이름으로 삼는 경우도 있었다. 간지(干支)로 연도를 기록하는 것이 언제 시작되었는지는 이미 고증하기 어렵지만, 간지 용자(用字)의 출현은 최초에 하(夏) 왕조 때였을 것이다. 하 왕조에서는 일부 제왕이 천간을 이름으로 삼은 것을 볼 수 있다. 예컨대 '공갑(孔甲)', '윤갑(胤甲)',

---

77) (역주) 서주 금문에 나타나는 달의 시간 구분 체계, 즉 월상(月相)은 달의 생멸 주기에 기반하여 초길(初吉), 기생패(旣生霸), 기망(旣望), 기사패(旣死霸)의 넷으로 나누었다. 초길(初吉, 음력 3일경)은 초승달이 나타나는 한 달의 시작이며, 이어서 달빛이 성장하는 기생패(旣生霸) 단계가 이어진다. 달이 꽉 차면 정점인 '망(望)'에 이르렀다가, 이를 지나면 기망(旣望, 음력 16일 이후)으로 접어들어 달이 이지러지기 시작한다. 마지막으로 기사패(旣死霸, 그믐)에 이르면 달빛이 완전히 사라져 한 달의 순환이 마무리된다. 이는 단순한 날짜 계산을 넘어, 달의 위상을 생명의 탄생-성장-쇠퇴-소멸에 빗대어 이해한 서주 시대의 자연 철학과 세계관을 잘 보여준다.

'이계(履癸)' 등이 그러하다. 일부 학자들은 '태강(太康)'과 '소강(少康)'의 '강(康)'이 실제로는 '경(庚)'자로, 갑골문에서 '강(康)'과 '경(庚)'이 자형상 관련이 있음을 증명할 수 있다고 주장했다.[78]

천간을 이름으로 삼은 사람이 한 명 있다면, 이를 우연이라고 부를 수 있다. 그러나 이미 여러 명의 하(夏)나라 왕이 천간을 이름으로 사용한 사실이 존재한다면, 기본적으로 하나라 제왕들이 실제로 천간을 이름으로 삼는 것이 관례였다고 판단할 수 있다.

천간지지(天干地支)의 조자(造字) 기원은 대부분 고증하기 어려운데, 자형의 구조상 이들 대부분이 가차자(假借字)이기 때문이다. 즉 간지자(干支字)가 처음 나타났을 때는 이미 있는 글자의 독음을 빌려 의미를 표시했을 가능성이 크다. [표 3-1]은 열 개의 천간자(天干字)의 각 시기 고문자 형태를 제시한 것인데, 이들의 형태에서는 그것이 지시하는 추상적 시간개념과 직접 연결되는 흔적을 찾아보기 어렵다.

---

78) 갑골문에서 '강(康)'은 으로 쓰고, '경(庚)'은 으로 쓰였다. 전자의 자형은 후자의 자형을 바탕으로 몇 개의 작은 점을 첨가한 것이다. 자형의 조자 의도를 볼 때 양자는 자형상 파생·변화 관계에 있었던 것으로 보아야 한다.

[표 3-1] 천간(天干)자의 고문자 형태

	甲	乙	丙	丁	戊	己	庚	辛	壬	癸
甲骨文										
金文										
簡帛文										
小篆										

　　고대인들은 흔히 출생일이나 사망일을 이름으로 삼았으므로[79], 당시 제왕들이 천간(天干)을 이름으로 삼은 것도 합리적인 설명이 가능하다. 이러한 현상은 하(夏)나라뿐만 아니라, 상(商)나라의 선공(先公)과 선왕(先王)들에게도 광범위하게 나타나 '태갑(太甲)', '무정(武丁)', '반경(盤庚)', '제신(帝辛)' 등과 같이 거의 예외 없이 천간을 이름에 사용했다.[80] 일반적인 이해에 따르면, 당시에 보편적

---

79)　『은본기(殷本紀)』에서 사마정(司馬貞)의 「색은(索隱)」은 초주(譙周)의 말을 인용하여 "하(夏)나라·은(殷)나라의 예(禮)에서는 살아 있을 때는 왕(王)이라 부르고, 죽은 뒤에는 묘주(廟主)라 불렀다.(夏, 殷之禮, 生称王, 死称廟主.)"라고 했다. 司馬遷, 『史記』(北京: 中華書局, 1963), 93쪽 참조.

80)　『은본기(殷本紀)』에서 사마정(司馬貞)의 「색은(索隱)」은 황보밀(皇甫謐)의 말을 인용하여 "'미(微)는 글자 위에 갑(甲)을 붙였는데, 이는 그의 어머니가 갑일(甲日)에 그를 낳았기 때문이다.' 상(商)나라에서는 아들을 낳으면 그 날[日]을 이름으로 삼았으니, 대개 미(微)로부터 시작된 듯하다.('微字上甲, 其母以甲日生故也.' 商家生子, 以日爲名,

으로 간지자를 이름으로 삼았다면, 세상에는 필연적으로 무수한 동명이인이 있었을 것인데, 이러한 가능성은 분명히 크지 않다.

　물론 당시에 귀족 외에 일반 백성들은 사실상 이름과 성을 가질 자격이 없었다고 볼 수도 있지만, 이 또한 실제 상황과 부합하지 않는다. 결국, 일상생활에서 아무런 호칭이 없다면 생활 자체가 불편했을 것이기 때문이다. 따라서 이름이 귀하든 천하든, 혹은 공식적인 이름이 있든 없든 간에, 일반 백성들 사이에서 서로를 부르는 호칭은 분명 존재했을 것이다.

　그리고 당대의 왕도 왕위에 오르기 전에, 귀족으로서 반드시 어떤 호칭을 가지고 있었을 것이다. 다만, 그 호칭은 그들이 왕위에 오른 후의 호칭만큼 존귀하지 않았을 수 있으며, 모두가 천간을 이름으로 삼았던 것도 아닐 것이다. 여기에는 하나의 독특한 사상 관념이 숨어 있었던 듯하다. 즉 천간을 인명에 사용하는 것은 일반적인 계급의 사람들이 할 수 있는 것이 아니며, 그렇지 않다면 제왕과 귀족의 존귀한 신분을 드러낼 길이 없었을 것이라는 점이다.

　그래서 과감하게 추측해보자면, 시간을 기록하는 데 쓰였던 천간자가 '시(時)'라는 개념이 지닌 존귀함 때문에, 통치자와 귀족들이 이를 이름과 성에 사용했다. 이는 '시(時)'와 통치자를 긴밀하게 묶는 것일 뿐만 아니라, 통치자를 '천자(天子)'로서 존귀한 존재임을 드러내는 독특한 방식이기도 했다.

盖自微始.)"라고 했다. 司馬遷, 『史記』(北京: 中華書局, 1963), 93쪽.

제4장
월령(月슈)계열 문자

제4장

월령(月令) 계열 문자와 천문(天文) 시간관념

태양력을 기준으로 하는 역법과는 달리, 고대인들이 시간을 기록하는 또 다른 역법에는 태음력이 있었다. 태음(太陰)은 곧 달을 의미하며, 태음력은 달이 '차고 기우는' 변화를 기본 주기로 삼아 시간을 기록하는 방식이다. 지구에서 바라본 달의 형태는 천체의 운행 궤적에 따라 차고 이지러지는 변화를 보이는데, 이러한 달의 형태 변화가 바로 월상(月相)이다. 오랜 관찰을 통해, 고대 중국인들은 월상의 변화가 주기적이라는 것을 점차 인식하게 되었다. 달은 때로는 차고 때로는 기우는 과정을 끊임없이 반복하였다. 그래서 이러한 주기적인 변화 속에서 시간의 개념이 싹트게 되었고, 달이 한 차례 차고 기우는 변화를 하나의 주기로 간주하여, 이를 시간 단위로 삼았으니, 이 단위가 바로 '월[月份]'이다.

'월상(月相)'을 관찰하여 그 주기에 따라 시간을 기록하는 방식을, '태양의 그림자[日影]'를 관찰하여 시간을 기록하는 방식에 대응하여 '관월기시법(觀月紀時法: 달을 관찰하여 시간을 기록하는 방법)'이라 부를 수 있다. 이러한 기시법이 언어와 문자 차원에서 남긴 흔적은 주로 서주(西周)와 춘추(春秋) 시기의 문헌에 집중되어 있다. 예컨대, 서주시기에 흔히 보이는 '기생패(旣生霸: 상현달이 나타난 때)’, ‘기사패(旣死霸: 하현달이 나타난 때)’ 등의 월상 용어가 이에 해당한다. 『상서·요전(堯典)』에서는 “윤달을 두어 사시(四時)를 정하고 일 년을 이루었다.(以閏月定四時成歲.)”[1]라고 했는데, 「전(傳)」에서는 “일 년[一歲]은 열두 달[十二月]이고, 한 달[月]은 삼십 일이니, 바로 삼백육십 일이 된다.……아직 세 해[三歲]가 차기 전에 한 달이 남으면, 윤달을 두어 사시(四時)의 절기를 바로 잡아 일 년의 역상을 이루었다.(一歲十二月，月三十日，正三百六十日……未盈三歲足得一月，則置閏焉，以定四時之氣節，成一歲之曆象.)”[2]라고 했다. 이를 통해 알 수 있는 것은, 고대인들이 ‘월(月)’을 기시사(紀時詞)로 사용한 의미는 단순히 이를 일반적인 시간 단위로 보는 역할을 훨씬 넘어선다는 점이다.

---

1) 王世舜·王翠葉, 『尙書』(北京: 中華書局, 2012), 7쪽.
2) 十三經注疏整理委員會, 『尙書正義(十三經注疏)』(北京: 北京大學出版社, 2000), 35쪽.

제1절 월령(月令) 계열 문자와 월상(月相) 용어

상고시기의 언어에서, 월(月)을 기록하는 단어는 주로 '월(月)'을 의미부로 하는 월령(月令) 계통의 글자와 어휘, 월상(月相)과 관련된 용어의 형식으로 나타났다. 『설문·월(月)부수』에서는 "월(月)은 궐(闕)과 같아 '이지러지다'는 뜻이다. 태음(大陰)의 정화를 말한다. 상형이다.(月, 闕也. 大陰之精. 象形.)"[3]라고 했다. 단옥재(段玉裁)는 「주(注)」에서 "월(月)과 궐(闕)은 첩운(疊韻)이다. 『석명(釋名)』에서는 '월(月)은 궐(缺)이다. 차면 이지러진다.'라고 했다. 상형으로, 차지 않은 형상을 본뜬 것이다.(月, 闕疊韻. 『釋名』曰: 月, 缺也. 滿則缺也. 象形. 象不滿之形.)"[4]라고 했다. 단옥재의 해석에 따르면, '월(月)'이 가리키는 실제 형상은 이지러진 달의 모습, 즉 달이 자연적인 주기 변화 속에서 가장 흔히 볼 수 있는 이지러진 형태이다. 달은 한 달 주기 안에서 차고 이지러지는 변화가 나타나는데, 특히 음력 초하루와 보름 무렵의 변화가 가장 두드러진다. 초하루에는 매우 가늘고 뾰족한 초승달 형태로 나타나고, 보름에는 가장 가득 찬 보름달 형태로 나타난다. 고대인들은 이러한 초하루와 보름 시기의 달의 차고 이지러짐 현상을 기록할 때, '삭(朔)'과 '망(望)'이라는 개념을 사용했는데, '삭(朔)'과 '망(望)' 두 글자가 바로 '월령' 관련 단어들이다.

'월(月)'을 의미부로 하는 월령(月令) 문자류 외에도, 달(月)을 기록하는 시간 명칭에는 월상 관측 행위와 관련된 월상 용어들이 있다. 예컨대, 고대 문헌의

---

3) 許愼, 『說文解字』(北京: 中華書局, 1963), 141쪽.
4) 許愼著, 段玉裁注, 『說文解字注』(上海: 上海古籍出版社, 1981), 313쪽.

기록에 따르면, 『시경·소명(小明)』에서는 "내가 서쪽으로 원정 나가, 황량한 들판에 이르렀다. 2월 초길(初吉)에 이르러, 한서(寒暑)를 벗어났다.(我征徂西, 至於艽野. 二月初吉, 載離寒暑.)"[5]라고 했다. 『상서·고명(顧命)』에서는 "사월 재생백(哉生魄)에, 왕이 기뻐하지 않았다.(惟四月哉生魄, 王不懌.)"[6]라고 했고, 『상서·소고(召誥)』에서는 "2월 기망(旣望)이 지나고, 육일이 지난 을미(乙未)일에, 왕이 아침부터 주(周)로부터 걸어서, 풍(豐)에 이르렀다.(惟二月旣望, 越六日乙未, 王朝步自周, 則至於豐.)"[7]라고 했다. 『일주서(逸周書)·세부해(世俘解)』에서는 "다음 2월 기사백(旣死魄)이 지나고, 닷새가 지난 갑자일 아침에 상(商)에 와서 접견했다.(越若來二月旣死魄, 越五日甲子朝至接於商.)"[8]라고 했다. 이러한 문헌에서의 '초길(初吉)', '재생백(哉生魄)', '기망(旣望)', '기사백(旣死魄)' 등의 단어는 모두 역대 월상 관측을 기록한 용어로, 이 용어들은 대부분 글자 속에 '월(月)'자를 포함하고 있다.

(1) 삭(朔)

월령자로서, '삭망(朔望)'의 '삭(朔)'은 가장 먼저 논의되어야 할 글자이다. 이 글자는 가장 먼저 서주(西周) 금문에서 보이며, 그 주요 고문자 형태는 다음과 같다.

---

5) 劉毓慶·李蹊, 『詩經』(北京: 中華書局, 2011), 559쪽.
6) 王世舜·王翠葉, 『尚書』(北京: 中華書局, 2012), 303쪽.
7) 王世舜·王翠葉, 『尚書』(北京: 中華書局, 2012), 217쪽.
8) 黃怀信·張懋鎔·田旭東, 『逸周書匯校集注』(上海: 上海古籍出版社, 2007), 414쪽.

金文　　　　　簡帛文　　　　　石刻文　　　　　小篆

시간 명칭으로 사용될 때, '삭(朔)'자는 일반적으로 달의 초순, 즉 음력 한 달의 첫날을 가리키는 의미로 이해된다. 『설문 월(月)부수』에는 "삭(朔)은 매월 초하루에 다시 시작된다. 월(月)이 의미부이고 역(屰)이 소리부이다.(朔, 月一日始蘇也. 从月, 屰聲.)"9)라고 했다. 이에 대해, 단옥재(段玉裁)는 더 상세하게 해석했다.

삭(朔)과 소(蘇)는 첩운(疊韻) 관계에 있다. 「일(日)부수」에서는 '회(晦)는 달이 다함이다. 다하면 다시 소생하는 것이다.'라고 했다. 『악기(樂記)』의 주석에서는 '갱식(更息)을 소(蘇)라고 한다. 식(息)은 그치는 것[止]이고 또 생기는 것[生]이다. 그쳤다가 다시 생기는 것을 말한다.'라고 했다. 이 의미는 모든 시작을 일컫는 말로 파생되었다. 북방을 '삭방(朔方)'이라고 하는 것도 '처음'의 의미이다. '삭방(朔方)'은 만물이 처음 시작되는 곳이기 때문이다.(朔, 蘇疊韻. 『日部』曰: 晦者, 月盡也. 盡而蘇矣. 『樂記』注曰: 更息曰蘇. 息, 止也; 生也, 止而生矣. 引申爲凡始之稱. 北方曰朔方, 亦始之義也. 朔方, 始萬物者也.)10)

단옥재의 이 말은 '삭(朔)'이 곧 달의 처음[初], 달의 시작[始]을 가리키는 본의(本義)임을 분명히 지적하고 있다. 허신은 이를 "월(月)이 의미부이고 역(屰)이 소

---

9) 許愼, 『說文解字』(北京: 中華書局, 1963), 141쪽.
10) 許愼著, 段玉裁注, 『說文解字注』(上海: 上海古籍出版社, 1981), 313쪽.

리부인" 글자라 하고, 그 가운데 '역(屰)' 편방이 소리부로 사용되었다고 보았다.

그러나 사실상, 이 '역(屰)'은 소리부에만 그치는 것이 아니다. '역(屰)'자는 갑골문에서 ∀으로 썼는데, 이는 거꾸로 선 사람의 모습을 그린 상형으로, '역영(逆迎: 거슬러 맞이하다)'의 '역(逆)'의 초기 형태이다. 갑골문의 '역(屰)'은 소전(小篆) 시기에 이르러 자형이 약간 잘 못 변해 ∀이 되었다.

'역(屰)'은 '거슬러 맞이하다[逆迎]'는 의미이다. 월초는 달의 차고 이지러지는 변화가 새롭게 시작되는 시점이다. 즉 새로운 달을 맞이하는 때이므로, '역(屰)'과 '월(月)'을 조합하여, 곧 월초의 의미를 나타냈다.

이러한 설명은 자형 변화의 관점에서 '삭(朔)'자가 '역(屰)'으로 구성된 이유를 글자의 의미적 관련성에 대해 해석한 것으로, 참고할 수 있을 것이다. 이 관점에 기초하면, '역(屰)'은 소리부이면서 동시에 의미를 나타내기도 한다. 『상서·순전(舜典)』에서는 "(순임금이) 정월 초하룻날, 문조(요임금의 시조 사당)에서 (요임금으로부터) 제위를 이어받았다.(正月上日, 受終於文祖.)"11)라고 했는데, 「전(傳)」에서는 "상일(上日)은 삭일(朔日)을 말한다.(上日, 朔日也.)"12)라고 했고, 「정의(正義)」에서는 "달의 시작하는 날을 삭일(朔日)이라고 한다.(月之始日, 謂之朔日.)"라고 했다. 이를 통해 문헌에서도 기본적으로 '삭(朔)'을 달의 시작일로 지칭했음을 알 수 있다.

'삭(朔)'자는 가장 이른 시기의 상대(商代) 갑골문에서는 보이지 않지만, 서주(西周) 금문에서는 흔히 보인다. 그리고 청동기 명문(銘文)에서도 실제로 삭일(朔日)을 가리키는 의미로 사용된 사례가 확인된다. 예컨대 다음과 같다.

---

11) 王世舜·王翠葉, 『尙書』(北京: 中華書局, 2012), 16쪽.
12) 十三經注疏整理委員會, 『尙書正義(十三經注疏)』(北京: 北京大學出版社, 2000), 66쪽.

[1] 공주좌관 11년 11월 을사일 초하루.(公朱(廚)左官(官)十一年十一月乙巳
　　朔.)(「公朱左師鼎」)

‘삭(朔)’이 달의 시작을 뜻한다는 것은 월상(月相)을 관측하는 과정에서 얻어
진 시령(時令)에 관한 표현이다. 그러나 고대인들의 “백성의 시간은 하늘이 내
려준다(民時天授)”는 관념에 따르면, 이러한 시령 개념의 형성에는 반드시 ‘시간
을 내려주는(授時)’ 절차가 수반되어야 한다. 『주례·춘관(春官)·대사(大史)』에서
는 “삭(朔)을 방국(邦國)에 반포하여 알린다.”13)라고 했다. 「주(注)」에서는 “천자
가 삭(朔)을 제후에게 반포하면, 제후는 이를 조묘(祖廟)에 보관하였다. 초하루
가 되면, 묘(廟)에 나아가 고하고 이를 시행하였다.”14)라고 하여, ‘삭(朔)’을 백
성에게 반포하는 과정을 구체적으로 묘사하였다.

(2) 망(朢, 望)

‘삭(朔)’이 달의 초하루를 의미하는 것과 상대적으로, ‘망(望)’은 달이 둥글게
차는 시점, 즉 음력 매월 보름을 말한다. ‘망(望)’자는 본래 ‘망(朢)’으로 썼는데,
‘망(亡)’이 의미부인 자형은 후대에 생긴 것이다. 『설문·임부(壬)부수』에서는 “망
(朢)은 보름달이 되었을 때 해와 멀리서 마주보듯 신하가 임금을 매일 아침 바라
다 보다는 뜻이다. 월(月)이 의미부이고 신(臣)도 의미부이고 임(壬)도 의미부이
다. 정(壬)은 조정이라는 뜻이다. 망(𡨄)은 망(朢)의 고문체인데, 생략된 모습이

---

13) 徐正英·常佩雨, 『周禮(上冊)』(北京: 中華書局, 2014), 551쪽.
14) 十三經注疏整理委員會, 『周禮注疏(十三經注疏)』(北京: 北京大學出版社, 2000), 816쪽.

다.(朢, 月滿與日相朢, 以朝君也. 从月, 从臣, 从壬. 壬, 朝廷也. 𡾋, 古文朢省.)"15) 라고 했다. 여기에서 "임금을 매일 아침 바라다보다(朝君)"는 해석은 허신이 임의적으로 해석한 것으로 보인다. 그러나 "보름달이 되었을 때 해와 멀리서 바라보다(月滿與日相朢)"는 의미는 '망(朢)'자의 원시 자형이 의미를 나타내는 구조와 대체로 부합한다고 할 수 있다. '망(朢)'자의 고문자 형태는 다음과 같다.

甲骨文　　　　　金文　　　　　簡帛文　　　　　小篆

갑골문에서 '망(朢)'자는 회의자(會意字)로, 옆으로 선 사람의 머리 부분에 '눈[目]'의 형상을 특별히 두드러지게 그린 모습이다. 아랫부분은 사람의 발이 높은 곳에 서 있는 형상인데, 전체 자형은 사람이 발꿈치를 들고 멀리 바라보는 모습이다.

학자들의 고증에 따르면 이 글자는 "계문(契文)과 『설문』의 고문(古文)이 정확히 같은데, 사람이 목을 길게 빼고 발꿈치를 들고 눈을 들어 바라보는 형상이다. 금문에는 '월(月)'이 추가되었는데, 머리를 들어 달을 바라보는 모습에서 형상을 따온 것으로, 일월(日月)이 하늘에 빛나는 것이 사람들이 모두 볼 수 있다는 의미일 것이다. 태양 빛이 강렬하기 때문에 일(日)을 의미부로 하지 않은 것이다."16)라고 한다.

---

15) 許愼, 『說文解字』(北京: 中華書局, 1963), 169쪽.

또 다른 학자들은 금문의 '망(朢)'자가 갑골문과 같아, 눈을 들어 멀리 바라보는 형상을 본뜬 것이라고 생각했다. 금문에서는 '삭망(朔望)'을 나타내기 위해 차용되었기 때문에 월(月) 편방을 더해 ᵖ으로 썼다. 이후에는 또 의미부인 '목(目)'을 소리부인 '망(亡)'으로 바꾸어 망(望)으로 쓰게 되었다.[17]

금문에서 '망(朢)'은 '월(月)' 편방을 추가한 것인데, 이는 자형이 더욱 복잡해진 현상이다. 간백문(簡帛文)에서 이 글자는 현대 한자의 '망(望)'과 같다. 즉, 세로로 세워진 눈의 형상인 '신(臣)'으로 구성된 게 아니라, '망(亡)'으로 구성되었다.

『설문』에서 자형을 해석할 때 언급한 '임(壬)'자는 '인(人)'이 의미부이고 '토(土)'가 의미부이다. 이는 옆으로 선 사람의 형상에다 그 발 부분에 흙덩이가 있는 모습이다. 전체 자형은 사람이 높은 곳에 우뚝 서서 멀리 바라보는 모습이다. '임(壬)'자의 본의(本義)는 발꿈치를 들고 바라보는 사람, 즉 우뚝 서 있는 모습을 나타낸다. 이는 즉 '우뚝 서다[挺立]'는 뜻인 '정(挺)'의 본자(本字)이며, '조정(朝廷)'의 '정(廷)'도 여기에서 유래했다. 고문자 '망(朢, 望)'에서의 '임(壬)'은 후대의 자형 변천 과정에서 '왕(王)'으로 잘 못 변했고, 그 결과 현재의 '망(望)'자가 생겨났다.

글자의 의미로 해석해보면, 고대인들은 달이 가득 차면 사람들이 바라볼 수 있으므로, '망(望)'으로 매월 15일 보름달의 시기를 나타냈다. 이러한 해석의 관점으로 봤을 때, '망(望)'자는 고대인들이 월상(月相)의 변화를 관찰하던 상황을 사실적으로 반영했다는 근거가 될 수 있다. '망(望)'으로 보름을 나타내는 것은, 금문에서 흔히 보이는 '기망(既望)'이라는 단어에서 확인할 수 있다. 예를 들면 다음과 같다.

---

16) 李孝定, 『甲骨文字集釋』(臺北: "中研院"歷史語言研究所, 1970), 2711-2713쪽.
17) 戴家祥, 『金文大字典』(上海: 學林出版社, 1995), 2166쪽.

    [2] 9월 기망, 갑술일, 왕께서 주나라의 종묘에 도착하셨다.(唯九月既望, 甲戌, 王格于周廟.)(「无叀鼎」)

    [3] 20년 정월 기망, 갑술일, 왕께서 주나라 강궁에 계셨다. 해 뜰 아침, 왕께서 태실에 도착하여 자리하셨다..(唯廿年正月既望, 甲戌, 王在周康宮. 旦, 王格大室即位.)(「走馬休盤」)

달이 한가운데에 찬 날을 '망(望)'이라 부르고, 그 바로 뒤에 이어지는 날들을 '기망(既望)'이라 부른다. 명문(銘文)에서 '기망(既望)'은 달 이름 바로 뒤에 붙어 나오는데, 이는 시간을 나타내는 명칭임이 틀림없다. 한 달을 네 구간으로 나누어 날짜를 기록하는 방식에는 각 구간마다 특정한 명칭이 있는데, '기망(既望)'은 그 중의 하나이다.

이렇게 날짜를 기록하는 방법은 후대에 더 이상 사용되지 않았지만, 관련 명칭은 문헌에 여전히 기록되어 있다. 예컨대, 「전적벽부(前赤壁賦)」에 "임술년 가을, 칠월 기망(壬戌之秋, 七月既望.)"라는 구절이 있다. '기망(既望)'이 구체적으로 지칭하는 시간대에 대해서, 학자들은 '만월(滿月)'부터 '달이 이지러지기 시작하는 때'까지라고 보았다.[18)

'망(望)'이 보름달[滿月]을 나타내는 것은 서주(西周)시기 청동기 명문(銘文)에서 매우 흔하게 볼 수 있다. 이를 통해, 적어도 서주시기에 이러한 시간관념의 표현이 이미 상당히 성숙했음을 알 수 있다. 그렇다면, 서주 이전에 이미 이러한 개념이 존재했거나 확립되어 있었던 것은 아닐까? 이 질문에 대한 답은 분

---

18) 景冰, 「西周金文中紀時術語—初吉, 既望, 既生霸, 既死霸的研究」, 『自然科學史研究』, 1999年 第1期.

명히 긍정적이라고 생각한다.

서주는 상(商)나라를 이은 바로 다음의 왕조로, 문명적인 면에서 대체로 상대를 계승했다. 따라서 장기적인 관측을 통해서만 정확한 시간점을 파악할 수 있는 '망(望)'이 짧은 시간 내에 갑자기 출현한 것이라고 보기 어렵다.

월상(月相)의 변화를 관측하여 그 규칙을 파악하고 기록·정리하는 것만으로도 상당히 긴 시간이 필요하다. 게다가 월상의 규칙을 정확히 이해하고 '망(望)'을 달을 기록하는 시간 명칭으로 사용하기까지는 반드시 오랜 세월에 걸친 약속과 관습의 축적이 있어야 했으며, 그 과정을 통해서야 점차 고정될 수 있었다. 이러한 전체적인 변화 과정을 시대적으로 거슬러 올라가 보면, 상대(商代)에 이미 '망(望)'의 개념이 존재했다는 결론을 도출할 수 있으며, 이는 시대적 흐름에 비추어 보아도 타당하다.

상대(商代)의 복사에는 '월식(月食)'에 관한 기록이 여러 차례 나타난다. 이는 당시 사람들이 실제로 월상(月相)을 관측했음을 보여준다. 매월 눈으로 확인할 수 있는 '삭망(朔望: 음력 초하루와 보름)'에 비해, '월식(月食)'은 훨씬 더 오랜 기간의 관측이 있어야만 포착할 수 있다. 이처럼 더 드물게 일어나는 '월식(月食)' 조차도 정확히 포착해낸 상대(商代) 사람들이 매월 직관적으로 관찰할 수 있는 '삭망(朔望)'을 관측하지 못했을 리가 없다.

'망(望)'이 만월(滿月)의 시간을 나타내는 개념이 상대(商代)에 이미 출현했을 가능성이 매우 크다면, 왜 상대(商代)의 갑골 복사에는 '삭망(朔望)'과 관련된 표현이 전혀 보이지 않는 것일까? 이는 복사의 내용이 주로 점복(占卜)에 국한되었기 때문이라고 생각한다. 물론 당시 '삭망(朔望)'의 개념을 실제로는 다른 글자로 표현했으나, 아직 발견하지 못했을 가능성도 매우 크다. 어쨌든 상대(商代)

에 '삭망(朔望)'이라는 개념이 존재했을 것이라는 점은 충분히 짐작할 수 있으며, 그 가능성은 매우 크다.

복사에 '석혈(夕血)'이라는 말이 있는데, 그 예문은 다음과 같다.

> [4] 기미(己未)일 밤, 경신(庚申)일로 넘어가는 시간대에 월식이 있었다.(己未夕血庚申月有[食].)(『合集』40204反)

복사에서 '혈(血)'은 '𧗌'로 썼는데, 구석규는 이를 '혈(血)'로 해석하면서, 또 '황(衁)'자에서 의미부를 나타내는 초기 문자로 여겼다.[19] '황(衁)'자는 혈(血)이 의미부이고, 망(亡)이 소리부인데, '망(望)'자와 음운적으로 관련이 있다. 또 다른 학자들은 이 '𧗌'자가 '황(皇)'으로 해석되어야 하며, '황(皇)'은 '망(望)'에 대응한다고 보았다. 그렇다면 '석황(夕𧗌)'은 '석황(夕皇)'으로 해석되며, 이는 후대의 '삭망(朔望)'의 원형일 수 있다.[20] 이러한 관점들은 모두 '삭망(朔望)'을 이해하는 데 참고가 될 수 있다.

(3) 패(霸)

달을 기록하는 용어 중에서 '생패(生霸)'와 '사패(死霸)' 등은 '삭망(朔望)' 이외에 가장 흔히 볼 수 있는 용법이다. '패(霸)'자는 갑골문에 이미 보이지만, 그 수량이 매우 적어, 사례(辭例)만으로는 구체적인 용법을 판단하기 어렵다. '패(霸)'

---

19) 裘錫圭,「釋殷虛卜辭中的"𧗌""𡀼"等字」,『裘錫圭學術文集·甲骨文卷』(上海: 夏旦大學出版社, 2015), 391-403쪽.
20) 陸星原,『卜辭月相與商代王年』(上海: 上海社會科學院出版社, 2014), 29쪽.

가 처음으로 월상(月相)의 전문용어로 사용된 것은 서주(西周) 청동기 명문(銘文)에서 확인된다. 고문자 '패(霸)'의 형태는 다음과 같다.

甲骨文　　　　　　　　金文　　　　　　　　小篆

『설문 월(月)부수』에서는 "패(霸)는 달이 자라나기 시작할 때 곁으로 빛이 뿌연 것을 말한다. 큰 달일 때에는 초이틀에 그렇게 되고, 작은 달일 때에는 초사흘에 그렇게 된다. 월(月)이 의미부이고, 박(霝)이 소리부이다.(霸, 月始生, 霸然也. 承大月, 二日; 承小月, 三日. 从月, 霝聲.)"[21]라고 했다. 즉, '패(霸)'의 본의(本義)는 음력 초하루 때의 달의 모습이다. 단옥재의 주석은 더욱 상세한데, 다음과 같다.

달이 자라나기 시작할 때 곁으로 빛이 뿌연 것을 말한다. 패(霸)와 백(魄)은 첩운(疊韻)이다. 대월(大月: 큰 달, 즉 30일) 때에는 2일이고, 소월(小月, 작은 달 즉 29일) 때에는 3일이다. 『향음주의(鄕飮酒義)』에서 "달은 사흘이면 백(魄)을 이룬다."라고 했는데, 이에 대해 「정의(正義)」에서는 "전월(前月)이 대월(大月)이면 이일(二日)에 백(魄)을 생하고, 전월(前月)이 소월(小月)이면 삼일(三日)에 비로소 백(魄)을 생한다."라고 했다. 마융(馬融)은 「강고(康誥)」를 주석하며 "백(魄)은 비(朏)이다. 달이 삼일(三日)에 비로소 조짐이 생겨 비(朏)

---

21) 許愼, 『說文解字』(北京: 中華書局, 1963), 141쪽.

이라 하고, 이름하여 백(魄)이라 한다."라고 했다. 『백호통(白虎通)』에는 "달은 삼일(三日)에 백(魄)을 이루고, 팔일(八日)에 광(光)을 이룬다."라고 했다. 내 생각은 이렇다. 위의 내용들을 보면, 모두 초하루에 생겨나 밝아지는 것을 패(霸)라고 했는데, 『율력지(律曆志)』에서는 "사패(死霸)는 삭(朔)이요, 생패(生霸)는 망(望)이다. 맹강(孟康)은 '월 이일(二日) 이후로 밝음이 생기고 백(魄)이 죽으므로, 사백(死魄)이라 한다. 백(魄)은 달의 질(質)이다.'"라고 했으니, 삼통설(三統說)이 맞다면, 앞의 견해들은 틀렸다는 말이다.(月始生, 魄然也. 霸, 魄疊韻. 承大月, 二日; 承小月, 三日. 『鄉飲酒義』曰: 月者三日則成魄. 正義云: 前月大則月二日生魄, 前月小則三日始生魄. 馬注『康誥』云: 魄, 朏也. 謂月三日始生兆朏, 名曰魄. 『白虎通』曰: 月三日成魄, 八日成光. 按, 已上皆謂月初生明爲霸, 而『律歷志』曰: 死霸, 朔也. 生霸, 望也. 孟康曰: 月二日以往明生魄死, 故言死魄. 魄, 月質也. 三統說是, 則前說非矣.)[22]

이로부터 허신이 말하는 '패연야(霸然也)'가 바로 '백연야(魄然也)'임을 알 수 있다. 『설문 귀(鬼)부수』에서는 "백(魄)은 음의 귀신[陰神]을 말한다.(魄, 陰神也.)"[23]라고 한다. 단옥재는 「주(注)」에서 『효경설(孝經說)』을 인용하여 "백(魄)은 희다(白)는 뜻이다.(魄, 白也.)"[24]라고 했다. 달빛은 은처럼 빛나며, 초승달이 처음 생길 때, 달빛이 보여주는 '백연(魄然)'한 모습은 그 밝고 흰 모양으로 이해할 수 있다. '패(霸)'자의 고문자 자형은 기본적으로 모두 '월(月)'이 의미부이지만, 위에서 제시한 금문 자형 중에 🐾(「師𩵋父鼎」, 『집성(集成)』05·02813)는 '백(帛)'이 의미부이다. 일본 학자 다카다 다다치카(高田忠周)는 이 글자에 대해 다음과 같이 해석했다.

---

22) 許愼著, 段玉裁注, 『說文解字注』(上海: 上海古籍出版社, 1981), 313쪽.
23) 許愼, 『說文解字』(北京: 中華書局, 1963), 188쪽.
24) 許愼著, 段玉裁注, 『說文解字注』(上海: 上海古籍出版社, 1981), 435쪽.

의미로 보면 패(霸)자이지만, 패(霸)자는 월(月)이 의미부이다. 박(䨣)으로 구성된 것은 그 독음을 취하기 위함이다. 이 전서체는 박(䨣)이 의미부이고 또 백(帛)이 의미부인데, 백(帛)은 소리부도 겸하고 있다. 만약 패(霸)자라고 여긴다면, 독음은 있으나 의미가 없는 것이다. 즉, 박(霸) 역시 박(䨣)의 이체자로, 혁(革)과 백(帛)이 중복된 소리부이다.[25]

자는 '기생패(旣生霸)'라는 말에 사용되어, '패(霸)'자임은 분명하나, '패(霸)' 역시 '월(月)'이 의미부가 아닌 경우가 간혹 있었다.

상술한 글자의 의미에 따르면, '패(霸)'가 월상(月相) 용어로 사용될 때, 간혹 달빛이 빛난다는 의미로 사용되었다. 금문에서는 '생패(生霸)', '사패(死霸)', '기생패(旣生霸)', '기사패(旣死霸)'라는 말이 여러 차례 나타나는데, 구체적인 예문은 다음과 같다.

[5] 15년 3월 기패 정해일.(唯十又五年三月旣霸丁亥.)(「大鼎」)
[6] 왕의 재위 원년 3월 기생패 경신일.(唯王元年三月旣生霸庚申.)(「逆鐘」)
[7] 3년 5월 기사패 갑술일.(唯三年五月旣死霸甲戌.)(「頌簋」)

굴원(屈原)의 「천문(天問)」에는 "달빛은 무슨 덕이 있기에, 죽었다가 다시 살아나는가?(夜光何德, 死則又育?)"[26]라는 구절이 있다. 고대인들은 달빛이 드러나고 사라지는 현상을 만물의 생성과 소멸, 흥망의 변화에 빗대어 이해하였다.

---

25) 殷夢霞·李定凱, 『國家圖書館藏古籍文獻匯編』(第一冊)(北京: 國家圖書館出版社, 2009), 559-560쪽.
26) 林家驪, 『楚辭』(北京: 中華書局, 2010), 80쪽.

따라서 달빛도 만물과 마찬가지로 '태어남'과 '죽음'이 있다고 여겼다.

　이 때문에 일부 학자들은 '생패(生霸)'가 달빛이 생겨나는 것을, '사패(死霸)'가 달빛이 사라지는 것을 가리킨다고 보았다. 나아가 달빛이 드러나고 사라지는 형태에 근거하여 '기생패(既生霸)'가 대응하는 시간은 '초승달이 처음 보이기 시작한 때'부터 '보름달'까지의 기간이고, '기사패(既死霸)'가 대응하는 시간은 '달이 이지러지기 시작한 때'부터 '초승달이 다시 나타나기 전'까지의 기간이라고 추측하기도 한다.[27]

(4) 비(朏)

　'비(朏)'자는 현재 비상용자(非常用字)에 속하는데, 『운회(韻會)』에서는 '비(斐)'로 주음하였다. 자형은 청동기 명문(銘文)에서 제일 먼저 보이며, 주요 고문자 형태는 다음과 같다.

| 金文 | 春秋玉石文 | 古陶文 | 小篆 |

　『설문·월(月)부수』에서는 "비(朏)는 달이 아직 가득 차지 않은 밝음을 말한다.

---

27) 景冰, 「西周金文中紀時術語－初吉, 既望, 既生霸, 既死霸的研究」, 『自然科學史研究』, 1999年 第1期.

월(月)과 출(出)이 의미부이다. 『주서(周書)』에서는 '병오불(丙午朏)이라 한다.'라고 하였다(朏, 月未盛之明. 从月, 出. 『周書』曰: '丙午朏.')"28)라고 했다.

허신의 해석에 따르면 '비(朏)'자는 달이 처음 나타나 그 빛이 아직 충만하지 않은 상태를 나타낸다는 것을 알 수 있다. 그러나 이 '빛이 충만하지 않다'는 의미는 두 가지로 해석할 수 있다. 하나는 하루 중 달이 막 떠올랐을 때 그 빛이 아직 밝게 빛나지 않는 경우이고, 다른 하나는 한 달 중에서 초승달이 생겨나 보름달이 되기 전까지 그 빛이 아직 충만하지 않은 경우이다.

허신이 말한 것은 두 번째 해석일 가능성이 매우 크다. 『상서·소고(召誥)』에서 "유병오비(惟丙午朏)"29)라고 했는데, 「전(傳)」에서는 "비(朏)는 밝다는 뜻이다. 달이 사흘째 되는 날에 비로소 밝아지기 시작함을 말한다.(朏, 明也, 月三日明生之名.)"30)라고 했으니, 이것이 바로 그 증거이다.

그렇다면 '비(朏)'는 '삭망(朔望)' 등과 비슷한 의미로, 한 달 안에서 달이 차고 기우는 상태가 나타내는 어떤 구체적인 시간을 가리키는 데 사용되었다고 할 수 있다.

월상(月相)의 형태로 말하자면, '비(朏)'가 구체적으로 새 달이 시작된 한 달 내에서, 초승달이 막 드러난 뒤 아직 달이 가득 차지 않은 상태를 나타낸다. 따라서 그에 대응하는 시간은 음력 초하루인 '삭(朔)'보다 늦고, 보름인 '망(望)'보다 이른 때라 할 수 있다.

단옥재는 '패(霸)'를 주석하면서 마융(馬融)의 「강고(康誥)」 주석을 인용하여 "백(魄)은 비(朏)를 말한다. 달이 사흘째 되는 날 비로소 조짐이 생기는 것을 비

---

28) 許愼, 『說文解字』(北京: 中華書局, 1963), 141쪽.
29) 王世舜·王翠葉, 『尙書』(北京: 中華書局, 2012), 217쪽.
30) 十三經注疏整理委員會, 『尙書正義(十三經注疏)』(北京: 北京大學出版社, 2000), 460쪽.

(朏)라고 한다.(魄, 朏也. 謂月三日始生兆朏.)”[31]라고 했다.

이 관점은 ‘비(朏)’가 ‘백(魄)’(즉 ‘패(霸)’)의 의미와 같다고 본 것이다. ‘백(魄)’(霸)은 초승달이 처음 생겨나는 것을 가리키고, ‘비(朏)’ 또한 초승달이 막 생겨나 빛이 아직 충만하지 않은 상태를 나타내니, 양자는 의미상 서로 겹치는 부분이 있다.

(5) 기(期)

‘기(期)’자는 의미상으로 월령(月令)과 관련된 문자는 아니지만, ‘월(月)’이 의미부로, 시간과 관련된 개념을 나타내는 데 사용되었음은 분명하다. 이는 아래에 나열된 ‘기(期)’의 고문자 형태에서도 확인할 수 있다.

| 金文 | 簡帛文 | 石刻文 | 小篆 |

‘기(期)’의 고문자를 살펴보면, 반드시 ‘월(月)’이 의미부인 것은 아니다. 시간을 나타내는 관점에서 태양의 모습을 본뜬 ‘일(日)’이 의미부인 경우가 더 많다. 예컨대, 금문의 첫 번째 자형, 간백문(簡帛文)의 자형, 소전의 두 번째 자형이 모두 그러하다.

금문의 ‘기(期)’에는 ‘𣄰’라는 독특한 형태가 있는데, 대가상(戴家祥)은 “왼쪽

---

31) 許愼著, 段玉裁注, 『說文解字注』(上海: 上海古籍出版社, 1981), 313쪽.

은 기(其)의 본래글자인 ‘기(넙)’가 의미부이고, 오른쪽은 세 개의 석(夕)이 중첩되어 있는 ‘多’이 의미부이다. 석(夕)은 월(月)과 통용되므로, 이로써 ‘기(㛑)’가 바로 기(期)의 이체자임을 알 수 있다.”32)라고 했다.

『설문 월(月)부수』에서는 “기(期)는 회합하다라는 뜻이다. 월(月)이 의미부이고 기(其)가 소리부이다. 기(㑃)는 기(期)의 고문체인데, 일(日)과 기(丌)로 구성되었다.(期, 會也. 从月, 其聲. 㑃, 古文期从日, 丌.)”33)라고 했다.

전국시기 간백(簡帛)에서 ‘기(期)’자는 모두 ‘일(日)’과 ‘기(丌)’가 의미부로써, 그 전체 자형은 『설문』에 있는 소전의 두 번째 자형과 대응하는데, 이는 허신이 말한 고문체의 표기법이다. 단옥재는 「주(注)」에서 “기년(期年), 기월(期月)의 글자로 가차되었다.……월(月)이 의미부이다. 월(月)은 시(時)와 같으니, 약속하려면 반드시 그 시간을 말해야 한다.”34)라고 했다.

이로써 알 수 있듯이, ‘기(期)’자는 처음에 엄격한 의미에서 시간을 나타내는 명칭이 아니었으나, ‘일(日)’과 ‘월(月)’을 의미부로 첨가함으로써 점차 그 의미를 갖게 되었다. ‘기(期)’자는 서주(西周) 금문에서 가장 먼저 보이는데, 당시에 이미 시간을 나타내는 용례로 사용되었다. 예컨대, 명문의 사례는 다음과 같다.

[8] 눈썹이 희질 때까지 만수무강하소서.(其眉壽萬年無期.)(「長子沫臣簠」)
[9] 영원히 복을 받으소서.(受福無期.)(「紀公壺」)

---

32) 戴家祥, 『金文大字典』(上海: 學林出版社, 1995), 2123쪽.
33) 許愼, 『說文解字』(北京: 中華書局, 1963), 141쪽.
34) 許愼著, 段玉裁注, 『說文解字注』(上海: 上海古籍出版社, 1981), 314쪽.

『좌전·소공(昭公)』23년에는 "숙손이 '단(새벽)'에 일어나 기다렸는데, 기한이 있었다.(叔孫旦而立, 期焉.)"라는 구절이 있는데, 「주(注)」에는 "'단(새벽)'부터 다음 '단(새벽)'까지를 기(期)라 한다.(从旦至旦爲期.)"[35]라고 했다. 이것은 '기(期)'가 시간을 표현하는 의미로 역대 문헌에서 사용된 예시이다.

(6) 항(恒)

현재의 자형의 '항(恒)'자는 '월(月)'이 의미부가 아니지만, 그 고문자에는 매우 뚜렷하게 '월(月)'의 형상이 있다. 시기별 구체적인 자형은 다음과 같다.

甲骨文　　　　　金文　　　　　簡帛文　　　　　小篆

갑골문과 금문의 '항(恒)'자에서 '월(月)'이 있었던 것은 의심의 여지가 없다. '항(恒)'의 갑골문 자형은 왕국유(王國維)가 제일 먼저 판독했는데, 그는 다음과 같이 여겼다.

(이 글자는) 바로 항(恒)자이다. 『설문해자·이(二)부수』에서는 "항(恆)은 항상[常]이라는 뜻이다. 심(心)이 의미부이고 주(舟)도 의미부인데, 하늘과 땅[二]

---

35)　十三經注疏整理委員會, 『春秋左傳正義(十三經注疏)』(北京:　北京大學出版社,　2000), 1650쪽.

사이에 아래위로 놓인 모습이다. 생각하는 마음을 배에 실어 왔다 갔다 하며 영원히 잊지 않는다는 뜻이다. 항(亙)은 항(恒)의 고문체인데, 월(月)로 구성되었다.

『시경』에서 '달처럼 항구하소서(如月之恒).'라고 노래했다. 살피건대 허신은 이미 고문 항(恆)이 월(月)로 구성되었다고 말하고, 또한 『시경』을 인용하여 월(月)로 구성되었다고 해석했는데, 금본의 고문(古文)은 항(亙)으로 썼는데, 이(二)로 구성되었다. 고문체 이외에는 전사(傳寫)의 오자(誤字)일 것이며, 항(亟)로 써야 한다.

……고대에 월(月)이 의미부인 글자는 이후에 혹 변하여 주(舟)가 의미부가 되었다.……이를 예로 들자면, 항(亙)자는 본래 항(亟)자로 써야 한다. 「물정(智鼎)」에 항(亟)자가 있는데, 심(心)이 의미부이고 항(亙)도 의미부이다. 이는 전서체의 항(恆)자에서 항(亙)이 의미부인 것과 같다. 이는 즉, 항(恆)의 초기 문자로, 항(亙)과 항(亟)이 같은 글자임을 알 수 있다. 갑골복사의 항(亙)자는 이(二)가 의미부이고 월(◁)도 의미부이다.(복사의 월(月)자는 ◗로 쓰거나, ◖로 쓰기도 한다.) 항(亙)과 항(亟)이라는 두 글자는 항(恒)자의 생략형임은 틀림없다. 현(弦)으로 쓴 것은 『시경·소아(小雅)』에서 "달처럼 항구하소서.(如月之恒.)"라는 구절에서 보이는데, 「모전(毛傳)」에서는 "항(恒)은 현(弦)을 말한다.(恒, 弦也.)"라고 했다. 현(弦)은 본래 활 위에 있는 것이므로, 궁(弓)이 의미부이다.[36]

『설문이(二)부수』에서는 '항(恒亙)'을 해석하면서, "항(恆)의 고문체인데, 월(月)로 구성되었다. 『시경』에서는 '달처럼 항구하소서.'라고 했다.(古文恆, 从月. 『詩』曰: '如月之恒.')"[37]라는 구절이 있다. 단옥재는 「주(注)」에서 여기서 인용

---

36) 王國維, 「殷卜辭中所見先公先王考」, 『觀堂集林』(北京: 中華書局, 1959), 418-422쪽.
37) 許愼, 『說文解字』(北京: 中華書局, 1963), 286쪽.

된『시경』의 구절을 다음과 같이 해석했다. "「전(傳)」에서 '항(恒)은 현(弦)이다.'라고 했다. 내 생각에,『시경』의 항(恒)은 본래 항(絚)으로 썼는데, '활시위를 당긴다'는 의미이다. 달이 상현(上弦)이 되어 가득 차면, 항구(恒久)의 의미가 있으므로, 고문체에서는 월(月)로 구성된 것이다."38)

　　'항(恒)'자가 왜 '월(月)'로 구성된 것인지, 또 어떻게 항구(恒久)의 의미로 변했는지는 현재 더 상세한 자료를 참고하여 증명할 수 없지만, 학자들의 주장들마다 다 어느 정도 타당성이 있으므로, 여기에 덧붙여 참고하도록 하였다.

(7) 생월(生月) / 목월(木月) / 임월(林月)

甲骨文 1　　　　甲骨文 2　　　　甲骨文 3

　　갑골문 중에는 위에서 제시한 첫 번째 자형과 같은 구조의 글자가 있다. 그 자형은 의미부가 '월(月)'인데, '월(月)' 위에 '철(屮)' 형상의 부호가 더해져 있다. '철(屮)'은 '초(草)'자의 원시 형태이다. 과거에는 이 자형을 독립적인 하나의 문자라고 생각했으나, 고증에 따르면 '생월(生月)' 두 글자의 합문(合文) 형식임을 알 수 있다. 복사에 있는 '생월(生月)'에 관한 사례는 다음과 같이 흔히 보인다.

---

38) 許愼著, 段玉裁注, 『說文解字注』(上海: 上海古籍出版社, 1981), 681쪽.

[10] 계유(癸酉)일에 점을 칩니다. '원(亘)'이 묻습니다. "다음 달에 많은 비가
　　올까요?"(癸酉卜, 亘貞: 生月多雨.)(『合集』8648)

[11] 신사(辛巳)일에 점을 칩니다. "다음 달에 주변국을 정벌하면……?" 8월
　　이었다.(辛巳卜, 叀生月伐方……八月.)(『合集』10524)

'생월(生月)'이라는 말의 해석과 관련해, 왕국유(王國維)는 '생월(生月)'은 바로
'시월(是月)'을 말하는 것과 같다고 했고,[39] 진몽가(陳夢家)는 "생월(生月)은 다
음 달을 말한다.……생월(生月)은 자월(玆月)과 서로 대응하는데, 생월(生月)은
자월(玆月) 이후에 해당한다."라고 했다.[40] 요효수(姚孝遂)는 진몽가의 견해에
동의했다.[41] 김상항(金祥恒)은 "생(生)은 온다[來]는 뜻이다. 그러므로 '생월(生
月)'이 바로 '내월(來月)'이다."라고 했다.[42] 이처럼 학설이 분분하지만, 여기서
는 일단 '생월(生月)'이 구체적으로 당월(當月)을 가리키는지 아니면 다음 달을
가리키는지의 문제는 논하지 않겠다. 하지만 복사에서 '생월(生月)'이 특정한 달
을 지칭하는 시간 용어임은 분명하다.

'생월(生月)'은 일반적으로 두 글자를 분리하여 쓴다. '생(生)'자의 갑골문 자형
은 ♈인데, 두 글자를 세로로 이어 쓸 때 글자 간격이 지나치게 좁아 두 글자가
거의 합쳐져 하나의 글자처럼 붙어 보이는 상황이 생길 수 있다. 예컨대, 『합집』
33038에서 '생월(生月)' 두 글자는 거의 하나로 연결되어 한 글자처럼 보인다.

---

39) 王國維, 「戩壽堂所藏殷虛文字」, 『甲骨文獻集成』(第一冊)(成都: 四川大學出版社, 2001), 28쪽.

40) 陳夢家, 『殷虛卜辭綜述』(北京: 中華書局, 1988), 117쪽.

41) 于省吾著, 姚孝遂按語編撰, 『甲骨文字詁林』(北京: 中華書局, 1996), 1325-1326쪽.

42) 臺湾大學文學院古文字學研究室, 『中國文字』(第一至五十二冊合集)(臺北: 臺湾大學文學院
　　古文字學研究室, 1972), 543-567, 621-659쪽.

위에서 제시한 '철(屮)'의 형태로 구성된 갑골문 ♂ 역시 사실 이러한 경우이다. 따라서 ♂이 실제로 '생월(生月)' 두 글자이다. 복사에서는 필획을 생략하거나 글을 새기는 사람의 필기 습관 때문에, 서로 밀접히 관련된 단어를 마치 한 글자인 것처럼 합문 형식으로 쓰기 쉬웠다. 그래서 ♂의 형태도 간혹 '생월(生月)'을 합문으로 쓴 경우라고 볼 수 있다.

갑골문의 2번째, 3번째 자형인 ♛과 ♝은 과거에 목(木)이 의미부이고 월(月)이 의미부인 합체자(合體字)라고 보는 관점과 '목월(木月)' 두 글자의 합문이라는 의견이 있었다. 그러나 구석규는 사례 비교와 더불어 고문자에서 '철(屮)'과 '목(木)' 두 구성 성분이 자주 통용된다는 사실을 근거로 들어, ♛과 ♝ 두 자형이 실제로도 '생월(生月)'의 합문 형식임을 논증했다. 이 외에도, 복사에는 '임월(林月)'(『합집』34544 참조)이라는 용법이 있는데, 사례로 보아 이 단어도 '생월(生月)'로 해석되어야 한다.[43]

상술한 복사에 나타난 '생월(生月)/목월(木月)/임월(林月)'의 용법은 후대의 문헌에서는 이에 대응하는 문자와 어휘를 찾을 수 없어, 그것이 구체적으로 어떤 달을 가리키는지 확인할 수 없다. 그러나 그 자형이 '월(月)'을 의미부로 하고 있다는 점은 신뢰할 만하다. 또한, 그 용법을 보면 확실히 시간 명칭으로 사용되었기에, 이 단어가 '월(月)'과 관련된 월령(月令) 시간을 나타내는 용어임을 알 수 있다.

---

43) 裘錫圭, 「釋"木月""林月"」, 『裘錫圭學術文集·甲骨文卷』(上海: 夏旦大學出版社, 2015), 338-343쪽.

(8) 초길(初吉)

앞서 인용한 『시경·소명(小明)』에 "나는 서쪽으로 종군하여, 먼 거친 들판에 와 있네. 이월 초하룻날 집 떠나 추위와 더위에 시달려 왔네.(我征徂西, 至於艽野. 二月初吉, 載離寒暑.)"라는 구절이 있다. 문헌에 기록된 것 외에도, '초길(初吉)'이라는 단어는 출토 문헌인 서주(西周)시기 청동기 명문에 제일 먼저 나타난다. 예를 들면 다음과 같다.

[12] 때는 정월 초길의 '맹경'(첫 번째 경(庚)일)이었다.(唯正五月初吉孟庚.)[44](「蔡侯鎛」)

'초길(初吉)'은 일반적으로 특정한 월상(月相) 용어로 여겨지며, 한 달 안의 특정 시기를 나타낸다. 과거에 '초길(初吉)'이 정확히 어떤 시기를 지칭하는지에 대해, 왕국유(王國維)는 '사분법(四分法)'을 주장하였다. 그는 '초길(初吉)'이 초하루부터 초칠일 혹은 초파일 사이의 시기라고 보았다.[45] 그러나 황성장(黃盛璋)은 '한 달을 사등분한다는 설(四分一月說)'을 신뢰할 수 없다고 여겼다. 그는 왕인지(王引之)의 "상순(上旬)은 열흘인데, 그중에서 좋은 날을 모두 초길(初吉)이

---

44) (역주) 이는 서주 금문에 보이는 '[월(月)]+[월상(月相)]+[간지(干支)]'의 시간 표시법인데, 여기서 정(正)은 정월(正月)의 준말로, '첫 번째 달'을 의미한다. 즉, 음력 1월을 가리킨다. 오월(五月)은 '다섯 번째 달'이라기보다는 '오(五) 월(月)' 즉, '오(五)'는 '맞다', '올바르다'의 의미로, '시행하다'의 뜻을 가진다. 따라서 '정오월'은 '정월을 시행하는 달, 즉 '정월(正月)'을 다시 한 번 강조한 표현이라 볼 수 있다. 물론 일부 학자는 '정(正)'을 무시하고 '오월(五月)'만 해석하여 '오월'로 보는 설도 있긴 하다.
45) 王國維, 「生霸死霸考」, 『觀堂集林』(北京: 中華書局, 1959), 19-26쪽.

라 부를 수 있으며, 반드시 삭일(朔日)만은 뜻하는 것은 아니다."46)라는 관점을
바탕으로, '한 달을 삼등분한다는 설(三分一月說)'을 제시하고, 이와 관련된 문제
에 대해 더 상세한 해답을 제시했다.

> '초길(初吉)'은 매달 첫 번째 간지(甲·乙·丙·丁 등)로, 한 달은 29일이거나 30일
> 이다. 일반적으로 한 달에는 세 개의 같은 간지가 있을 수 있으며, 월초의
> 10일[上旬]은 반드시 그 달의 첫 번째 간지가 된다. 고대에는 첫 번째에 속
> 하는 사물들을 길하고 좋은 것으로 여겼다. 그래서 이러한 첫 번째 간지를
> 모두 그 달의 길일(吉日)로 보았다. '초길(初吉)'은 바로 첫 번째 간지의 길일
> 을 의미한다.……삭일(朔日)과 같은 특정 날짜가 아닌, 상순(上旬)의 10일을
> 포함한다.47)

　'초길(初吉)'이 구체적으로 가리키는 시간 범위에 대한 학자들의 고증에는 더
깊이 연구할 필요가 있지만, 이 표현이 월령(月令)의 개념을 표현하는 데 사용
되었다는 점은 분명하다.

---

46) 朱維錚, 『中國經學史基本叢書(第六冊): 經義述聞(下)』(上海: 上海書店出版社, 2012), 303쪽.
47) 黃盛璋, 「釋初吉」, 『歷史硏究』, 1958年　第4期.

제2절　월령(月令) 계열 문자와 천문 역법관념

　역법(曆法)은 태양과 달의 운행 주기 변화에 대한 사람들의 이해 수준에 따라 확립된 법령 제도이다. 이러한 태양과 달의 운행 주기 변화에 대한 이해는 오랜 관측과 경험이 축적되어야 가능하다. 문헌에 따르면, 고대 중국에서 역법의 반포는 하(夏)나라에서 시작되었을 것이다. 『하소정(夏小正)』에서는 꽃, 나무, 새, 짐승 등의 실제 물상(物象)을 사용하여 추상적인 시절(時節) 개념을 확정했다. 그 속의 의식 관념은 바로 하(夏)나라의 역법에 대한 흔적을 반영하고 있다. 하(夏)나라의 제왕 칭호 중에는 이미 '공갑(孔甲)', '이계(履癸)' 등 천간(天干)을 사용한 경우가 있었는데, 당시 이미 간지(干支)로 시간을 기록하는 방식이 존재했음을 보여준다. 이는 하(夏)나라에 역법이라는 제도가 있었음을 간접적으로 증명하는 것이다.

　과거에는 상(商)나라에서 달을 기록하는 방식이 삭망월(朔望月)을 주로 하여, 초승달이 처음 보일 때를 월초로, 보름달을 월중(月中)으로 삼았다고 여겼다. 달이 차고 기우는 과정 속에서 완전한 월상(月相) 변화 주기가 형성되었으니, 이렇게 천체를 관찰하여 시간을 기록하는 방식은 고대의 천문 역법 제도의 실제 모습을 복원한 것이다. 물론, 자료가 부족한 탓에 현재 정리할 수 있는 고대의 천문 역법은 그 원시 역사에서 극히 일부분에 불과할 수 있다. 그러나 그 일부분부터 차근차근 파헤쳐 나간다면, 그 과정이 쉽지 않겠지만 조금씩 역사적 진실을 밝혀낼 수 있을 것이다.

(1) 역법(曆法)의 역(曆)

태양의 그림자 관측, 세성(歲星)을 통한 연도 측정, 달을 관찰하여 시간을 기록하는 방식 등은 모두 고대인들의 소박한 천문 사상을 보여준다. 이러한 천문 관측을 바탕으로, 사람들은 의식 속에서 점차 상대적으로 완전한 역법(曆法) 체계를 만들어갔다. 이 역법 체계는 시대에 따라 다양한 형태로 발전하였는데, 그 체계 속에서 기일(紀日), 기월(紀月), 기년(紀年) 등의 하위 체계도 변화하면서 복잡한 세부 체계를 형성했다. 어떤 세부 체계는 오늘날까지도 그 완전한 모습을 파악하기 어렵다. 그러나 전체적으로 볼 때, 중국 전통의 '하늘은 둥글고 땅은 네모나다(天圓地方)', '사상과 28수(四象二十八宿)' 등의 관념은 항상 이러한 파생 체계 속에서 그 단서를 엿볼 수 있다.

역법(曆法)의 '역(曆)'에 해당하는 번체자 구조는 두 종류가 있다. 하나는 역사(歷史)의 의미를 나타내는 '력(歷)'이고, 다른 하나는 '역일(曆日)', '역상(曆象)'의 의미를 나타내는 '력(曆)'이다. 이들은 고문자에서 각각 [표 4-1]과 같이 표시된다.

[표 4-1] '력(歷)'의 고문자 자형

	甲骨文	金文	簡帛文	小篆
歷				
曆		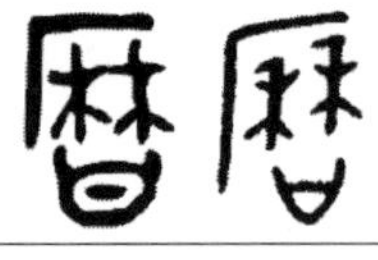		

‘력(歷)’은 『설문·지(止)부수』에서 “지나가다라는 뜻이다.(過也..)”[48]라고 해석했다. 이는 지금의 ‘지나가다[經歷]’는 의미를 말한다. 실제로 ‘경험하다[經歷]’, ‘지나가다[經過]’는 의미를 표현할 때, 이 글자의 초기 형태는 ‘지(止)’를 포함하지 않는 ‘력(秝)’(즉, 금문 자형의 첫 번째 형태)이었을 것이다. ‘력(秝)’은 ‘조화(調和)’를 의미하는데, 금문에서 이 글자는 조화의 의미를 나타내는 부호에 운행의 의미를 표시하는 ‘지(止)’를 더하여, ‘경험하다(經歷)’를 뜻하는 ‘력(歷)’(즉, 금문 자형의 두 번째 형태)이 분화되었다. 갑골문과 소전의 자형은 금문의 구조와 일치한다.

이에 반해 ‘력(曆)’은 『설문·일(日)부수』에서 “역상(曆象)을 말한다.(曆象也.)”[49]라고 해석했다. 『상서·홍범(洪範)』에는 “다섯째는 역수(曆數)이다.(五曰曆數.)”[50]라는 구절이 있는데, 「전(傳)」에서는 “역수(曆數)는 절기와 기후를 계산하여 역(曆)으로 만들어, 백성들에게 시기를 알려주는 것이다.(曆數節氣之度以爲曆, 敬授民時.)”라고 했다. 「정의(正義)」에는 “다섯째는 역수(曆數)이다라는 것은, 태양과 달의 운행 경로를 계산하고, 절기와 삭망의 이르고 늦음의 수(數)를 계산하여, 이로써 일년의 역법을 만드는 것이다.(五曰曆數, 算日月行道所曆, 計氣朔早晚之數, 所以爲一歲之曆.)”[51]라고 했다. 이러한 해석에서 ‘력(曆)’은 시간 기록과 관련된 글자임을 알 수 있다. ‘력(曆)’에 ‘일(日)’이 의미부인 것은 바로 시간과 관련되어 있음을 나타낸 것이다. 이후 『사기(史記)』, 『한서(漢書)』 등과 같은 문헌에서는 이미 ‘력(歷)’으로 ‘력(曆)’을 대체하여 사용했다.

---

48) 許愼, 『說文解字』(北京: 中華書局, 1963), 38쪽.
49) 許愼, 『說文解字』(北京: 中華書局, 1963), 140쪽.
50) 王世舜·王翠葉, 『尙書』(北京: 中華書局, 2012), 148쪽.
51) 十三經注疏整理委員會, 『尙書正義(十三經注疏)』(北京: 北京大學出版社, 2000), 362-363쪽.

(2) 사상(四象), 구야(九野), 28수(二十八宿)

역대 문헌에서, 고대중국의 천문과 역법 연구가 이미 상당히 높은 수준에 도달했음을 알 수 있다. 역법 체계는 언제나 사람들이 천문을 관찰한 결과와 밀접하게 연결되어 있으며, 천문 관측과 관련된 역법 용어는 이루 헤아릴 수 없을 만큼 많아 일일이 다 언급하기 어렵다. 여기서는 가장 주요한 몇 가지 용어만을 간략히 서술하여, 고대 천문 역법의 관념에 대한 인식과 이해를 한층 더 깊게 하고자 한다.

『회남자 천문훈(天文訓)』에는 "하늘에는 구야(九野)가 있으며, 9,999개의 모퉁이가 있고, 땅에서 5억만 리 떨어져 있다.(天有九野, 九千九百九十九隅, 去地五億萬裏.)"[52]는 구절이 있다. 그렇다면 구야(九野)란 무엇인가? 동방의 창천(蒼天), 동남의 양천(陽天), 남방의 염천(炎天), 서남의 주천(朱天), 서방의 호천(昊天), 서북의 유천(幽天), 북방의 현천(玄天), 동북의 변천(變天), 중앙의 균천(鈞天)을 말한다. 여덟 방위의 하늘에 중앙의 자리를 더해, 하늘을 아홉 구역으로 나누었는데, 각 구역에서 관장하는 성수(星宿)는 같지 않아, 어떤 곳은 두 개, 어떤 곳은 세 개, 어떤 곳은 네 개였다.

'구야(九野)'는 하늘의 영역을 구분한 것으로, 성수(星宿)의 귀속 문제를 포함하고 있지만, 더 세밀한 성수의 분류에 대해서는 반드시 '28수(二十八宿)'의 관념을 언급해야 한다.

고대인들은 천문을 관측할 때 항상 자신이 위치한 지구를 주관적 시각으로 삼

---

52) 陳廣忠, 『淮南子』(北京: 中華書局, 2012), 109쪽.

있다. 고대 중국인들은 관측을 통해, 태양이 하늘에서 그리는 운동 궤적(즉 태양의 일주년 시운동 궤도)이 항상 일정함을 발견하고, 이를 '황도(黃道)'라고 불렀다.

나아가 추가적인 관측을 통해, 이 '황도' 부근에는 언제나 많은 별무리－성수(星宿)가 존재하며, 이 성수들이 위치한 곳이 마치 영원히 변하지 않는 것 같다는 것을 발견했다. 이에 사람들은 이러한 고정된 성수를 좌표의 기준점으로 삼아, 하늘에서 다른 행성들의 운행 위치를 결정하였다. 이 기준으로 선택된 항성(恒星) 성수는 모두 28개로, 사람들은 '28수(二十八宿)'라고 명명하였다.

'28수'의 개념은 다른 고대 문명에서도 발견된다. 예컨대, 인도에도 '각(角)', '실(室)', '묘(卯)', '진(軫)' 등 성수의 명칭이 존재한다. 그러나 학자들의 연구에 따르면, 일반적으로 '28수'의 개념은 중국에서 기원한 것으로 본다. 그 역사적 기원에 대해 아직 정설이 없지만, 그 전개 과정은 대체로 선진(先秦) 시기까지 거슬러 올라갈 수 있으며, 이는 『시경』에 나타난 성수의 명칭을 통해 증명될 수 있다. 따라서 학자들은 대략 주(周)나라 초기에 이미 사람들이 '28수'를 활용하기 시작했다고 보았다.[53]

'28수'의 구역은 실제 그것과 관련된 상위 부류가 있는데, 바로 '사상(四象)'설이다.

고대인들은 '28수'를 그 위치에 따라 다시 네 개의 구역으로 나누었는데, 각 구역은 7개의 성수(星宿)를 포함하고, 동, 서, 남, 북의 네 방위를 차지한다. 각 구역에 속한 7개의 성수는 일정한 위치를 점하고 있으며, 이 성수들이 있는 고정된 위치의 상호 결합 차이에 따라 서로 다른 형태가 나타났다. 사람들은 이러한 형태의 외형을 바탕으로 동, 서, 남, 북 사방에 배치된 성수들을 결합해서 네 마리 동물의 상형(象形)으로 상상하였는데, 이를 '사상(四象)'이라 불렀다. 즉, 동

---

53) 쯔可楨, 「中國古代在天文學上的偉大貢獻」, 『科學通報』, 1951年 第3期.

방은 청룡(靑龍), 남방은 주작(朱雀), 서방은 백호(白虎), 북방은 현무(玄武)라고 명명했다. 이렇게 성수를 동물의 형상으로 시각화하는 방식은 서양에서 별자리를 '사자', '큰곰', '전갈' 등의 형상으로 보는 것과 같은 맥락이다.[54]

'사상(四象)'은 '28수와 대응 관계를 이루며, 각 성수가 속한 구역은 다음과 같다.

동방 청룡(靑龍) 7수(七宿): 각(角)·항(亢)·저(氐)·방(房)·심(心)·미(尾)·기(箕)
남방 주작(朱雀) 7수(七宿): 정(井)·귀(鬼)·류(柳)·성(星)·장(張)·익(翼)·진(軫)
서방 백호(白虎) 7수(七宿): 규(奎)·루(婁)·위(胃)·묘(昴)·필(畢)·자(觜)·삼(參)
북방 현무(玄武) 7수(七宿): 두(斗)·우(牛)·녀(女)·허(虛)·위(危)·실(室)·벽(壁)

(3) 오행(五行), 칠요(七曜), 십이차(十二次)

고대인들은 천문 관측을 통해 파악한 금(金), 목(木), 수(水), 화(火), 토(土) 다섯 별[五星]을 '오위(五緯)'라고 불렀는데, 이것이 훗날 '오행(五行)'으로 이어졌다.

오행에 다시 태양[日]과 달[月]을 결합하면 칠성(七星)이 되는데, 이를 '칠요(七曜)'라고 불렀다. '칠요(七曜)'는 후대에 오늘날의 요일 개념과 연결되었는데, 현재 일본에서는 여전히 요일을 '칠요(七曜)'라고 부르고 있다. 예컨대, '일요일(日曜日)'은 '주일(周日)', '금요일(金曜日)'은 '주오(周五)'이다.

칠요(七曜) 중에서 수성(水星)은 고대에 진성(辰星), 화성(火星)은 형혹(熒惑), 토성(土星)은 진성(鎭星) 혹은 전성(塡星)이라고도 불렀다. 이외에, 금성(金星)은 흔히 말하는 태백성(太白星)으로, 이 태백(太白)이라는 이름은 금성이 밤하늘에

---

54) 王力, 『中國古代文化常識』(北京: 中國人民大學出版社, 2012), 4-7쪽.

서 언제나 가장 밝게 빛나는 별이었기 때문일 것이다.

『시경·여왈계명(女曰鷄鳴)』에는 "그대가 일어나 밤하늘을 보니, 명성(明星)이 찬란하도다.(子興視夜, 明星有爛.)"55)라는 구절이 있고, 또 『소아·대동(大東)』에는 "동쪽에는 계명(啓明)이 있고, 서쪽에는 장경(長庚)이 있다.(東有啟明, 西有長庚.)"56)라는 구절이 있다. 여기서 '명성(明星)'과 '계명(啓明)'도 모두 금성의 다른 명칭이다.

목성(木星)은 세성(歲星)으로, 흔히 '세(歲)'라고 줄여 부르는 것이다. 고대인들은 세성(歲星)이 하늘을 한 바퀴 운행하는 데 걸리는 주기를 12년으로 보았으며, 세성(歲星)이 운행하며 지나가는 각 성수(星宿)가 있는 구역의 지점을 한 해의 단위로 삼았다. 이것이 세성기년(歲星紀年)의 유래이다.

한편 칠요(七曜)는 북두칠성(北斗七星)의 결합에서 유래했다고도 여겨진다. 사람들은 일찍이 하늘에서 가장 밝게 빛나는 북극성을 발견하고, 그와 함께 하나로 배열된 북두칠성[北斗星陣]에 주목하였다. 국자 모양의 이 별 무리는 북극성을 포함해서 일곱 개의 별로 이루어져 있어 '칠요(七曜)'라고 불렀으며, 북두(北斗)의 일곱 별은 각각 천추(天樞), 천선(天璇), 천기(天璣), 천권(天權), 옥형(玉衡), 개양(開陽), 요광(瑤光)으로 명명되었다.

고대인들은 태양과 달로 시간을 기록했는데, 이는 마치 태양과 달을 움직이는 시침과 분침으로 비유한 것과 같다. 이렇게 보면 하늘은 거대한 시계판인 셈이다. 하늘을 시계판이라고 가정한다면, '사상(四象)'과 '28수(二十八宿)'는 시계판 둘레에 고정된 눈금이 되고, 태양과 달 같은 천체는 시계판 위를 움직이며

---

55) 劉毓慶·李蹊, 『詩經』(北京: 中華書局, 2011), 211쪽.
56) 劉毓慶·李蹊, 『詩經』(北京: 中華書局, 2011), 546쪽.

시간을 반복적으로 가리키는 바늘에 해당한다. 고대인들은 '바늘'이 시계판 위에서 운행하는 궤적을 관측하고, '바늘'이 지나가는 '눈금'은 바로 세시(歲時)의 변화를 기록하는 기준점이 된다. 그리고 해·달·별[日月星辰]이 하늘에서 운행하는 궤적과 사계절의 절기 변화를 더 세밀하게 기록하기 위해, 고대인들은 황도대(黃道帶)를 12등분하여 이를 '십이차(十二次)'라고 불렀다.[57] 십이차(十二次)는 서쪽에서 동쪽으로 순서대로 배열되며, 각 구역은 차례로 성기(星紀), 현효(玄枵), 추자(娵訾), 강루(降婁), 대량(大梁), 실침(實沈), 순수(鶉首), 순화(鶉火), 순미(鶉尾), 수성(壽星), 대화(大火), 석목(析木)이라고 명명되었다.

(4) 일상생활과 관련된 절령(節令)과 시령(時令)

역법(曆法)의 관념 속에는 또 일상생활과 밀접하게 관련된 절령(節令)과 시령(時令) 계열의 표현들이 존재한다. 고대인들의 절기에 대한 인식이 높아지면서, 일상생활에서 매우 중요한 일부 시간의 기준점들이 사람들의 중점적인 주목을 받게 되었다. 이러한 특정한 시기에 사람들은 평상시와는 다른 방식으로 축하를 했고, 오랜 시간이 지나면서 이들은 점차 풍속의 일부가 되었는데, 어떤 것은 심지어 예제(禮制)의 범주에까지 포함되기도 했다.

이러한 특별한 절령(節令)은 현재에 명절[節日]이라고 부르는 것들이다. 이는 시대마다 사람들이 생활에서 중요하게 여긴 것들과 그 당시 왕조의 통치에 필요한 요소의 차이에 따라 서로 다른 하위 체계를 형성하게 되었다. 그중 일부는 역대 왕조에서 두루 중시되거나 중요하게 다루어진 것들이지만, 많은 경우 시

---

57) 王力, 『中國古代文化常識』(北京: 中國人民大學出版社, 2012), 7쪽.

간이 지나면서 더 이상 사람들에게 알려지지 않게 되었다. 이러한 절령들은 대부분이 오늘날 흔히 말하는 전통 명절에 속한다. 대표적으로는 원단(元旦), 인일(人日), 상원(上元), 사일(社日), 한식(寒食), 청명(淸明), 화조(花朝), 상사(上巳), 단오(端午), 칠석(七夕), 중원(中元), 중추(中秋), 중양(重陽), 동지(冬至), 납일(臘日), 제석(除夕) 등이 있다. 이를 차례로 살벼 보면 다음과 같다.

1. 원단(元旦): 원일(元日)이라고도 부른다. '원(元)'은 '처음[首]'이라는 의미인데, 고문자 '원(元)'은 원(𡕥)으로 썼다. 아랫부분은 측면으로 선 사람의 모습이고, 윗부분은 사람의 머리 부위에다 짧은 가로획을 더해 강조하였다. 일반적으로 '원(元)'의 본의(本義)는 바로 여기에서 비롯되었다고 보며, '처음[首]', '머리[頭]', '시작[始]' 등의 의미를 나타낸다. 여기에서 원일(元日)은 '첫날, 즉 한 해의 첫날을 가리킨다. '단(旦)'은 해돋이를 나타내고, 또 하루의 시작을 의미하므로, '원단(元旦)'은 일 년의 첫날을 말한다.

2. 인일(人日): 정월 초이렛날[正月初七日]을 가리킨다. 『태평어람(太平御覽)』에 인용된 『형초세시기(荊楚歲時記)』에는 "정월 초이렛날을 인일(人日)이라 한다.(正月七日爲人日.)"라고 기록되어 있다. 전해지는 바에 따르면, 정월 초하루부터 초이렛날까지 매일 특정한 명칭이 있었다. 정월 초하루는 계(鷄: 닭), 초이틀은 구(狗: 개), 초사흘은 저(猪: 돼지), 초나흘은 양(羊), 초닷새는 우(牛: 소), 초엿새는 마(馬: 말), 초이레는 인(人: 사람)에 해당한다고 한다.[58] 이러한 절령(節令) 명칭은 시간이 지나면서 더 이상 사람들에게 알려지지 않게 되었고, 대부분은 단지 문인묵객(文人墨客)의 필하(筆下)에만 남아 있다. 예컨대, '인일(人日)'에 관한 기록은 당대(唐代) 시인 고적(高適)의 「인일(人日)에 두보(杜甫) 습유(拾遺)에게 부친 시(人日寄杜二拾遺)」에 "인일에 시를 지어 초당(草堂)에 보내네(人日題詩寄草堂)

---

58) 劉開揚, 『高适詩集編年箋注』(北京: 中華書局, 1981), 318쪽.

."59)라는 구절이 있다.

3. 상원(上元): 바로 원소(元宵)를 가리키며, 원석(元夕), 원야(元夜)라고도 부른다. '소(宵)'는 밤, 특히 보름달이 뜨는 밤을 의미한다. 춘절(春節) 이후의 정월 보름은 한 해의 첫 번째 보름달이 뜨는 밤이므로, 이를 '원소(元宵)'라고 불렀다. 상원절의 유래가 도교에서 숭배하는 '태일신(太一神)' 사상과 관련이 있다는 견해가 있다.60) 그러나 명절의 오락적·축제적 성격이 깊어지면서, 상원절은 이미 민간의 전통 명절로 굳어졌다. 사람들은 보통 원소(元宵)의 밤에 등을 밝히고 감상하며 축하하였으므로, 원소를 등절(燈節)이라고도 불렀다.

4. 사일(社日): 일반적으로 입춘(立春)과 입추(立秋) 이후의 다섯 번째 무일(戊日)을 가리킨다. 민간에서는 사일(社日)에 관습적으로 토지신[社神]에게 제사를 지냈다. 『설문·시(示)부수』에서는 "사(社)는 땅을 주관하는 신을 말한다. 시(示)와 토(土)가 의미부이다. 『춘추전』에서는 '공공(共工)의 아들인 구룡(句龍)이 땅을 관장하는 신[社神]이 되었다.'라는 구절이 있고, 『주례』에서는 '25가구를 사(社)로 삼고, 그 지역에 알맞은 나무를 심는다.'라는 구절이 있다.(社, 地主也. 從示, 土. 『春秋傳』曰: 共工之子句龍爲社神. 『周禮』: 二十五家爲社, 各樹其土所宜之木.)"61)라고 했다. 따라서 '사(社)'는 토지신을 말한다. 민간에서 토지신[社神]에게 제사 지내는 역사는 매우 오래되었으며, 이는 상고(上古) 시기 중국인들이 가졌던 자연 숭배 관념의 연속일 것이다. 사일(社日)은 토지신에게 제사 지내는 명절로서, 자연스레 종교적 색채를 띠게 되었고, 흔히 볼 수 있는 풍속 명절보다 훨씬 엄숙한 성격을 지니게 되었다. 또한, 민간에서 사일(社日)에 토지신에게 지내는 제사는 계절에 따라 나뉘어 행해졌기 때문에, 사일(社日)은 춘분(春

---

59) 劉開揚, 『高适詩集編年箋注』(北京: 中華書局, 1981), 318쪽.

60) 王明華, 「道敎文化對"太一信仰"的接受與上元節的産生」, 『山東靑年政治學院學報』, 2013年 第6期.

61) 許愼, 『說文解字』(北京: 中華書局, 1963), 9쪽.

分) 전후에 위치하는 춘사(春社)와 추분(秋分) 전후에 위치하는 추사(秋社)
두 가지로 나뉜다.

5. 한식(寒食): 청명(淸明) 이틀 전의 날을 말한다. 한식절의 유래는 대체로
춘추(春秋) 시기 진(晉)나라 대부 개자추(介子推)를 기리는 데에서 비롯된
것으로 본다. 이 고사가 풍속 절령(節令)이 되고 나서, 사람들은 한식 기
간 동안 불의 사용을 엄격히 금지하였다.

6. 청명(淸明): 청명은 24절기(二十四節氣) 가운데 하나로, 시절의 변화에 따
라 날짜가 일정하지 않지만, 대체로 4월 초 며칠 사이에 해당한다. '청명
(淸明)'의 유래에 관해서, 『회남자·천문훈(天文訓)』에서는 "춘분(春分) 후
열닷새가 지나 을일(乙日)에 이르면 청명풍(淸明風)이 불어온다.((春分後)加
十五日指乙, 則淸明風至.)"[62]라고 했다.

7. 화조(花朝): 음력 2월, 온갖 꽃들이 만발하는 시기에 해당한다. 고대인들
은 화신(花信)의 주기를 절령(節令)으로 삼아, 이때 여러 기념행사를 열었
다. 온갖 꽃들이 한창 피어나는 시기이므로, 민간에서는 이 날을 꽃들의
탄생일로 여겨 '화신절(花神節)'이라고도 불렀다. 화조절(花朝節)의 형식은
비교적 자유로워 지역마다 날짜가 달랐는데, 남방에서는 흔히 2월 초이
틀을 기준일로 삼았고, 2월 12일을 기준일로 삼는 경우도 있었다.

8. 상사(上巳): 3월 상순(上旬)의 사일(巳日)에 해당한다. '상사(上巳)'는 간지
(干支)로 날짜를 기록하는 습관에서 유래한 것으로, 그 달의 첫 번째 사
일(巳日)이므로 상사(上巳)라 불렀다. 『주례·춘관(春官)』의 정현(鄭玄) 「주
(注)」에서는 "세시(歲時)에 부정을 씻어내는 예가 있으니, 지금의 3월 상
사(上巳)일에 물가에서 행하는 것과 같다.(歲時祓除, 如今三月上巳如水上之
類.)"[63]라고 했다. 위(魏)나라 이후에는 '상사(上巳)'를 3월 3일로 정했는
데, 이날 사람들은 대개 교외로 나가 봄나들이를 하고 연회를 즐기는 풍
습이 있었다.

---

62) 陳廣忠, 『淮南子』(北京: 中華書局, 2012), 130쪽.
63) 十三經注疏整理委員會, 『周禮注疏(十三經注疏)』(北京: 北京大學出版社, 2000), 812쪽.

9. 단오(端午): 음력 5월 초닷새를 말한다. 단오의 유래는 일반적으로 초(楚) 나라의 애국 시인 굴원(屈原)을 기리기 위한 것으로 여겨진다. 단오(端午) 의 '단(端)'은 '바르고 곧다[中正]'는 의미가 있으며, '오(午)'의 정오(正午)의 개념에도 '바르고 곧다'는 의미가 있다. 따라서 단오(端午)는 가장 바르고 곧은 날에 속한다. '단(端)'자의 초기 형태는 '단(耑)'인데, 갑골문에서 '단 (耑)'은 ⚡으로 썼다. 이는 발가락 아래에 초목의 뿌리가 있는 모습으로, 회의자(會意字)에 해당된다. 일반적으로 '단(耑)'은 '처음, 시작'을 의미한다고 본다. 이런 점에서 단오(端午)를 5월의 첫 번째 '오일(午日)'로 해석하는 견해도 존재한다.

10. 칠석(七夕): '기교(乞巧)'라고도 부르며, 음력 7월 초이렛날을 말한다. 일반적으로 칠석은 기교(乞巧)의 풍습에서 유래했다고 본다. 7월 7일은 전설 속 하늘의 직녀(織女)가 태어난 날이라 여겨졌다. 그 중에서 일곱 번째 직녀는 직물을 잘 짜는 손을 가졌는데, 민간의 여성들이 직녀에게 손재주를 내려 달라고 빌었기 때문에, 7월 7일에 기교(乞巧)의 풍속이 생겨난 것이다.

11. 중원(中元): 음력 7월 보름을 말한다. 이 명절의 기원은 상고(上古) 시기의 조상 숭배와 농사 풍년을 기원하는 제사에서 찾을 수 있다. '7월 보름'은 본래 상고시기 민간에서 조상에게 제사 지내는 날이었다. '중원절(中元節)'이라고 부르게 된 것은 동한(東漢) 이후 도교의 설에서 유래했다. 불교에서는 7월 보름을 '우란분절(盂蘭盆節)'이라고 불렀다. 주요 풍속으로는 조상 제사, 하천에 등불 띄우기, 망혼(亡魂) 제사, 종이돈[紙錠] 태우기, 토지신 제사 등이 있다.

12. 중추(中秋): 음력 8월 15일을 말하며, 배월절(拜月節)이라고도 부른다. 보름달이 뜨는 날, 사람들은 달에 제사 지내고 감상하면서, 둥근 달에 빗대어 가족의 화합과 단란함을 기원하였다. 그래서 이를 '화합과 단란[團圓]'을 위한 명절로 여겼다.

13. 중양(重陽): 중구(重九)라고도 부르는데, 음력 9월 9일을 말한다. 숫자 9가 양수(陽數)이므로, 중양(重陽)이라고도 불렀다. 9는 숫자 중에서 가장 큰 수

이므로, 중구(重九)를 장수(長壽)의 상징으로 여겨 중양절은 노인의 날로도 인식되었다. 이날에는 높은 곳에 오르거나 술을 마시는 풍습이 있었다.

14. 동지(冬至): 24절기 중 하나이다. 고대에는 "동지는 설날만큼 중요하다.(冬至大如年)"라는 말이 있었다. 동지는 1년 중에서 낮이 가장 짧고 밤이 가장 긴 날이다. 동지가 지나면 태양의 밝은 빛이 점차 돌아오기 때문에, 동지는 태양의 새로운 탄생을 상징한다.

15. 납일(臘日): 납팔(臘八)이라고도 부른다. 납(臘)은 세말(歲末)에 행하는 제사 명칭이다. 한대(漢代)에는 납일(臘日)을 동지 뒤의 세 번째 술일(戌日)로 정했으나, 민간에서는 일반적으로 12월 초여드레를 납일(臘日)로 삼았다.

16. 제석(除夕): 1년 중 마지막 날을 세제(歲除)라고 하는데, 이 날 밤을 '제석(除夕)'이라 불렀다. '제(除)'는 묵은 것을 없애고 새로운 것을 펼친다는 의미로, 제석(除夕)에 사람들은 묵은해를 보내고 새해를 기쁘게 맞이하였다.

제5장
농시(農時)계열 문자

제5장

농시(農時) 계열 문자와 시간의 순리를 지키는 예제(禮制) 관념

고대 중국인들은 농업에 종사하면서 자연의 기후 현상을 세밀하게 관찰함으로써 풍부한 기상 지식을 축적했으며, 매우 일찍부터 천문과 역법에 대한 관념을 확립했다. 앞서 인용한 『상서·요전(堯典)』의 '출일(出日)', '일영(日永)', '납일(納日)', '일단(日短)'은 실제로 현재 음력의 춘분(春分), 하지(夏至), 추분(秋分), 동지(冬至)에 해당한다. 그중 하지(夏至) 때는 낮이 가장 길어서 '일영(日永)'이라 했고, 동지(冬至) 때는 낮이 가장 짧아서 '일단(日短)'이라 했다. 춘분, 하지, 추분, 동지는 고대 중국인들이 태양의 그림자를 관측하여 파악한 자연법칙이다. 사람들은 사계절의 기후 변화를 세밀히 관찰하면서 절기의 변화를 감지했으며, 나아가 정확한 시기를 파악하여 농사 활동을 전개함으로써 더 좋은 수확을 얻게 되었다.

농업 사회의 봄갈이[春耕], 가을 수확[秋收]은 바로 인류가 자연을 개조하는 과정에서 농사시기[農時](이후 농시라고 말함)의 주기적 순환을 얼마나 정확히 파악했는가를 반영한 것이다. 이는 자연의 일 년 주기 속에서 인류가 자연을 개조하는 행위를 시간적 서열로 나타낸 것이라 할 수 있다. 농작물의 경작으로 보자면, 봄갈이가 시작이고 가을 수확이 끝이다. 작물의 생장 주기는 인류의 사회생활 주기를 기록한 것이기도 하다. 고대인들이 농시(農時)를 정확히 파악한 사실은 역사적 언어와 문자 속에서 주로 농경 절기와 관련된 일부 문자에 나타나는데, 우리는 이를 농시(農時) 계열 문자라고 부를 수 있다.

제1절 농시(農時) 계열 문자와 농경사회 시간관념

"해가 뜨면 나가 일하고, 해가 지면 들어와 쉰다.(日出而作, 日入而息.)"는 예로부터 이어져 온 생활 전동이다. 상고(上古)의 농경 시대에 사람들이 "해가 뜨면 나가 일한다(日出而作)"는 말의 주요 내용은 농업 경작이었을 것이다. 당시 사람들의 의식 세계에는 아직 비교적 완전한 시간 체계가 없었으므로, 시간과 관련된 개념을 표현할 때 생활 속의 구체적인 행위와 추상적인 시간을 자주 결부시켰다. 그리고 당시 사람들의 삶의 중심이었던 농경 활동이 자연스럽게 시간을 기록하는 주요 대상 중 하나가 되었다.

(1) 농(農)

'농(農)'자가 출현한 시대는 비교적 이르다. 은상(殷商) 갑골문과 상주(商周) 금문에서 '농(農)'자가 제일 먼저 나타나는데, 다만 자형 상 지금의 간체자 '농(农)'과는 일정한 차이가 있다. '농'의 번체자는 '농(農)'이지만, 『설문』에서는 '농(農)'을 수록하지 않고 이와 비슷한 형태인 '농(農)'을 수록했다. 사실 이 '농(農)'이 바로 '농(農)'이다. 『설문 농(農)부수』에서는 "농(農)은 밭을 갈다라는 뜻이다. 신(晨)이 의미부이고 신(囟)이 소리부이다.(農, 耕也. 从晨囟聲.)"[1]라고 했다. 허신은 이 글자의 아래에 또 다른 형태들도 열거했는데, 이들은 각각 '襛', '農', '蕽' 세 가지 구조로 볼 수 있다. 이 중에서 '림(林)'으로 구성된 '襛'은 주문체이

---

1) 許愼, 『說文解字』(北京: 中華書局, 1963), 60쪽.

며, '䢉'과 '䢈'은 모두 고문체로 간주된다. 고문자 중에서 '농(農)'과 관련된 주
요 자형은 다음과 같이 표로 정리할 수 있다.

[표 5-1] '농(農)'자와 관련 있는 고문자 자형

隷定	甲骨文	金文	簡帛文	小篆
䢉				
䢈				
䢊				
䢌				
䢍				
晨				

'농(農)'자 관련 여러 고문자구조 중에서, 갑골문의 ''은 과거에 '신혼(晨昏:
새벽과 황혼)'의 '신(晨)'자로 보기도 했다.[2] 갑골문 ''은 ''의 기초 위에 손 모

양을 나타내는 '우(又)'를 추가한 것으로, 일반적으로 '🐾'은 '🐾'과 다르다고 본다. '🐾'에는 동작 행위를 나타내는 손 모양이 있기 때문에, 이 글자가 어떤 동작을 나타낸 것이라고 여겼다. 이에 대해 이효정(李孝定)은 이를 '호(薅: 김매다)'자로 해석했다.3) 그러나 갑골문에서 이 두 자형에 해석에 대한 시비를 가리려면, 반드시 복사에서 '🐾'과 '🐾' 두 글자의 실제 용법과 결합하여 살펴봐야 할 것이다.

[1] 임신(壬申)일에 점을 칩니다. '즉(㘴)'이 물어봅니다. 형 '임(壬)'에게 '세(歲)'제사를 아침에 드릴까요?(壬申卜, 㘴貞: 兄壬歲叀🐾(蓐).)(『合集』23520)

[2] 계해(癸亥)일에 [점을 칩니다], 물어봅니다. '비(匕)'에게 '세(歲)'제사를 드리는데, 오늘 새벽에 '주'제사를……?(癸亥[卜], 貞: 匕歲叀今🐾(蓐)酚……)『合集』25157

[3] 새벽에 잡을 수 있을까요?(于🐾(蔓)禽.)(『屯南』2061)

위에서 언급한 예문의 용법을 보면, 예문 [2]에서 '🐾'은 '금(今)'과 연용되어, 시간을 나타내는 글자라 할 수 있다. 일반적으로 '금농(今🐾)'은 '금신(今晨)'을 의미한다고 본다. 예문 [1]에서 '🐾'자는 허사 '혜(叀, 즉 惠)'의 뒤에 나타나는데, 이는 행위의 방식이나 시간을 강조하는 것으로 이해할 수 있다. 문장에서 묘사된 행위는 형임(兄壬)에게 세제(歲祭)를 행하는 것인데, 만약 '🐾'을 '농(農)'으로 해석하여 농사 행위로 본다면, 문맥의 논리와 부합하지 않는다. 따라서 이 경우에

---

2) 常正光, 「"辰爲商星"解」, 『四川大學學報叢刊(第十輯)·古文字研究論文集』(成都: 四川人民出版社, 1982), 137-175쪽.
3) 李孝定, 『甲骨文字集釋』(臺北: "中硏院"歷史語言硏究所, 1970), 237-239쪽.

도 시간사로 해석하여, 형임(兄壬)에게 '龏'이라는 시간에 세제(歲祭)를 행한 것으로 이해해야 한다. 그러므로 예문 [1]과 [2]의 '龏'은 모두 명확한 시간사로 사용된 것으로 해석할 수 있다.

그러나 예문 [3]의 상황은 약간 다르다. 여기서 사용된 자형은 '龏'은, 이전에 일반적으로 '우(又: 손)'로 구성된 글자를 행위 동사 '호(薅: 김을 매다)'로 본 견해에 따르면 문장의 의미가 통하지 않는다. 개사 '우(于)'는 대개 사물의 시간·장소·대상 등을 소개하는 데 사용되며, 소개되는 것은 보통 명사이기 때문이다. 따라서 이 경우 '龏'을 동사 '호(薅)'로 해석할 수 없다. 필자는 여기서 '龏'의 용법이 '龏'과 같은 시간을 나타내는 글자로 보아야 한다고 생각한다.

복사에서 '龏'은 모두 4회 나타나며, 이 예문 외에도『합집』583반(反), 9497, 9498반(反)에서도 보이지만, 모두 잔편이라 그 용법을 확정하기 어렵다. 그러나 『합집』9497의 자형은 '龏'으로 되어 있어, 형태상으로 볼 때 글자 속에서 '우(又)'의 모습은 거의 식별하기 어렵다.

갑골문에서 '신(辰)'자는 '龏', '龏' 등으로 쓰기도 하는데, 그중 오른쪽 아랫부분은 본래 어떤 도구를 들고 있는 손 모양과 같다. 그러므로 '龏'자를 새길 때, 가끔 손 모양의 부호를 추가하여 손으로 도구를 든다는 의미를 강조하는 것도 충분히 이해할 만하다. 복사에서 '龏'자의 용법에 따르면, 이를 '龏'의 이체자로 풀이하는 것이 가장 자연스럽다.

복사에서 '龏', '龏' 두 글자의 용법을 보면, 이들 글자는 주로 시간을 나타내는 글자로 사용되었음을 알 수 있으며, 이를 '신(晨)'으로 읽는 것은 믿을만하다. 그러나 이것이 곧 농사 행위와 아무런 관련이 없다는 것을 뜻하지는 않는다. 갑골문 '㵘'자는 자형에 따르면 '신(蓐)'이 되어야 하며, 그 자형 구조와 표의적 성격에 대해서 구석규는 다음과 같이 상세히 설명했다.

갑골문에서 보면, 신(辰)은 농업에서 풀과 나무를 제거할 때 사용한 도구이다.……(㵘)은 본래 손으로 신(辰)을 들고 풀과 나무를 없애는 모습으로, '욕(蓐)'으로 변천했다고 해도, 후대의 초(艸)가 의미부이고 욕(辱)이 소리부인 '욕(蓐)'자와 반드시 관련이 있다고 할 수 없다. 나진옥(羅振玉)이 이 글자를 '농(農)'으로 해석한 것은 정확하다. 금문의 '농(農)'자는 다음과 같은 형태로 쓰이기도 했다.

㵘: 갑골문의 '농(農)'자와의 주된 차이점은 '전(田)'이 추가되었다는 점이다.……'농(農)'자는 왜 초목을 제거하는 형상을 본뜬 것일까? 양수달(楊樹達)은 "……초기 인류의 세상에는 숲이 두루 퍼져 있어, 경작하는 자는 파종하기 전에 먼저 그 나무들을 베어야 했으므로, 글자가 림(林)으로 구성된 것이다."라고 해석했다. 이러한 설명은 타당성이 있다. 그러나 고대에 휴경지(休耕地)를 경작할 때도 먼저 풀과 나무를 없애야 했기에, 양수달의 설명은 충분히 포괄적이지 않다. "심경역누(深耕易耨: 깊이 갈고 열심히 김을 매다)"의 '누(耨)'는 고대음에서 '농(農)'과 음양(陰陽)이 전도된 관계[4]에 있다. '㵘' 자형이 나타내는 의미도 '누(耨)'와 일치한다. '누(耨)'와 '농(農)'은 하나의 글자에서 분화된 것이어야 한다. 그러므로 갑골문의 '㵘'도 '누(耨)'로 해석할 수 있다.……신(辰)은 그 형태가 근(斤)이나 확(钁)과 유사한 농기구였을 가능성이 있다.……고서에서 자주 언급되는 누(耨), 서(鋤)는 일반적으로 풀을 제거하는 데만 사용되었으며, 신(辰)보다 가볍고 작은 농기구로, 후대의 '호미[鋤]'와 유사했을 것이다.[5]

---

4) (역주) 보통 같은 어원의 두 글자가 성조나 성모·운모 등에서 서로 교차·대립적으로 변한 관계를 가리킨다.

구석규의 말과 그가 인용한 양수달의 설에 따르면, '□', '□' 두 글자는 조자(造字) 의도에서 볼 때 모두 '농(農)'으로 해석해야 한다. 이는 그 자형이 농사 행위를 표현하고 있으며, 그것이 바로 글자의 본의(本義)이기 때문이다. 그러나 복사에서 사용된 사례는 본의(本義)가 아니라 가차 의미이다. 고대인들이 "해가 뜨면 나가 일한다(日出而作)"에서 일하는[作] 행위는 '농사[農]'이며, 일하는[作] 시간은 태양이 뜨는 시간 즉 '새벽[晨]'이다. 따라서 농사 행위를 나타내는 '농(農)'자를 빌려, 농사 행위가 이루어지는 시간인 '신(晨)'을 표시하게 된 것이다. 이는 완전히 설명이 가능한 논리이다.

금문의 관련 자형에도 세 가지 구조가 있다. '□'은 갑골문의 '□'과 같고, '□'는 '□'의 기초 위에 '전(田)'의 형태를 추가한 것이다. 임의광(林義光)은 "신(晨)은 식사하는 시간이고, 농(農)은 식량을 구하는 일이므로, 그 상형(象形)이 동일하다. 농(農)이 전(田)으로 구성됨으로써 신(晨)과 구별된다."[6]라고 보았다. 즉, '전(田)'으로 구성된 '□'은 '농(農)'이고, '전(田)'으로 구성되지 않은 '□'은 '신(晨)'이 된다. 그러나 금문의 '□'에서 '전(田)'은 '신(囟)'이 잘 못 변한 구조라고 보는 견해도 있어, '전(田)'으로 구성된 것이 여전히 소전의 '農'이라고 본다. 금문의 '□'은 '□'의 기초 위에 손 모양의 '우(又)'를 추가한 것이다. 일부 학자들은 이를 "밭을 김매는 것을 뜻한다.(薅田之謂也.)"[7]라고 보았다.

---

5) 裘錫圭, 「甲骨文中所見的商代農業」, 『裘錫圭學術文集·甲骨文卷』(上海: 夏旦大學出版社, 2015), 233-269쪽.
6) 林義光, 『文源』(上海: 中西書局, 2012), 194쪽.
7) 高鴻縉, 『散盤集釋』(臺北: 臺湾師范大學, 1957), 73-74쪽.

　전국시기의 간백(簡帛) 자료에 이와 관련된 글자가 세 개 있다. 림(林, 木)이 의미부이고, 신(辰)이 의미부이며, 우(又)도 의미부인 '䅶'와 '耤', 일(日)이 의미부인 晨이 있다. 이 세 글자가 각각 보이는 사례는 다음과 같다.

[4] 땅의 이로움을 굽어 살펴, 농사에 힘쓰고 경계하여야 한다.(俯視地利, 務 䅶(農)敬戒.)(「上博簡」五·三德·15)

[5] 순(舜)임금은 드디어 머리에 쓴 모자를 벗고 어깨에 걸친 쟁기를 내던지고 풀숲에 앉을 수 있었다.(舜于是乎始免笠肩耤(耨), 芰芥而坐之.)(「上博簡」二·容成氏·14)

[6] 9월 갑신일에.(九月甲晨(晨)之日.)(「包山簡」·文書·46)

　간독문에서 사용된 상황을 보면, 앞의 두 글자는 분명히 농사와 관련된 글자이다. 일반적으로 전자는 '농(農)'으로, 후자는 '누(耨)'로 해석할 수 있다. 그러나 예문 [6]에서는 '일(日)' 부호가 분명하게 보이는데, '일(日)'이 시간의 의미를 표현한다는 점에서 볼 때, 이 글자는 보통 '신(晨)'으로 판독된다. 실제 용례에서는 지지(地支)의 '진(辰)' 또는 '성신(星辰)'의 '신(辰)'으로 사용된다.

　상술한 고문자 '농(農)'과 '신(晨)'의 형태와 의미를 분석해보면, 대체로 다음과 같은 판단을 내릴 수 있다. '농(農)'의 고문자 형태는 본래 그 형태가 주로 '신(辰)'이 의미부이고, '림(林, 木)'이 의미부인 것이 주를 이루며, 간혹 손에 농기구를 들고 있는 행위를 강조하기 위해 '우(又)'를 추가한 경우도 보인다. 그 자형으로는 辳, 莀, 藀, 僓, 襂, 䅶, 耤 등 몇 가지가 있다.

　그러나 이러한 자형들은 문자구조의 예서화 관점에서만 '농(農)'으로 확정할 수 있을 뿐, 실제 용례에서의 의미를 종합하면 '농(農)'과 '신(晨)' 두 가지 의미를 모두 포함한다. 즉,『설문』의 방식에 따라 이를 '농(農)', 농(嫌), 농(欁)' 등으로 예서화된 형태로 규정하여 오늘날 통용되는 한자 '농(農)'에 해당한다고 볼 수 있다. 그러나 의미의 측면에서, 그중 일부가 '신(晨)'의 의미로 사용된 것은 일반적으로 '농(農)'에서 분화된 글자로 이해된다. 따라서 분화된 글자들은 바로 오늘날의 통용 한자 '신(晨)'으로 해석할 수도 있다.

'우(又)'가 의미부인 구조가 의미 용법에서 이미 잡풀이나 나무를 베어내는 특정 행위의 의미로 분화된 것으로 본다면, 직접 '누(耨)'나 '호(薅)' 등으로 해석할 수도 있다. 간백(簡帛)에 나타난 '𨑌'은 '신(晨)'이라는 현대글자로 옮기고 '이른 아침'으로 해석할 수 있으나, 실제 용법에서는 여전히 가차하여 '진(辰)'으로 쓰인 것이 옳다고 본다.

종합하면, '농(農)'과 '신(晨)'은 본래 같은 어원을 가진 서로 다른 글자이지만, 최초의 자형이 표현하는 의미는 '농(農)'으로 해석하는 것이 적절하다. 그러나 실제 사용에서 해당 글자는 일정한 분화를 거쳐 '신(晨)'과 '누(耨)'로 분화되었기 때문에, 글자의 해석에 자주 혼란이 발생했다. 특히 '농(農)'과 '신(晨)' 두 글자를 구별하는 문제는 논란이 끊이지 않았다.『설문·신(晨)부수』에서는 "신(晨)은 아침을 말하는데, 날이 밝을 때라는 뜻이다. 구(臼)가 의미부이고 신(辰)도 의미부이다. 신(辰)은 때를 말한다. 신(辰)은 소리부도 겸한다.(晨, 早昧爽也. 从臼从辰. 辰, 時也, 辰亦聲.)"[8]라고 했다.

허신이 '신(辰)'을 시간으로 본 것은 간지(干支)로 시간을 기록하는 방법에 영향을 받았기 때문일 것이다. 사실 이 '신(晨)'자가 위에서 언급한 '농(農)'의 고문

---

8) 許愼,『說文解字』(北京: 中華書局, 1963), 60쪽.

자 형태와 차이가 나는 것은 농사 대상인 '숲[林]'이나 '나무[木]'를 특별히 표시하지 않았다는 점뿐이다. 본래 두 손에 농기구를 들고 농사 행위를 나타내는 의미이며, 농사 행위가 "해가 뜨는" '아침[晨]'에 발생하므로, 이로써 '이른 아침'이라는 의미를 나타내게 되었다. '신(晨)'이 시간을 나타내는 의미는 농사 행위의 '농(農)'자에서 유래한 것으로, 이는 고대인들의 "해가 뜨면 나가 일한다(日出而作)"와 같이 농사를 중시하는 사상을 보여줄 뿐만 아니라, 농사로 시간을 기록하는 직접적인 표현이기도 하다.

(2) 년(年)

앞에서 이미 '년(年)'이 기년(紀年)에 사용되는 글자로, 왕권 관념을 드러낸다고 언급한 바 있다. 여기에서는 '년(年)'과 농경과의 관계를 살펴볼 필요가 있다. "벼꽃 향기 가득한 들판에서 풍년을 말하고 있네.(稻花香里說豐年.)"9)라는 말에서, 풍년(豐年)은 곧 풍성한 수확의 해를 의미한다. 풍년이 '년(年)'과 어떤 밀접한 관계를 가지는지 알기 위해서는, '년(年)'의 고문자구조에서부터 시작해야 한다. '년(年)'자는 이전에 '년(秊)'으로도 썼는데, 이는 위가 '화(禾)', 아래는 '천(千)'으로 이루어져 있다. 그 고문자 형태는 다음과 같은 몇 가지 유형을 포함한다.

---

9) (역주) "稻花香裏說豐年, 聽取蛙聲一片."은 남송(南宋)의 시인 신기질(辛棄疾)의 『서강월(西江月)·야행황사도중(夜行黃沙道中)』에 나오는 구절이다. 이는 벼꽃의 향기와 개구리 울음소리가 서로 어우러지는 '감각의 교감'을 통해, 여름 들녘의 생동감과 풍년을 기다리는 농민의 기쁨을 정취 있게 그려냈다.

甲骨文   金文   簡帛文   小篆

　　갑골문과 금문의 표기법을 통해, 처음에 '년(年)'자는 회의자였음을 알 수 있다. '년(年)'자의 자형은 윗부분은 '화(禾)'이고, 아랫부분은 측면으로 선 사람의 형상으로, 사람이 벼를 지고 있는 모습을 나타내고 있다. 이는 벼가 여물 무렵 사람들이 수확하는 장면을 형상화한 것이다.

　　앞에서 살펴본 바와 같이, 『설문·화(禾)부수』의 해석에 따르면, '년(年)'의 본의(本義)는 곡식이 익는 것을 말한다. 『상서·다사(多士)』에서는 "너희가 근면하게 행동한다면, 이 낙 땅에서 풍요로운 세월을 누리리라.(爾厥有乾, 有年於茲洛.)"[10]라고 했고, 『곡량전·환공(桓公)』3년에서는 "오곡이 모두 익는 것을 유년

---

10)　王世舜·王翠葉, 『尙書』(北京: 中華書局, 2012), 250쪽.
　　　(역주) 이 문장은 『상서·다사(多士)』에 나오는 구절로, 주공(周公)이 은상(殷商)의 유민들에게 내린 교훈적 훈령이다.
　　　"이궐유건(爾厥有乾)"에서 '궐(厥)'은 대명사로, 은상(殷商)의 유민을 가리킨다. '건(乾)'은 '건(虔)'과 통하며 '공경하고 근면하다'는 뜻이다. 따라서 이 구절은 "너희는 마땅히 근면하게 행동해야 한다"는 의미이다. 주공은 은나라의 유민들이 성탕(成湯)과 제을(帝乙) 같은 선왕의 덕정을 본받아, 성실하고 공경스러운 태도로 주(周) 왕조의 통치에 협력할 것을 강조하였다.
　　　"유년어자락(有年於茲洛)"에서 '유년(有年)'은 '풍년이 든다'는 뜻이거나, 나아가 국운이 오래 지속됨을 뜻한다. '자락(茲洛)'은 낙읍(洛邑), 즉 주나라의 새 도읍인 성주(成周)를 가리킨다. 그러므로 이 구절은 "낙읍에서 장구한 태평과 풍요를 이루리라"는 의미이다. 주공은 낙읍 천도를 통해 은나라 유민을 안정시키는 한편, 주 왕조의 천명

(有年: 풍년을 의미)이라 한다.(五穀皆熟爲有年也.)"[11]라고 했다. 이들은 모두 '년(年)'의 본의(本義)를 사용한 것이다.

'유년(有年)'은 농작물에 수확을 얻었다는 뜻으로, 이 단어는 은상(殷商) 시기 갑골 복사에서 가장 먼저 보인다. 당시 상(商)나라 왕은 한 해의 수확에 대해 자주 점을 쳤는데, 복사에서 '년(年)'자는 '수년(受年)', '유년(有年)', '구년(求年)' 등 구의 형식으로 흔하게 나타난다. 일반적으로 이때의 '년(年)'은 모두 곡식의 풍성한 수확을 나타내지, 기년(紀年)을 나타내는 단어로 사용된 것은 아니었다.[12]

또한, 일부 학자들은 갑골문에서 '년(年)'이 곡식이 익는다는 뜻이며, 당시 현지 농작물의 생장 상태로 볼 때, 이는 한 주기적 연도에 정확히 대응한다고 여겼다. 따라서 상나라 사람들은 '년(年)'을 사용하여 곡식이 자라는 전체 주기, 즉 오늘날 시간 제도의 '1년'을 표현한 것이라 해석했다.[13]

금문에 보이는 '년(年)'에서 일부 자형은 아랫부분의 사람 형상 위에 둥근 점을 추가하는 습관이 있었다. 시간이 지나면서 점차 이 점은 짧은 가로획으로 변했고, 그 속에 든 사람 형상 부호는 고문자의 '천(千)'으로 잘 못 변하게 되었다. 이것이 전국 문자, 소전 및 그 이후의 문자에서 '년(年)'자에 '천(千)' 편방이 있게 된 이유이다.

이 이미 이곳으로 옮겨왔음을 상징적으로 보여주며, 나라의 번영과 장구한 국운을 기원하였다.(baidu 참조)

11) 承載, 『春秋穀梁傳譯注』(上海: 上海古籍出版社, 2004), 64쪽.

12) 李孝定, 『甲骨文字集釋』(臺北: "中研院"歷史語言研究所, 1970), 2367쪽.

13) 張秉權, 「殷代的農業與氣象」, 『歷史語言研究所集刊(第四十二本第二分): 慶祝王世杰先生八十歲論文集』(臺北: "中研院"歷史語言研究所, 1970), 277쪽.

고대인들은 사람이 곡식을 짊어진 형상을 통해 풍요로운 수확의 의미를 표현했으며, 다시 그러한 풍년의 모습을 나타내는 문자를 사용하여 농작물 수확이 거쳐 가는 일련의 시간 주기를 표시했다. 이는 사유 의식의 영역에서 농경 생활과 추상적인 시간개념을 긴밀히 결합한 대표적인 사례로, 농경 활동과 고대의 시공간 관념이 서로 보완하며 밀접히 연관되어 있음을 드러낸다.

(3) 추(秋)

앞에서 이미 '추(秋)'의 자형을 분석했는데, 그 고문자 형태는 상형(象形)의 구조로, 가을 추수 시기에 밭에서 흔히 볼 수 있는 메뚜기를 본떴다. 따라서 이 글자는 고대인들이 추수철에 흔히 볼 수 있는 곤충의 형태로 추상적 개념인 그 계절을 표현한 것이다.

| 甲骨文 | 金文 | 簡帛文 | 小篆 |

『설문화(禾)부수』에서는 "추(秋)는 벼 같은 곡식이 익을 때라는 뜻이다. 화(禾)가 의미부이고 추(爐)의 생략된 부분이 소리부이다.(秋, 禾穀熟也. 从禾, 爐省聲.)"14)라고 했다. 당란(唐蘭)은 '추(秋)'의 본의(本義)가 온갖 곡식이 익는 것

---

14) 許慎, 『說文解字』(北京: 中華書局, 1963), 146쪽.

이고, 본래 시간을 나타내는 글자가 아니었는데, 곡식이 1년에 한 번만 익기 때문에 '추(秋)'를 '년(年)'과 같은 의미로 사용했다고 보았다.[15]

고대에는 농업을 중요하게 여겨, 백성들의 생활이 농업과 밀접하게 연결되어 있었다. 고대인들은 백성들의 삶과 직결된 사시(四時)의 개념을 농사에서 흔히 접하는 구체적인 사물과 긴밀히 연결했는데, 이는 논리적으로 완전히 설명될 수 있다.

가을[秋季]은 본래 곡식이 익는 계절이다. 우성오(于省吾)는 상대(商代)의 가을을 7월부터 12월까지라고 보았는데[16], 이는 오늘날 우리가 이해하는 가을의 추수 시기와 대응된다.

곡식이 익는 철에 밭에서 자주 볼 수 있는 메뚜기 같은 곤충을 본떠 곡식이 무르익는 계절을 나타낸 것은, 고대인들이 구체적 사물로 추상적 개념을 표현하는 흔한 방식이었다. 이는 또 당시 사람들의 생산과 생활의 중심이 농업에 있었음을 보여준다.

바로 '추(秋)'가 곡식이 익는다는 의미를 나타내기 때문에, '추(秋)'자와 독음이 비슷한 대부분의 글자들이 실제로 농업, 재배업 등의 사물과 관련이 있다. 예컨대, '수(秀)'자의 본의(本義)는 식물이 꽃을 피우고 열매를 맺는 것을 나타낸다.

『설문화(禾)부수』에서 서개(徐鍇)는 '수(秀)'에 대해 "벼의 이삭이 여문 것이니, 여문 모양이 아래로 늘어진 모습이다.(禾實也, 有實之象, 下垂也.)"[17]라고 주석했는데, 이것이 바로 그 증거이다. 고대 문헌에서도 그 예를 많이 볼 수 있다.

---

15) 唐蘭, 『殷虛文字記』(上海: 上海古籍出版社, 2016), 16쪽.
16) 于省吾, 「釋秂」, 『雙劍誃殷契駢枝雙劍誃殷契駢枝續編雙劍誃殷契駢枝三編』(北京: 中華書局, 2009), 27-34쪽.
17) 許愼, 『說文解字』(北京: 中華書局, 1963), 144쪽.

예컨대 『시경·빈풍·칠월(七月)』에 "4월에는 애기풀 이삭이 패고(四月秀葽)"[18]라는 구절이 있는데, 「전(傳)」에서는 "꽃이 피지 않고 열매를 맺는 것을 수(秀)라고 한다.(不榮而實曰秀.)"[19]라고 했다. 이는 수(秀)가 꽃을 피우지 않고 열매를 맺는 상황을 나타내는 것이며, 여기서 '수(秀)'는 바로 결실을 뜻한다.

　'추(秋)'는 가을을 의미하는 것 외에, 문헌에서는 '년(年)'의 의미로도 사용되었다. 예컨대, 『시경·왕풍·채갈(采葛)』의 "하루 못 보면, 3년[三秋]을 못 본 것 같네.(一日不見，如三秋兮.)"[20]에서 '추(秋)'는 '년(年)'을 말한다. 이는 고대인들이 매년 한 번 수확했기 때문에, '삼추(三秋)'는 '삼년(三年)'을 말한다.(삼(三)은 정확한 숫자가 아니라, 대략 많음을 가리키는 포괄적인 표현이다.)

(4) 秉

　갑골문에서 '秉'로 변한 자형이 있는데, 이 자형의 구조는 다음과 같이 쓴다.

甲骨文

　글자의 의미적 측면에서, 우성오(于省吾)는 이 글자를 '랍(臘)'으로 읽어야 하며, 제사의 명칭인데, 이후에 '제사의 달'이라는 의미로 파생되었다고 보았다.[21]

---

18) 劉毓慶·李蹊, 『詩經』(北京: 中華書局, 2011), 364쪽.
19) 十三經注疏整理委員會, 『毛詩正義(十三經注疏)』(北京: 北京大學出版社, 2000), 585쪽.
20) 劉毓慶·李蹊, 『詩經』(北京: 中華書局, 2011), 190쪽.
21) 于省吾, 「釋秉」, 『雙劍誃殷契駢枝雙劍誃殷契駢枝續編雙劍誃殷契駢枝三編』(北京: 中華

진몽가(陳夢家)는 이 글자에 ❦라고 쓰는 이체자가 있다고 여겼는데, 그 구조는 "채(采)로 구성되었다. 즉, 『설문』의 '수(穗)'자의 전서체로, '확화(穫禾)'를 가리킨다. '확화(穫禾)'와 '昪禾'는 두 개의 월명(月名)으로, 모두 천시(天時)와 농사 및 제사와 관련이 있다."22)라고 했다.

온소봉(溫少峰)과 원정동(袁庭棟)은 이 글자를 '화월(和月)'이라고 불리는 월명(月名)이라 보고, 이는 파종·수확과 제사와 관련된 달이라고 했다.23)

구석규는 이 글자를 "열(栔)의 초기 자형으로 보아야 할 것이다.……열(栔)은 벼[禾]와 기장[黍]과 같은 곡식의 줄기를 가리키는 명칭이다. '렬(列)'과 '랄(剌)'은 고대음이 서로 비슷하다. 복사의 '秉'자는 대부분 동사로 사용되었다.……곡식 줄기를 처리하는 어떤 행위를 뜻했을 것이다.……곡식 줄기는 비료로도 사용될 수 있다. 은(殷)나라 사람들은 때로 곡식의 이삭만을 거두고 줄기는 밭에 남겨두었다가 다시 처리하기도 했다."24)라고 설명했다.

진년복(陳年福)은 '秉월(秉月)'은 즉 '고월(稾月)'로, 곡식을 수확한 후에 짚을 처리하는 시기를 가리킨다고 보았다.25)

'秉'자에 대응하는 현대의 통용 한자를 찾을 수 없기 때문에, 글자 해석에 있어서 일반적으로 고대 예서체의 형태만 남아 있다. 그러나 용법이 상대적으로

書局, 2009), 27-34쪽.

22) 陳夢家, 『殷虛卜辭綜述』(北京: 中華書局, 1988), 228쪽.

23) 溫少峰·袁庭棟, 『殷墟卜辭研究－科學技術篇』(成都: 四川省社會科學院出版社, 1983), 88-89쪽.

24) 裘錫圭, 「甲骨文中所見的商代農業」, 『裘錫圭學術文集·甲骨文卷』(上海: 夏旦大學出版社, 2015), 233-269쪽.

25) 陳年福, 『釋甲骨文"鬶月""稾月"』, 夏旦大學出土文獻与古文字研究中心网 (http://www.fdgwz.org.cn/Web/Show/1149, 2010年5月15日).

명확하여, 복사에서의 사례는 다음과 같다.

[7] 경신(庚申)일에 점을 칩니다. □가 물어봅니다. "이번 秉월에 일이 생길
까요?"(庚申[卜], □, [貞]: 今秉月[又]史.)(『合集』21674)

'금秉월(今秉月)'과 '秉월(秉月)'과 같은 말이 복사에 하나만 존재하는 게 아
닌데, 그 가운데 '秉'자가 확실히 시간을 나타내는 글자임을 알 수 있다. 이는
대개 특정한 한 달을 나타내는 전용 명칭이었을 가능성이 크다. 그리고 이 글자
의 자형 구조가 '화(禾)'로 구성된 것으로 보아, 처음에는 학자들이 분석한 대로
농사 행위와 관련된 동사였을 것이다. 이렇게 농사와 관련된 동사에서 시간을
나타내는 단어로 변한 것은 농시(農時) 계열 문자와 농경 행위가 밀접하게 연관
되어 있다는 또 하나의 강력한 증거라 할 수 있다.

(5) 확(秄, 穫)

갑골문과 금문에는 '화(禾)'와 벌채 도구를 나타내는 '辛'으로 구성된 글자가
있는데, 학계에서는 일반적으로 이 글자를 수확을 뜻하는 '획(獲)'으로 해석해야
한다고 보고 있다. 그 고문자 자형은 다음과 같다.

甲骨文　　　　　　　金文　　　　　　　石刻文　　　　　　　小篆

이 글자의 고증과 해석에 대해, 손이양(孫詒讓)[26], 진몽가(陳夢家)[27], 요종이(饒宗頤)[28], 구석규(裘錫圭)[29] 등 학자들은 모두 이 자형을 회의자로 보았다. 이는 농기구로 곡식을 베는 모습이므로, 곡식을 수확한다는 의미로 보아야 한다고 했다.

진년복(陳年福)은 이 자형이 수확의 의미를 나타낸다는 것에 근거하여, 시간을 표시할 수 있어, 수확의 계절을 지칭하는 데 사용된다고 보았다.[30] 만약 그의 설이 옳다면, '확(秅)'자 역시 농사 행위에서 농사 시간을 나타내는 용법으로 변한 경우에 속한다고 할 수 있다.

(6) 대채(大采) / 소채(小采)

갑골문에서 '채(采)'는 '𤔔'로 썼는데, 그 자형의 아랫부분은 한 그루 나무를 본뜬 모습이고, 나뭇가지에는 과실이나 잎사귀 같은 형상이 달려 있다. 자형의

---

26) 孫詒讓著, 樓學禮校點, 『契文舉例』(濟南: 齊魯書社, 1993), 25-26쪽.
27) 陳夢家, 『殷虛卜辭綜述』(北京: 中華書局, 1988), 539쪽.
28) 饒宗頤, 『殷代貞卜人物通考』(香港: 中華書局(香港)有限公司, 2015), 95쪽.
29) 裘錫圭, 「釋"𤔔""秅"」, 『古文字論集』(北京: 中華書局, 1992), 35-39쪽.
30) 陳年福, 『甲骨文詞義論稿』(上海: 上海古籍出版社, 2007), 54쪽.

윗부분은 아래로 향한 손톱의 형상을 그려, 전체적으로 손을 아래로 뻗어 채취하는 의미를 나타내었다. 이는 상고시기 고대 중국인들의 채집생활을 사실적으로 반영한 것이다.

본격적인 농경사회 이전(또는 농경과 병행되던 시기)에 사람들은 주로 과실을 채집하여 생계를 유지했다. 그러나 과실을 채집하는 일은 아무 때나 아무 곳에서나 임의로 이루어질 수 있는 게 아니었다. 풍성한 성과를 거두려면 일상적인 경험 속에서 과실의 생장 주기와 규칙을 익혀야 했고, 과실이 익는 시기에 숲에 들어가 채집활동을 해야 했다.

따라서 채집활동의 시점이 특히 중요해졌고, 이로 인해 채집활동은 시간개념과 가장 직접적인 연관성을 갖게 되었다.

갑골복사에서는 '대채(大采)'와 '소채(小采)'라는 말이 자주 보이는데, 예를 들면 다음과 같다.

> [8] 병오(丙午)일에 점을 칩니다. 오늘 비가 올까요? '대채(大采)'(아침) 때에 북쪽으로부터 비가 왔다. 계속되더니, 비가 줄어들었다.(丙午卜, 今日其雨. 大采雨自北, 延狀, 少雨.) 『合集』20960
>
> [9] 정미(丁未)일에 점을 칩니다. 그 다음날 '측'(해질 무렵)에 비가 왔다. '소채(小采)'(저녁) 때 비가 왔다. 동쪽에서였다.(丁未卜, 翌日昃雨. 小采雨. 東.) (『合集』21013)

이전에 갑골문 '채(采)'자의 해석에 대해, 우성오(于省吾)는 복사의 '채(采)'가 구름 빛을 가리키는 것으로, 빛깔이 세 가지 이상이면 '대채(大采)'라 하고, 세 가지 이하이면 '소채(小采)'라 한다고 했다.[31]

동작빈(董作賓)은 대채(大采)가 '조(朝: 아침)'에 해당하고, 소채(小采)가 '모(暮: 저녁)'에 해당한다고 보았다.32) 등비(鄧飛)는 '채(采)'는 여전히 채집을 뜻하며, '대채(大采)'와 '소채(小采)'는 채집 규모의 크기를 가리키는데, 그 크기가 시간과 관련이 있으므로, 이로써 시간을 기록하게 되었다고 했다.33)

이 설은 참고할 만한 가치가 크지만, '대채(大采)'와 '소채(小采)'를 채집 규모의 크기로 이해하기보다는 채집 시간으로 이해하는 편이 더 타당할 것이다. '채(采)'자의 채집 의미에서 파생된 채집 시간을 '채일(采日)'이라고 부를 수 있어, 복사에서 '대채(大采)'와 '소채(小采)'는 모두 하루의 어떤 특정 시간대를 가리킨다고 보는 것이 논리적으로 더 자연스럽다. 따라서 이들을 단순히 채집 규모와 직접 관련이 있을 가능성은 상대적으로 적을 것이다. 왜냐하면, 고대인들의 채집 규모는 계절적·일시적 요인에 따라 변했기 때문이다. 예컨대, 과실이 완전히 익었을 때는 대규모 채집을 하고, 아직 완전히 익지 않았을 때는 소규모 채집이 이뤄졌을 가능성이 있다.

그러나 과실의 성숙 상태는 하루 사이에 크게 달라지지 않기 때문에, '대채(大采)'와 '소채(小采)'를 하루 중의 시간 명칭으로 본다면, 같은 날에 과실의 성숙 정도에 따라 대규모와 소규모 두 가지 채집 행위로 나눌 가능성은 낮다. 따라서 여기서 '대(大)'와 '소(小)'는 단지 채집 시간을 구분하는 관습적 표현일 수 있다. 채집 행위는 본래 농사의 일부이므로, '채일(采日)' 역시 농사 행위를 통해 농시(農時)를 나타내는 대표적인 예라 할 수 있다.

---

31) 于省吾, 「釋大采小采」, 『双劍誃殷契騈枝双劍誃殷契騈枝續編双劍誃殷契騈枝三編』(北京: 中華書局, 2009), 306-308쪽.

32) 董作賓, 「殷歷譜」, 『董作賓先生全集』(乙編第一冊)(臺北: 藝文印書館, 1977), 30-39쪽.

33) 鄧飛, 『商代甲金文時間范疇硏究』(北京: 人民出版社, 2013), 13쪽.

제2절 절기(節氣)의 시간 표현과 농업생산 주기에 대한 관찰

앞에서 언급했듯이, 고대인들의 농업생활과 농시(農時) 관념은 서로 보완적이다. 다시 말해, 많은 농시(農時) 관념이 농사 행위에서 변화되어 왔으며, 농사 행위 또한 사람들의 농업 시간 파악 능력에 의존하였다. 고대의 역법은 음력을 사용했는데, '농력(農曆)'이라 부른 것도 역법이 농업생활과 밀접하게 연결되어 있기 때문일 것이다. 이러한 연관성은 기상 변화에서 드러나는데, 기상과 기후의 변화는 농업생산량에 직접적인 영향을 미치는 요소이다. 기후로 농시(農時)를 정하는 것은 고대인들의 농업생활뿐만 아니라 전체 사회 생활에서 가장 중요한 내용이 되었다.

위에서 언급한 각종 농시(農時) 계열 문자 외에도, 고대인들은 농경생활과 관련하여 시간개념에 관한 매우 풍부하고 다채로운 표현을 가지고 있었다. 『상서·요전(堯典)』에 나오는 '일영(日永)', '일중(日中)', '일단(日短)' 등의 표현은 고대인들이 '태양의 그림자[日影]'를 관측하여 시간을 기록한 흔적을 보여준다.

'태양의 그림자[日影]'를 관측할 때에는 보통 '입중(立中)'이라 불리는 방식을 사용했는데, 이는 막대기를 태양의 아래에 세워 두고, 그 막대가 지면에 드리우는 그림자의 길이에 따라 낮 시간의 변화를 확인하는 것이다. 그러나 계절이 바뀌면 지면에 투영되는 태양의 그림자 길이도 변한다.

장기간의 관측과 기록을 통해, 태양의 그림자가 가장 길게 나타나는 시점이 일 년 중 낮이 가장 긴 시기임을 발견했고, 이날을 '일지(日至)'라 불렀다. '지(至)'는 '도달하다'는 의미로, '일지(日至)'는 낮의 길이가 극에 달했다는 뜻이다. 이날이 『상서』의 '일영(日永)'이며, 지금의 하지(夏至)에 해당한다. 가장 긴 낮에 상대되는 가장 짧은 낮도 존재하는데, 이날 측정된 태양의 그림자의 길이가 가장 짧아 '단지(短至)'라고 불렀다. 이는 『상서』의 '일단(日短)'이며, 지금의 동지(冬至)에 해당한다.

　농업을 통해 생산량이 많아지면서, 사람들은 농사 경험을 점점 더 능숙하게 파악하게 되었고, 계절이 변하는 규칙 또한 점점 정확하게 인식하게 되었다. 춘추(春秋) 시기 『좌전·희공(僖公)』5년에는 "분(分), 지(至), 계(啓), 폐(閉)의 절기에는 반드시 구름과 만물의 징후를 기록하였으니, 이는 변고에 대비하기 위함이었다.(凡分, 至, 啓, 閉, 必書雲物, 爲備故也.)"[34]라고 한 '팔절(八節)'에 대한 기록이 있다.

　공영달(孔穎達)은 「소(疏)」에서 "춘분(春分)과 추분(秋分)을 분(分), 동지(冬至)와 하지(夏至)를 지(至), 입춘(立春)과 입하(立夏)를 계(啓), 입추(立秋)와 입동(立冬)을 폐(閉)라 한다. 이 팔절(八節)에는 반드시 관대(觀臺)에 올라가 구름과 만물의 징후를 기록했다."[35]라고 해석했다.

　이에 대응하는 다른 표현으로 『황제내경·소문(素問)』에서는 '팔기(八紀)', '팔정(八正)'이라 부르고, 『예기·월령(月令)』에서는 "입춘(立春), 일야분(日夜分), 입하(立夏), 일장지(日長至), 입추(立秋), 일야분(日夜分), 입동(立冬), 일단지(日短至)"로 나누었다.

　전국시기의 『주비산경(周髀算經)』에서는 하지(夏至)와 동지(冬至)를 기준으로 더위와 추위를 구분하고, 다시 춘·하·추·동의 사계절을 정하여 춘종(春種: 봄에 씨를 뿌린다), 하경(夏耕: 여름에 밭을 간다), 추수(秋收: 가을에 곡식을 거두다), 동장(冬藏: 겨울에 곡식을 저장하다) 등의 농업활동을 정했다.

---

34) 郭丹·程小靑·李彬源, 『左傳(上冊)』(北京: 中華書局, 2012), 341쪽.
35) 十三經注疏整理委員會, 『春秋左傳正義(十三經注疏)』(北京: 北京大學出版社, 2000), 387쪽.

이러한 '팔절(八節)'을 기초로, 점차 1년의 절기(節氣)를 농사(農時)에 근거하여 '24절(二十四節)'로 나누었는데, 이것이 바로 24절기이다([표 5-2] 참조). 이는 고대 농경사회 사람들이 농업생산 주기를 세밀하게 관찰한 뒤 남긴 중요한 성과를 잘 보여준다.

[표 5-2] 24절기

정월	입춘(立春)	4월	입하(立夏)	7월	입추(立秋)	10월	입동(立冬)
	우수(雨水)		소만(小滿)		처서(處暑)		소설(小雪)
2월	경칩(驚蟄)	5월	망종(芒種)	8월	백로(白露)	11월	대설(大雪)
	춘분(春分)		하지(夏至)		추분(秋分)		동지(冬至)
3월	청명(淸明)	6월	소서(小暑)	9월	한로(寒露)	12월	소한(小寒)
	곡우(穀雨)		대서(大暑)		상강(霜降)		대한(大寒)

24절기 외에도, 민간에는 농업생산 활동을 근거로 시간을 기록하는 다양한 방식이 있었다. 예컨대, 식물의 생장 주기의 특징에 따라 달에 특별한 명칭을 부여하였다. 2월을 행월(杏月), 3월을 도월(桃月), 4월을 괴월(槐月), 5월을 류월(榴月), 6월을 하월(荷月), 7월을 난월(蘭月), 8월을 계월(桂月), 9월을 국월(菊月), 10월 매월(梅月) 등으로 불렀다. 또 양잠(養蠶) 시기를 기준으로, 누에 기르기에 알맞은 3월을 잠월(蠶月)이라 불렀는데, 『시경·칠월(七月)』에는 "잠월에 뽕나무 가지를 다듬고, 저 도끼를 취하네(蠶月條桑, 取彼斧斨.)"36)라는 구절이 있다. 이처럼 농업생산 주기와 관련된 농시(農時) 용어들은, 모두 고대인들이 장기간의 농업생산을 경험한 후, 사유와 의식의 영역에서 형성한 농시(農時) 개념의 흔적이다. 이는 고대인들의 농시관(農時觀)의 발생과 전개, 변천의 맥락을 보여준다.

---

36) 劉毓慶·李蹊, 『詩經』(北京: 中華書局, 2011), 363쪽.

제3절 천시(天時)에 순응하는 농본(農本) 사상의 근원

고고학 자료에 따르면, 중국의 북방 황하(黃河) 유역에 있는 지금으로부터 7천여 년 전의 배리강(裴李崗) 문화 유적지에서는 다량의 탄화된 농작물 흔적이 발견되었다. 그리고 남방의 장강(長江) 유역에 있는 지금으로부터 7천 년 전의 하모도(河姆渡) 문화 유적지에서도 인공적으로 재배한 벼와 농업생산 도구의 유물이 상당수 출토되었다.[37] 이러한 고고학 연구는 고대 중국인들이 일찍이 수천 년 전 신석기 시대에 이미 농경 문명에 진입했으며, 당시의 농업생산 수준이 일정한 규모로 발전했음을 증명하고 있다.

안정적인 농경생활은 사람들이 관념과 의식 속에서 농업활동과 관련된 농시(農時) 개념을 형성하는 데 적극적인 촉진 작용을 했다. 이는 대개 고대 중국인들이 농업의 생산 주기를 매우 세밀하게 관찰한 데서 비롯된 것이며, 그 결과 이러한 관념을 토대로 형성된 시간개념의 문자와 어휘가 언어 범위 속에서 독자적인 체계를 이루었다. 농업활동에서 기상을 관찰하고, 이를 통해 추상적인 시공간 의식을 파악한 것은, 곧 중국 역사에서 오랫동안 이어져 온 '농본(農本)' 사상의 근원을 잘 보여준다.

앞에서 통치자가 '민시천수(民時天授)'라는 관념을 제기한 것에 대해 언급한 바 있다. 사실, 이 관념을 전파하는 또 다른 주요 목적은 바로 통치자가 농업 관리를 중시한 데에 있다. 고대의 농업생산은 백성이 천시(天時)에 순응하여 농

---

37) 安金槐, 『中國考古』(上海: 上海古籍出版社, 1992), 63-141쪽.

업을 해야만 발전할 수 있었는데, 이는 농업생산의 성과가 백성들 생존의 근본일 뿐만 아니라 국가의 부강을 보장하는 중요한 요소였기 때문이다. 따라서 통치자는 국가의 발전을 공고히 하고자 백성들에게 "천시에 순응할 것"을 요구하지 않을 수 없었다.

고대 문헌에서도 농업활동은 반드시 "천시에 순응해야 한다"는 관점이 여러 차례 나타난다. 예컨대 『관자·광군소광(匡君小匡)』에는 "백성의 때를 빼앗지 말라.(無奪民時.)"[38]고 했고, 『여씨춘추·사용론(士容論)·임지(任地)』에는 "백성의 때를 잃지 말라.(無失民時.)"[39]고 기록되어 있다. 원(元)나라의 농학자 왕정(王禎)의 『왕정농서(王禎農書)』에 포함된 「수시편(授時篇)」에서는 역대 백성들의 다양한 농업생산 경험을 상세히 정리하여, 천문 현상과 계절적 자연 현상을 농사 활동과 긴밀히 결합하고, '24절기'의 역법 체계에 따라 사계절과 달을 정했다. 또한, 간편하고 실용적인 「수시도(授時圖)」를 제작하여 백성들에게 도움을 주었다.[40]

왕정(王禎)의 성과는 민간에서 통치자가 반포한 공식 역법을 어떻게 융통성 있게 활용했는지를 보여주며, 백성들이 '천시에 순응'하는 규범을 수용하고 또

---

38) (역주) 이 구절은 통치자가 농번기에 백성을 부역에 동원하거나 노역을 시켜서는 안 된다는 뜻을 담고 있다. 이는 농사 시기를 방해하지 않아야 국가의 생계 기반과 사회 안정이 유지된다는 정치 원리를 강조한 것이다.(baidu 참조)

39) (역주) '무실민시(無失民時)'란 "백성의 농사철을 그르치지 말라", 즉 국가의 행정이나 군사, 부역 등이 농사 시기를 방해해서는 안 된다는 의미이다. 통치자는 농사철에 따라 백성의 생업을 방해하지 말고, 농경 질서를 유지해야 한다는 뜻을 담고 있다. 이 구절은 『여씨춘추』 전반에 일관된 농본(農本)사상, 곧 "때를 공경하라(敬時)", "햇빛을 아껴라(愛日)", "농시를 빼앗지 말라(務時不奪農時)" 등의 구절과도 같은 맥락에 있다. 이는 농업이 곧 나라의 근본이며, 천시(天時)를 따르는 것이 곧 나라를 다스리는 도리임을 강조한 것이다.(baidu 참조)

40) 丁建川, 「＜王禎農書·授時圖＞與二十四節气」, 『中國農史』, 2018年 第3期.

그것을 실제 생활 속에서 융합해 간 과정을 잘 드러내고 있다.

　농업의 생산적인 측면에서 말하자면, 통치자의 가장 좋은 관리 방식은 곧 자연에 순응하는 것, 다시 말해 식물 생장의 자연주기에 순응하는 것이었다. 따라서 통치자는 백성들에게 적절한 시기에 농업생산을 하도록 명령할 필요가 있었다. 농업생산의 중요성은 당시 사람들이 '민시(民時)'를 얼마나 중시했는가에 온전히 드러나 있다. 사람들은 농시(農時)를 정확히 파악할 뿐만 아니라, 엄격히 준수해야 했다. 그렇지 않으면 농시(農時)를 놓쳐 생산을 그르치게 되었다. 이른바 "기회는 놓쳐서는 안 되며, 시간은 다시 오지 않는다.(機不可失, 時不再來.)"41)는 말이 바로 그것이다. 농업을 근본으로 하는 초기 사회에서, 농시(農時)를 놓치는 것은 종종 큰 재앙을 초래할 수 있었다. 이는 백성들이나 통치자에게 모두 감당할 수 없는 결과였다.

　'민시(民時)'를 어떻게 올바르게 관리할 것인가에 대해, 고대의 통치자들은 종종 위에서 행하면 아래가 따라 하는 방식에 의지했다. 예컨대, 고대부터 존재해 온 천자의 적전(籍田) 제도가 그러하다. 여기서 '적전(籍田)'의 '적(籍)'은 본래 '적(耤)'자이다. '적(耤)'의 고문자 형태는 다음과 같다.

---

41) (역주) 이는 『구오대사(舊五代史)·진서(晉書)·안중영전(安重榮傳)』에서 유래한 말로, '시기(時機)' 중요성과 그 '되돌릴 수 없는 성질'을 강조한 표현이다. 『여씨춘추·수시(首時)』의 "하늘은 다시 베풀지 않고, 시기는 오래 머물지 않는다.(天不再與, 時不久留.)"라는 구절과 같은 맥락이다.(baidu 참조)

甲骨文   金文   古陶文   小篆

이 글자의 최초 형태는 회의(會意)적 그림으로, 왼쪽 부분은 쟁기[耒耜]의 형상이고, 오른쪽 부분은 측면으로 서 있는 사람의 형상으로 손에 무언가를 들고 있고 발아래에도 무언가를 밟고 있는 모습이다.

곽말약(郭沫若)은 이 글자에 대해, "바로 적(耤)의 초기 글자로, 사람이 쟁기[耒耜]를 들고 조작하는 형상을 본떴다. 금문(金文) 「영정(令鼎)」의 '왕대적농우기전(王大耤農于諆田: 왕께서 그 밭에서 큰 적전행사를 하셨다)'에서, 이 글자는 으로 썼는데, 상형자이고 석(昔)이 소리부이다. 그 속에서 따른 상형문자가 바로 이 글자이다."42)라고 말했다.

상대(商代)의 복사에 '소적신(小耤臣)'(『합집』5603 등)이라는 단어가 있는데, 일반적으로 이는 '농공(農功)을 관장하는 관리'로 여겨진다.43)

『설문 뢰(耒)부수』에서는 "적(耤)은 제왕이 천무(千畝)를 경작하는 것이다. 고대에는 백성에게 빌려 쓰게 했으므로, 이를 적(耤)이라고 한다.(耤, 帝耤千畝也. 古者使民如借, 故謂之耤.)"44)라고 했다. 단옥재(段玉裁)는 「주(注)」에서 "제적(帝耤)은 『월령(月令)』에서 보인다. 『주례·전사(甸師)』에서는 '그 속관(屬官)을 거느

---

42) 郭沫若, 「甲骨文字研究·釋耤」, 『郭沫若全集』(考古編第一卷)(北京: 科學出版社, 1982), 79-82쪽.
43) 徐中舒, 『甲骨文字典』(成都: 四川辭書出版社, 1989), 480쪽.
44) 許愼, 『說文解字』(北京: 中華書局, 1963), 93쪽.

리고 왕의 적전(藉田)을 경작하게 하여, 시기에 맞추어 그 소출을 올려 제사에 공헌하게 한다.(掌帥其屬而耕耨王藉, 以時入之以共齍盛.)'고 했다. 『예기(禮記)』에서는 '천자가 천무(千畝)의 적전(藉田)을 두어 면류관을 쓰고 주홍 끈을 늘어뜨리며, 친히 쟁기를 잡고 하늘과 땅·산천·사직·조상[先古]을 섬겼다.'라고 했다.……그러나 친히 끝까지 경작할 수는 없었다. 그래서 백성의 힘을 빌렸는데, 이를 적전(藉田)이라 한다. 적(藉)이라 함은 직접 할 일을 다하지 못한 데에 대한 겸허한 표현이다."45)라고 했다.

이른바 "백성의 힘을 빌렸다.[借民力]"는 것은 '적(藉)'자가 '빌린다'라는 의미로 파생된 데서 나온 설명이다. 그러나 사실 '적(藉)'의 초기 자형을 살펴보면, 이 글자 자체가 본래 직접 밭을 가는 행위를 나타내는 것이었으므로, 굳이 후세의 '빌리다'라는 차용 의미로 이해할 필요는 없다.

일반적인 경작을 나타내는 글자에서, 천자가 친히 경작하는 것을 '적전(籍田)'이라고 칭하는 것까지, 그 의미의 발전과 변화는 통치자의 농업 중시 사상을 잘 보여준다. 천자는 백성들에게 농시(農時)에 맞추어 몸소 밭을 갈 것을 요구했을 뿐 아니라, 스스로 백성을 이끌고 농사 활동을 펼침으로써 자신의 농업 중시 사상을 보여주었다. '적전(籍田)'이 후대에는 예제(禮制) 행위로만 남게 되었다 해도, 그 최초의 목적과 국가 예제의 차원으로 격상될 수 있었던 이유는 바로 고대 농본(農本)사상의 가장 진실한 표현이었기 때문이다.

---

45) 許愼著, 段玉裁注, 『說文解字注』(上海: 上海古籍出版社, 1981), 184쪽.

제4절 시간의 질서를 따르는 봉건 예제(禮制) 관념

'천수민시(天授民時)'는 '때[時]'가 '하늘[天]'에 의해 부여된다는 것을 강조한다. 이는 통치자의 권위 아래에서 피통치자에게 강렬한 선입견을 주입하는 것이다. 이러한 의식은 '하늘[天]'의 권위성을 강조하며, 나아가 이 권위성을 '하늘[天]'에서 '천자(天子)', 즉 통치자에게 전이시켜 왕권의 통치를 강화시켰다. 결국, 시간의 질서를 따르는 관념(사실은 '통치자를 거스르지 않는' 관념)이 민심에 깊이 각인되어, '시간의 질서[時序]' 문제가 역대 왕조의 예제(禮制) 관념에서 중요한 내용으로 자리 잡게 되었다.

사회가 점차 안정 국면에 들어서면서 시간 질서의 문제도 점점 더 중요해졌으며, 이는 일반적으로 국가 예의 제도 전반에 스며들었다. 이른바 '시간 질서'란, 곧 일정한 시간에 일정한 사회 활동을 해야 한다는 것을 뜻한다. 여기에는 필연적으로 구체적인 시간을 어떻게 배분할 것인가, 즉 "어떤 시간에 무엇을 해야 하는가"라는 문제가 수반된다. 예로부터 "해가 뜨면 나가 일하고, 해가 지면 들어와 쉰다.(日出而作, 日入而息..)"는 것이 생활과 노동의 가장 기본적인 방침이었는데, 국가가 성립된 이후에는 국가의 최고 통치자가 자신이 관할하는 백성들의 삶 전반을 장악할 필요가 있었으며, 그 가운데에는 물론 백성들이 활동하는 시간에 대한 질서도 포함되었다. 언제 무엇을 해야 하고, 언제 무엇을 해서는 안 되는가 하는 모든 일은 '천수민시(天授民時)'라는 관념 아래 마련된 엄격한 국가적 규범과 제도[典章]에 의해 관리되었다.

『여씨춘추』의 「십이기(十二紀)」는 봄·여름·가을·겨울이라는 시령(時令)에 따라 배열되어 있다. 각 기(紀)에서는 천문 역법과 물상 징후 등 자연 현상을 정리하는 동시에, 군왕이 각 월령(月令) 시기에 따라야 할 예제 규범과 더불어, 각 시기에 순응하여 시행해야 할 제사, 예악(禮樂), 농사 등의 활동을 일일이 서술했다. 이 책에 담긴 정치사상은 백성들이 자연의 성품에 순응하게 하는 '법천지(法天地)' 관념인데, 여불위(呂不韋)가 이 책을 편수한 것이 본래 통치자의 왕권을 견고히 하려는 목적에서 비롯된 것임을 감안한다면, 책 전반에는 통치자가 백성에게 요구한 "하늘의 때에 순응하라.(順天之時.)"는 기본 사상이 깊이 스며들어 있다. 다시 말해, 이러한 규범의 범위 안에서 백성들의 모든 행위는 "하늘의 때에 순응하고(順應天時)", "시간의 질서를 거스르지 않아야(不違時序)" 하며, 무엇을 해야 할 때는 그것을 하고, 무엇을 하지 말아야 할 때는 그것을 금지했다. 이처럼 '시간의 질서' 문제는 왕권 예제의 최고 지위에 놓여 있었다.

그리고 이러한 규범에서 구체적인 시간 배분 방식은 크게는 연도와 사계절부터, 작게는 하루의 구체적인 시각에 이르기까지 모두 시간 질서 관리의 범주에 속했다. 역대의 구체적인 시간 질서에 대해서는 『예기(禮記)』, 『여씨춘추(呂氏春秋)』, 『회남자(淮南子)』 등 문헌의 월령(月令) 관련 내용에 비교적 상세한 기록이 남아 있다. 이러한 문헌 외에도, 근대 고고학 발굴에서 출토된 다양한 『일서(日書)』 등 출토 문헌도 매우 중요한 참고 자료로 평가된다.

(1) '야간[宵]' 통행 금지 제도

『설문 면부(宀)부수』에서 "소(宵)는 밤을 뜻한다. 면(宀)이 의미부인 것은, 집[宀] 아래가 어둡다는 뜻이고, 소(肖)는 소리부이다.(宵, 夜也. 从宀, 宀下冥也; 肖聲.)"[46] 라고 했다. '면(宀)'은 집을 나타내는데, 허신은 '소(宵)'를 "집 아래가 어둡다.(宀下

冥.)”로 여겼다. 이는 집 아래에서 쉬는 것을 의미한다. 단옥재는 「주(注)」에서 다음과 같이 밝혔다. “『석언(釋言)』, 『모전(毛傳)』에서 모두 ‘소(宵)는 밤이다.’라고 했다. 『주례·사오(司寤)』에서 ‘소행(宵行)과 야유(夜遊)하는 자를 금한다.’라고 했는데, 정현(鄭玄)은 ‘소(宵)는 정혼(定昏: 어둠이 완전히 내린 때)을 뜻한다.’라고 했다. 내 생각은 이렇다. 이는 경문(經文)에서 소(宵)를 야(夜)와 구별해서 말한 것이다. 만약 혼용해서 말한다면, 소(宵)가 바로 야(夜)이다.”47) 단옥재가 언급한 “소행과 야유하는 자를 금지한다.(禁宵行夜遊者.)”는 구절은 『주례·추관사구(秋官司寇)』에 나온다. 이 책에 따르면 고대에는 ‘사오씨(司寤氏)’라는 관직이 있었는데, 이 직책은 전문적으로 밤에 별자리를 관찰하여 시간을 확정하는 등의 일을 담당했을 뿐 아니라, 밤 시간대에 사람들의 활동과 밤놀이[夜遊] 등의 행위를 관리하는 책임도 맡았다고 한다.48)

　고대에는 밤의 위험을 줄이거나 도적이 발생하는 사건을 방지하기 위해, 매우 일찍부터 ‘소금(宵禁)’이라는 전통이 있었다. 이는 백성들이 밤에 함부로 바깥에서 활동하는 것을 엄격히 금지하는 것이었다. “낮에는 숨었다가 밤에 나오는(晝伏夜出)” 행위를 엄격히 금지하는 이러한 법령은 시대의 변화에 따라 끊임없이 발전하고 변했으며, 여러 정치적 이유로 인해 그 구체적인 시행 상황은 점점 더 통제욕망이 강한 통치자들의 주목을 받게 되었다. 당송(唐宋) 시기에 이르러, ‘소금(宵禁)’에 관련된 법령은 이미 조정의 정식 율례(律例)에 기록되었다. 예컨대 『당률소의(唐律疏議)』에서는 “낮의 물시계가 다하면 밤이 되고, 밤의 물시계가 다하면 낮이 된다.(晝漏盡爲夜, 夜漏盡爲晝.)”라고 규정하여, 아무런 이유

---

46) 許愼, 『說文解字』(北京: 中華書局, 1963), 151쪽.
47) 許愼, 段玉裁注, 『說文解字注』(上海: 上海古籍出版社, 1981), 340쪽.
48) 徐正英·常佩雨, 『周禮(下冊)』(北京: 中華書局, 2014), 734-749쪽.

없이 밤에 행동하는 자를 모두 법령을 어긴 행위로 간주하고, 위반자에게는 편형(鞭刑: 채찍을 죄인에게 가하는 형벌)이나 태형(笞刑: 볼기를 치는 형벌) 등 엄중하게 처벌했다. 원명(元明) 시기에는 '소금(宵禁)'에 관한 법령이 더욱 심해지는 추세를 보였다. 통치자와 지배층은 일반 백성의 야간 행동에 대한 금령을 더욱 세분화하고 엄밀히 규제했다. 심지어 관부(官府)는 마을에 야간 순찰 인원을 배치하여 마을 사람들의 야간 활동을 실시간으로 관리하고 통제했다. 이처럼 '소금(宵禁)' 제도는 예로부터 사람들의 마음속에 깊이 뿌리내린 시간의 질서[時序] 관념이 왕권 제도에 반영된 가장 전형적인 예라 할 수 있다.

(2) 제사를 통한 시간 규정

원시적인 세시(歲時) 관념은 객관적인 자연계와 인류 사회생활을 긴밀히 연관시켰으며, 사람들은 의식 세계에서 형성된 시간 제도에 따라 일상생활을 영위했다. 이는 고대 중국인들이 '민시(民時)'를 중시한 사상을 보여주며, 한편으로는 고대인들의 자연 숭배 사상을 반영하기도 한다. 상고시기 고대 중국인들은 우주 만물에 대한 이해가 충분하지 못했기 때문에, 천체와 자연의 정상적인 운행 현상에 신비한 색채가 더해져, 자연물은 신의 화신으로 여겨졌다. 인류 생활에 길흉화복을 가져다주는 자연의 힘에 대해, 고대인들은 일반적으로 제사 등의 방식을 통해 그것과 조화로운 관계를 맺고자 했다. 이러한 제사의 목적은 하늘과 소통하는 것이었으며, 천신(天神)과 소통하기 위한 매개체와 소통 방식, 소통 시점은 모두 그 행위의 신성성으로 인해 중시되었다. 그중, 제사를 어떤 주기로 치르느냐 하는 것은, 신과 소통할 때 시점을 중시하는 의식이 얼마나 강했는지를 보여준다.

제사는 일정한 주기와 시점을 기준으로 거행되었는데, 상대(商代)에는 '주제

(周祭)'라는 제도가 있었다. 여기서 '주(周)'는 "두루 돌다(周遍)"는 뜻으로, 주제(周祭)는 조상의 신령에게 두루 제사를 지내는 행위를 말한다. 그리고 구체적으로 어느 시점에 어떤 조상의 신령에게 제사를 지내는지는 예제(禮制)에 명확한 규정이 있었다. 상옥지(常玉芝)는 『상대 주제 제도(商代周祭制度)』에서 이에 대해 전문적으로 상세하게 논의를 했으니, 참고할 만하다.49)

상대(商代)의 주제(周祭)에는 특수한 상황이 몇 가지가 있었다. 예컨대, 주제(周祭)에는 다섯 가지 특정한 제사 이름이 있었는데, 그중 하나가 '익(翌)'제사이다. 동작빈(董作賓)은 이에 대해, "깃털을 들고 춤추며 제사를 올리는 것을 익제(翌祭)라 한다."50)라고 여겼다. 오기창(吳其昌)은 '익(翌)'은 제사한 다음 날 또 제사하는 것(경전에서는 주로 '역(繹)'으로 쓴다.)을 말하므로, '익(翌)'에 '내일'이라는 뜻이 파생되었다고 보았다.51)

다시 말해, '익(翌)'은 본래 제사 명칭이었는데, 이러한 제사가 예법상 둘째 날에 다시 제사를 지내도록 행하도록 규정되었기 때문에, 이 특별한 제사 이름인 '익(翌)'이 다시 '내일[明日]'의 의미를 지니게 되었다. '융(肜)'제사도 마찬가지이다. '융(肜)'도 제사 명칭으로, '융(肜)'제사를 거행하는 날을 '융일(肜日)'이라고 했으므로, 이 단어 또한 시간을 나타내는 용법을 갖게 되었다. 그리고 고대의 납제(臘祭)는 연말에 행하는 제사로서 일반적으로 12월에 치러졌기 때문에, 12월을 납월(臘月)이라고 부르기도 했다. 이 모든 것들은 제사의 명칭으로서 추상적인 제사의 시간을 나타내는 예시이다. 이는 고대 시간관념의 표현과 봉건 예제 사이의 밀접한 연관성을 드러내는 것이다.

---

49) 常玉芝, 『商代周祭制度』(北京: 中國社會科學出版社, 1987)
50) 董作賓, 「殷歷譜」, 『董作賓先生全集』(乙編第一冊)(臺北: 藝文印書館, 1977), 100쪽.
51) 吳其昌, 「殷虛書契解詁」, 『甲骨文獻集成』(第八冊)(成都: 四川大學出版社, 2001), 110-111쪽.

제6장
시진(時辰)계열 문자

제6장

시진(時辰) 계열 문자와 세밀한 시간관념

앞에서 언급했듯이, 인류의 최초 시간 의식은 해가 뜨고 지는 주기적 변화를 출발점으로 삼았다. 즉 '낮[白晝]]'와 '밤[黑夜]'이 교대로 반복되는 하루[一日]가 가장 기초적인 시간 단위이다. '일(日)'을 기점으로 하루하루의 주기가 축적되고 월상(月相)의 변화 주기와 결합하여, 점차 '월(月)'에 대한 인식이 생기게 되었다. 달의 주기적 변화가 축적되고 다시 초목의 영고(榮枯) 주기가 맞물리면서 사람들은 점차 '사계절[四時]'이라는 시간관념을 형성하게 되었다. 사계절이 번갈아 한 주기를 이루며, 이는 곡물의 성숙과 조수(鳥獸)의 번식 주기와 일치하였으므로 '해[年歲]'라는 시간관념이 생겨났다. 이렇게 시간이 주기적으로 축적되면서 유구한 역사적 맥락이 형성되었고, 인류는 바로 이 긴 역사의 흐름 속에서 끊임 없이 번영하며 생존을 이어왔다.

'일(日)'은 가장 기초적인 시간 단위로서, 고대 중국인들이 시간개념을 아직은 모호하게 인식하고 있었음을 보여주는 기본적인 징표이다. 그러나 인류의 관념은 결코 고정불변한 것이 아니어서, 사회생활의 필요에 따라 이러한 모호하고 포괄적인 사간 개념이 점차 정밀화·세밀화 되면서 오늘날과 유사한 세밀한 시간관념이 이로부터 형성되었다.

제1절 시간대 구분 관념의 형성

시간대 구분 관념을 통해 형성된 시간 인식에 대해서는 간단히 짚고 넘어갈 필요가 있다. 『시경·대동(大東)』에서는 "저기 다리를 뻗고 선 직녀성아, 종일토록 일곱 자리 옮겨 다니네. 비록 일곱 자리 옮겨 다니지만, 베 한 폭 제대로 짜지 못하는구나.(跂彼織女, 終日七襄. 雖則七襄, 不成報章.)"[1]라는 구절이 있는데, 이는 직녀성(織女星)이 하루 동안 일곱 개의 시간대를 운행한다는 뜻이다. 『시경·동방미명(東方未明)』에서는 "밤에도 때를 가늠하지 못하고, 이른 아침에도 저녁에도 제대로 맞추지 못하네.(不能辰夜, 不夙則莫.)"[2]라는 구절이 있는데, '숙(夙)'과 '모(莫)'가 같은 문장에서 대구를 이루고 있음을 보면, 당시 이미 시간대를 구분하는 관념이 있었음을 알 수 있다.

사실, 이와 같은 세밀한 시간관념은 결코 늦게 형성된 것이 아니라, 이미 상고(上古)의 은상(殷商) 시기부터 당시 사람들의 사회생활 여러 측면에 드러나 있었다. 일 년을 사계절로 나누고, 한 계절을 다시 삼 개월로 나누듯이, 큰 시간 단위가 설정되면 그 안에서 다시 작은 단위로 세분화되는 방식이었다. 예컨대, 하루는 아침[旦], 낮[中], 저녁[晚]이라는 세 구간으로 구분될 수 있고, 다시 이 세 구간은 보다 작은 시간대로 세분될 수 있었다. 그러나 이러한 초기의 시간 분할은 대체로 엄밀하지 못했고, 여전히 모호한 특징을 지니고 있었다.

만약 하루[一日]를 낮과 밤을 합친 시간 길이로 본다면, 시간 분할의 관점에서

---

1) 劉毓慶·李蹊, 『詩經』(北京: 中華書局, 2011), 546쪽.
2) 劉毓慶·李蹊, 『詩經』(北京: 中華書局, 2011), 246쪽.

하루는 우선 크게 '낮[白晝]'과 '밤[黑夜]' 두 개의 시간대로 나눌 수 있으며, 각각을 '일(日)'과 '석(夕)' 두 시간대로 나타냈다. 그리고 이렇게 '일(日)'과 '석(夕)' 두 시간대로 나눈 후에, 각 시간대 내에서 더 세밀하게 구분할 수 있다.

　하루의 낮과 밤에 대한 명확한 구분이 이루어진 후, 사람들은 다시 하루 안의 시간을 더욱 세밀하게 등분하는 데 의미가 있음을 자각하게 되었다. 그러나 이러한 시간 분할은 단번에 이루어진 것이 아니라, 역사적 발전 과정에서 기준의 차이에 따라 여러 다른 체계가 형성되기도 하였다. 동작빈(董作賓)은 은대(殷代)의 시간 기록에서 전체 낮을 일곱 개의 시간대로 나누었으나, 밤은 구체적인 시간대로 나누지 않았다고 보았다.3) 『춘추좌전주(春秋左傳注)』에서 '십시(十時)'에 대해 주석하면서, 하루의 시간대를 계명(鷄鳴), 매상(昧爽), 단(旦), 대흔(大昕), 일중(日中), 일측(日昃), 석(夕), 혼(昏), 소(宵), 야중(夜中)으로 나누었다.4) 이는 대체로 춘추 시기의 시간대 구분 사상을 반영한다. 『묵자(墨子)』에서는 시간대[時段]와 시각(時刻)의 개념을 구분했다. 예컨대 『경상(經上)』에서는 "시(始)는 당시에 해당한다.(始, 當時也.)"라고 했고, 『경설(經說)』(상)에서는 "시(始): 시(時)에는 혹 오래 지속되는 것이 있고, 혹 지속되지 않는 것이 있다. 시(始)는 지속되지 않는 데 해당한다.(始, 時或有久, 或無久; 始, 當無久.)"5)라고 했다. 묵자는 시간에 장단의 구분이 있다고 보았는데, 그중 '유구(有久)'는 지속성이 있는 것으로 시간대의 개념을 나타내고, '무구(無久)'는 지속성이 없는 것으로 시각의 개념을 나타낸다. '시(始)'는 또 일종의 시각 개념이기도 하다. 이는 전국시기의

---

3) 董作賓, 「殷代的紀日法」, 『董作賓先生全集』(甲編第一冊)(臺北: 藝文印書館, 1977), 75-80쪽.
4) 楊伯峻, 『春秋左傳注』(北京: 中華書局, 1981), 1264쪽.
5) 方勇, 『墨子』(北京: 中華書局, 2011), 329, 342쪽.

시간대 관념을 보여준다.

　서한(西漢)의『회남자·천문훈(天文訓)』에는 하루를 시간대로 세분하는 방식에 대해 매우 세밀하게 묘사했다.

　　태양이 양곡(暘谷)에서 나와, 함지(鹹池)에서 목욕하고, 부상(扶桑)을 스치니, 이를 신명(晨明: 새벽이 밝음)이라 한다. 부상(扶桑)에 올라 장차 운행을 시작하니, 이를 비명(朏明: 막 밝아옴)이라 한다. 곡아(曲阿)에 이르면, 이를 단명(旦明: 아침의 밝음)이라 한다. 증천(曾泉)에 이르면, 이를 조식(蚤食: 이른 식사 때)이라 한다. 상야(桑野)에 이르면, 이를 안식(晏食: 늦은 식사 때)이라 한다. 형양(衡陽)에 이르면, 이를 우중(隅中: 해가 기울기 전의 낮 시각)이라 한다. 곤오(昆吾)에 이르면, 이를 정중(正中: 해가 머리 위에 있는 한낮)이라 한다.…… 우연(虞淵)에 이르면, 이를 황혼(黃昏: 해가 저무는 때)이라 한다. 몽곡(蒙谷)에 이르면, 이를 정혼(定昏: 저녁이 완전히 어두워짐)이라 한다.(日出於暘谷, 浴於鹹池, 拂於扶桑, 是謂晨明. 登於扶桑, 爰始將行, 是謂朏明. 至於曲阿, 是謂旦明. 至於曾泉, 是謂蚤食. 至於桑野, 是謂晏食. 至於衡陽, 是謂隅中. 至於昆吾, 是謂正中.……至於虞淵, 是謂黃昏. 至於蒙谷, 是謂定昏.)6)

　자세히 읽어보면,『회남자』에서의 시간대 구분은 태양의 운행 궤적을 기준으로 정해진 것임을 알 수 있다. 즉, 태양이 어느 위치에 이르면 그에 대응하는 지명으로 해당 시각을 명명하였다. 그러나 이때 언급된 여러 태양 운행의 지명은 대부분 원시 전설에 나오는 이름으로, 실제 지명이 아니기에 그 시간 명칭을 정확히 위치를 지정하기 어렵다. 그러나 이러한 시간대 명명 방식은 고대인들이 공간에 따라 시진(時辰)을 정하는 사유방식을 탐구하는 데 중요한 참고가 된다. 이

---

6) 陳廣忠,『淮南子』(北京: 中華書局, 2012), 145쪽.

러한 발전을 이어, 동한(東漢)의 『논형·설일(說日)』에서는 "태양은 낮 동안 열여섯 구간을 운행한다.(日晝行十六分.)"[7]라고 제시했다. 『수서(隋書)·천문지(天文志)』에서는 "낮에는 조(朝), 유(禺), 중(中), 포(晡), 석(夕)이 있고, 밤에는 갑(甲), 을(乙), 병(丙), 정(丁), 무(戊)가 있다.(昼, 有朝, 有禺, 有中, 有晡, 有夕. 夜, 有甲, 乙, 丙, 丁, 戊.)"[8]라고 하여, 하루의 낮과 밤을 합쳐 열 개의 시간대로 나누었다.

이 모든 것은 고대에 하루를 시간대로 나누려 했던 흔적들이다. 그렇다면 이러한 시간대 구분의 관념은 제일 먼저 언제부터 시작되었을까? 고염무(顧炎武)는 『일지록(日知錄)』에서 "한(漢)나라 이후로, 역법이 점점 정밀해지면서 하루를 12시간으로 나누었다. 누구에게서 시작되었는지는 알 수 없으나, 지금까지도 따르고 사용하면서 폐지되지 않았다."라고 했다.[9] 하루를 12개의 시진(時辰)으로 나누는 방식은 고염무의 말에 따르면 한(漢)나라에서 시작되었다.[10] 그러나 이 방식이 실제로는 서주(西周)시기에 시작되었다고 보는 이들도 있다.[11] 수호지(睡虎地) 진

---

7) 王充, 『論衡』(上海: 上海古籍出版社, 1990), 110쪽.

8) 魏徵等, 『點校本二十四史: 隋書(第二冊)』(北京: 中華書局, 2011), 526쪽.

9) 吳平·徐德明, 『淸代學術筆記叢刊2: 日知彔』(北京: 學苑出版社, 2005), 318쪽.

10) 사실 고염무(顧炎武)는 상고(上古) 시기에 하루를 열두 시(時)로 나누는 사상적 관념이 존재했다고 보지 않았다. 그는 『일지록(日知彔)』에서 "옛날에는 하루를 열두시로 나눈다는 설이 없었다. 「홍범(洪範)」에서는 세(歲)·월(月)·일(日)만 말하고, 시(時)는 언급하지 않았다. 『주례(周禮)』의 풍상씨(馮相氏)가 십이세(十有二歲), 십이월(十有二月), 십이진(十有二辰), 십일(十日), 이십팔성의 위치[二十有八星之位]를 관장한다고 했으나, 시(時)는 말하지 않았다. 굴자(屈子)가 스스로의 생년월일을 서술했을 때도 시(時)는 언급하지 않았다. 여재(呂才)의 『녹명서(祿命書)』에서도 년(年)·월(月)·일(日)만 언급하고, 시(時)는 말하지 않았다.(古無以一日分爲十二時之說. 『洪範』言歲月日, 不言時; 『周禮』馮相氏掌十有二歲, 十有二月, 十有二辰, 十日, 二十有八星之位, 不言時; 屈子自序其生年月日, 不及時; 呂才『祿命書』亦止言年月日, 不及時.)"라고 말했다. 상세한 내용은 위에서 인용한 『일지록(日知彔)』의 같은 출처를 참조할 수 있다.

11) 中國天文學史整理研究小組, 『中國天文學史』(北京: 科學出版社, 1981), 117쪽.

묘(秦墓) 죽간(竹簡) 을종(乙種)『일서(日書)』에는 12개의 지지(地支)와 짝을 이루는 12시진(時辰)의 명칭이 명확히 기록되어 있는데, 그 원문은 다음과 같다.

> 계명축(鷄鳴丑), 평단인(平旦寅), 일출묘(日出卯), 식시진(食時辰), 모식사(暮食巳), 일중오(日中午), 일실미(日失未), 하시신(下市申), 용일유(舂日酉), 우양입술(牛羊入戌), 황혼해(黃昏亥), 인정자(人定子).([鷄鳴丑, 平旦]寅, 日出卯, 食時辰, 莫(暮)食巳, 日中午, 日失未, 下市申, 舂日酉, 牛羊入戌, 黃昏亥, 人定[子].)[12]

수호지 진간(秦簡)의 저술 시기는 대략 전국 말기에서 진(秦)나라에 이르는 것으로 추정되는데, 이를 통해『일서(日書)』에 기록된 이러한 시간 기록 방식이 적어도 진(秦)나라 때에는 이미 유행했음을 알 수 있다. 그리고 이러한 방식이 겨우 10여 년의 진(秦)나라 시기에만 발명되고 사용된 것이라고 보기 어렵기 때문에, 이는 진(秦)나라의 통일 이전인 전국시기에 시작되었을 것이다.

　종합하면, 구체적인 역사적 전개 과정이 어떠하든 간에, 시간대 구분의 관념은 오래전부터 있었으며, 그 구체적인 구분 방식도 역사적 변화 과정에서 끊임없이 풍부해지고 발전하게 되었다. 그리고 후대에 비교적 엄밀한 간지분단법(干支分段法)이 나타났다. 간지분단법은 고대인들이 12지지(地支)의 명명 규칙을 참고하여, 하루의 낮과 밤의 시간을 12개의 등분으로 나누었다. 즉, 12시진(時辰)으로 나누고, 각각을 다시 지지(地支)로 명명하는 시간 기록 방식이다. 이 12시진(時辰)은 오늘날의 두 시간에 해당하는데, 예컨대 자시(子時)는 현재의 23시부터 1시까지의 두 시간에 해당한다. 이후에 각 시진(時辰)은 다시 '초(初)'와

---

12) 睡虎地秦墓竹簡整理小組,『睡虎地秦墓竹簡』(北京: 文物出版社, 1990), 244쪽.

'정(正)'으로 세분화했는데, 예를 들어 자시(子時)를 '자초(子初)'와 '자정(子正)'으로 나누어, 하나씩 오늘날의 23시와 0시에 대응하게 되었다. 이렇게 해서 오늘날의 정밀한 24 시간제와 사실상 동일한 체계가 형성되었다.

제2절 시진(時辰)과 시간대[時段] 계열 문자의 시간 표현

우리는 이처럼 하루의 시간을 여러 시간대로 나누는 관념이 매우 일찍부터 생겨났다고 말했다. 사실, 이러한 관념은 문자 기록이 있는 은상(殷商) 시기에 이미 존재했다. 학자들의 통계 연구에 따르면, 상(商)나라의 무정(武丁) 시기에는 대략 하루를 12개의 시간대로 나누었으며, 늠신(廩辛) 왕조 이후에는 하루를 16개 시간대(낮 10개, 밤 6개)로 나누었다고 한다.[13]

이러한 시간대가 고정된 구획으로 나누어진 후에, 각 구획마다 반드시 그에 대응하는 고정된 명칭이 생기게 되었는데, 바로 이 명칭들이 문헌 언어 속에 남아 있는 ‘시진·시간대 계열 문자(時辰時段字類)’이다. 시진(時辰)과 시간대[時段] 계열 문자가 포함하는 내용은 비교적 풍부하며, 이는 고대의 세밀한 시간관념이 언어와 문자 속에 반영된 결과라 할 수 있다. 『상서·요전(堯典)』의 “인빈출일(寅賓出日: 인(寅)의 때에 손님 맞듯이 태양이 나온다.)”, “인전납일(寅餞納日: 인(寅)의 때에 전송하듯이 태양을 들여보낸다.)”은 태양을 기준으로 한 시간대 구분으로, 그중 ‘출일(出日)’, ‘납일(納日)’은 갑골문에 보이는 ‘출일(出日)’, ‘입일(入日)’과 서로 대응한다. 이는 일종의 모호한 시간대 구분 용어이다. 앞에서 낮과 밤에 대한 관념을 논할 때 여러 번 언급한 ‘단(旦)’, ‘모(暮)’, ‘신(晨)’, ‘혼(昏)’ 등의 단어 역시, 낮과 밤이 교차하는 절대적 경계에서 낮과 밤의 시간선을 나누어 정하는 표지어로 기능하였다. 물론, 문자 속에서 시진(時辰)과 시간대[時段]를 나타내는 단어는 이

---

13) 宋鎭豪, 『中國風俗通史·夏商卷』(上海: 上海文藝出版社, 2001), 457쪽.

외에도 많다. 이에 몇 가지 구체적 사례를 들어 하나씩 살펴보고자 한다.

(1) 숙(夙)

'숙(夙)'자의 형태 근원과 의미 표현의 특징은 이미 앞에서 서술했으므로, 여기서는 반복하지 않겠다. 여기에서는 '숙(夙)'이 시간대를 나타내는 글자로 사용될 때, 구체적으로 어떤 시간대를 가리키는가 하는 문제를 논의하고자 한다.

앞에서 언급했듯이, 이종곤(李宗焜)은 '숙(夙)'이 나타내는 시간대가 "저녁 이후 밤이 깊기 전(暮後前夕)"이라고 보았고[14], 심배(沈培)는 "밤이 끝나고 곧 새벽이 될 때(夜盡將曉之時)"라고 보았으며[15], 송진호(宋鎭豪)는 "등불을 밝히는 시각(掌燈時分)"이라고 보았다[16]. 이상 학자들은 대부분 '숙(夙)'을 밤의 시간대로 파악했는데, 이는 현재 학계에서 비교적 주류를 이루는 관점이다.

그러나 황천수(黃天樹)는 복사「화동(花東)」236편에 보이는 '숙흥(夙興)'이라는 구절에 근거하여, '숙(夙)'이 현재 "숙흥야매(夙興夜寐: 일찍 일어나고 밤에 잠들다)"의 '숙흥(夙興)', 즉 "일찍 일어나다[早起]"와 같은 뜻으로 해석했다. 따라서 그의 연구에서 '숙(夙)'은 낮 시간대의 시작점으로 간주된다.[17] 이에 대해 송진호는 다른 견해를 내놓았다. 그는 "숙시(夙時)는 밤중부터 날이 밝기 전까지의 시간대로, 은(殷)나라 사람들이 이때 일찍 일어나 달에 제사를 올리던 때이다. 또한『주례·계인(鷄人)』에 '밤에 새벽을 알리며 백관을 부른다.(夜呼旦以叫百

---

14) 李宗焜,「卜辭所見一日內時稱考」,『中國文字』新十八期(臺北: 藝文印書館, 1994), 173-208쪽.

15) 沈培,「說殷墟甲骨卜辭的"秱"」,『原學』第三輯(北京: 中國广播電視出版社, 1995), 75-110쪽.

16) 宋鎭豪,「試論殷代的紀時制度－兼談中國古代分段紀時制」,『考古學硏究』第五輯(北京: 科學出版社, 2003), 398-423쪽.

17) 黃天樹,「殷墟甲骨文白天時稱補說」,『中國語文』, 2005年 第5期.

官.)'라는 구절이 있는데, 정현(鄭玄)은 '새벽을 알려 백관들이 일찍 일어나게 한다.(呼旦以警百官使夙興.)'라고 주석했다. 이는 '숙(夙)'자가 '일찍 공경하다'라는 의미로 사용된 것이지만, 이로부터 '숙(夙)'이 아침[旦] 이전에 속하면서도 여전히 밤에 속한다는 것을 알 수 있다."라고 말했다.[18)

'숙(夙)'이 결국 밤 시간대에 속하는지 아니면 낮 시간대에 속하는지는 낮과 밤의 경계 문제와 관련된다. 학자들의 연구에 따르면, 하루의 시작이라는 관점에서 본다면, '숙(夙)'이 가리키는 시간대는 일부가 하루의 시작 범위에 포함될 수 있어서, 이를 하루의 시작점으로 볼 수 있다. 반면 하루의 끝이라는 관점에서 본다면, '숙(夙)'이 포함하는 시간대의 일부는 하루의 끝에도 존재할 수 있으므로, 하루의 종점으로도 볼 수 있다.

고대의 시간 분할은 아직 시점의 수준까지 정밀하지 않았기 때문에, 특정 시간 용어는 대체로 하나의 시간대를 가리키며, 그 시간대 안에 포함된 개별 시점은 앞뒤로 분할될 가능성이 충분히 존재하였다. 오늘날과 같이 세분화된 시간 체계에서도 여전히 특정 시점을 어떻게 귀속시킬 것인지에 관한 문제가 존재한다. 예컨대, 밤낮의 경계점을 전날의 24시로 부를 것인지 아니면 다음날의 0시로 부를 것인지와 같은 문제가 그러하다.

따라서 '숙(夙)'의 구체적인 시점 문제에 관해서는, 학계에서 보다 일치된 견해가 형성되기 전까지는 '숙(夙)'이 가리키는 바가 대체로 낮과 밤의 경계점에 있다는 정도로만 명확히 할 수 있으며, 더 세밀한 분석은 추가적인 탐구가 필요하다.

---

18) 宋鎭豪, 『商代史·卷七: 商代社會生活与禮俗』(北京: 中國社會科學出版社, 2010), 95쪽.

(2) 명(明)

'명(明)'자가 '내일'을 표현하는 의미로 사용된 것은 훨씬 후대의 일이지만, 실제로 이 자형은 일찍이 은상(殷商) 시기에 이미 흔히 볼 수 있었다. 각 시기의 주요 고문자 형태는 다음과 같다.

甲骨文   金文   簡帛文   小篆

고문자의 '명(明)'이 반드시 일(日)과 월(月)이 의미부인 것은 아니다. 이는 또 달이 창가에 비추는 모습을 본뜬 경우도 있다. 위에서 제시한 고문자 가운데 '경(冏)'으로 구성된 자형 ⟨, ⟩, ⟩, ⟩에서 볼 수 있듯이, '경(冏)'은 창문의 상형(象形)이다. 갑골문 '⟩'에서는 창문 형태가 더욱 사실적으로 그려져 있어, 이를 증명할 수 있다. 『설문 명(明)부수』에서는 "명(明)은 비추다는 뜻이다.(明, 照也.)"[19]라고 했다. 이것이 고문자 '명(明)'의 최초 의미로, 이 의미는 그 자형의 구조가 나타내는 "달이 창가를 비추다"라는 의미와 정확히 일치한다.

그러나 고문자 속의 '명(明)'이 반드시 시간을 나타내는 의미가 전혀 없었던 것은 아니다. 곽말약(郭沫若)은 "명(明)은 새벽[晨]이다."라고 말했다. 그는 「소우

---

19) 許愼, 『說文解字』(北京: 中華書局, 1963), 141쪽.

정(小盂鼎)」에 새겨진 명문(銘文)인 "매상(昧爽)에 육경과 여러 군신이 이미 종묘에 들어가 술을 준비했습니다. 명(明)에 왕이 종묘에 도착하여 제사를 주관했습니다.(昧爽, 三左三右多君入服酉, 明, 王各于周庙.)"를 예로 들었다. 여기에서 '명(明)'은 '매상(昧爽)'과 대비되어 사용되었으므로 시간을 나타내는 표현이라 할 수 있으며, 또 '명(明)'이 '매상(昧爽)' 이후에 위치하므로, 이 '명(明)'이 가리키는 구체적인 시간은 '매상(昧爽)' 이후에 있어야 한다.[20]

(3) 미(湄) / 미일(湄日)

상대(商代) 문자에는 시간을 나타내는 단어로, '미일(湄日)' 혹은 '미(湄)'라는 표기가 존재한다. '미(湄)'자의 고문자 형태는 다음과 같다.

甲骨文　　　　　　　小篆

갑골문에서 '미(湄)'자는 '수(水)'가 의미부이고 '미(眉)'가 의미부인 구조이다. 형태상으로 명확하게 이를 '미(湄)'로 정의할 수 있다. 이 글자의 의미와 용법을 살펴보면, 복사에서 '미일(湄日)'이라는 표현이 자주 나타난다. 예를 들면 다음과 같다.

---

20) 郭沫若, 『卜辭通纂』(北京: 科學出版社, 1983), 393쪽.

[1] 비가 올까요? 이 점괘를 사용하라. '미일'(새벽)에 비가 왔다.(其雨. 玆用. 湄日雨.)(『合集』27799)

[2] 왕께서 활로 쏘면 멧돼지를 잡을 수 있을까요? '미일'(새벽)에 재앙이 없을까요?(王其射又豕, 湄日無[†]戈(灾).)(『合集』28305)

[3] '임'일에 왕께서 사냥을 나가시면, '미일'(새벽)에 비를 만나지 않을까요?(壬, 王其田, 湄日不遘大雨.)(『屯南』2966)

'모일(某日)'의 구조를 지닌 시간사는 복사에서 흔히 볼 수 있는 시간표현 방식이다. 이 '미일(湄日)'의 용법은 복사에서 약 300여 예에 달할 정도로 사용 빈도가 상당히 높으므로, 시간을 나타내는 단어로 사용된 것은 의심할 여지가 없다. 과거 '미(湄)'자의 해석을 살펴보면, 양수달(楊樹達) 등은 이를 '미(彌)'로 읽어야 하며, 복사에서 '미일(湄日)'은 곧 '미일(彌日)'로, '종일(終日)'을 의미한다고 보았다.21) 이에 대해 우성오(于省吾)는 '미(湄)'자가 '매(昧)'와 통한다고 지적했다.22) 양승남(楊升南)은 '미일(湄日)'이 낮 시간을 나타내는 표현에 속한다고 보았다.23) 이 가운데 우성오의 해석이 많은 학자들의 지지를 얻었다. 만약 이 해석을 따른다면, '미(湄)'는 대체로 '매상(昧爽)'으로 읽을 수 있다. '매상(昧爽)'은 곧 새벽 무렵, 해 뜨기 전후를 가리키는 단어이다.

---

21) 楊樹達, 『積微居甲文說』(上海: 上海古籍出版社, 1986), 69쪽. 屈万里, 『殷虛文字甲編考釋』(臺北: "中硏院"歷史語言硏究所, 1961), 89쪽.

22) 于省吾, 「釋湄日」, 『甲骨文字釋林』(北京: 中華書局, 1979), 121-123쪽.

23) 楊升南, 「說甲骨卜辭中的"湄日"」, 『徐中舒先生百年誕辰紀念文集』(成都: 巴蜀書社, 1998), 38-42쪽.

(4) 출일(出日)

『상서·요전(堯典)』에 "인빈출일(寅賓出日: 인(寅)의 때에 손님 맞듯이 태양이 나온다.)"이라는 구절이 있는데, 여기서 '출일(出日)'은 일반적으로 해가 뜨는[日出] 것으로 여겨진다. 상대(商代) 갑골문에도 '출일(出日)'이라는 표현이 있으며, 일본 학자 시마 쿠니오(島邦男)는 '출일(出日)'이 시간사(時間詞)라는 관점을 제시했다.24) 요종이(饒宗頤)는 이 설을 지지하면서, '출일(出日)'이 시간상으로 아침 시간대, 즉 '조(朝)'라고 보았다.25) 우호량(于豪亮)은 『수호지진묘죽간(睡虎地秦墓竹簡)·일서을종(日書乙種)』과 『마왕퇴백서(馬王堆帛書)·음양오행(陰陽五行)』에 나오는 '일출(日出)'이라는 단어도 시간 표현이라고 지적했다.26) 여러 학자들의 견해를 종합해보면, 복사의 '출일(出日)'이나 간백(簡帛)의 '일출(日出)'이 구체적으로 가리키는 것은 의미상 오늘날 말하는 해가 뜨는 시간에 해당하며, 아침에 속하는 시간대임을 알 수 있다.

복사에서 '출일(出日)'의 예문은 다음과 같다.

> [4] 무술(戊戌)일에 점을 칩니다. '내'가 불어봅니다. '작'으로 하여금 해가 뜰 때 '𩫖'제사를 지내고, 해가 질 때 희생양을 바치게 할까요?(戊戌卜, 內, 乎雀𩫖于出日于入日宰.)(『合集』6572)
>
> [5] 신미(辛未)일에 점을 칩니다. '유'제사를 해가 뜨는 시간에 지낼까요?(辛未卜, 又于出日.)(『合集』33006)

---

24) 于省吾著, 姚孝遂按語編撰, 『甲骨文字詁林』(北京: 中華書局, 1996), 1091쪽.
25) 饒宗頤, 『殷代貞卜人物通考』(香港: 中華書局(香港)有限公司, 2015), 494-495쪽.
26) 于豪亮, 『于豪亮學術文存』(北京: 中華書局, 1985), 159쪽.

[6] 을유(乙酉)일에 점을 칩니다. '출일'(뜨는 해)와 '입일'(지는 해)에 대해
    '유'제사를 지낼까요?(乙酉卜, 又(侑)出日, 入日.)(『合補』10644)

예문 [4]와 [5]에서 '출일(出日)'은 모두 개사 '우(于)' 뒤에 위치하여, 전형적
인 시간사로 쓰이고 있다. 그러나 예문 [6]은 좀 특이한데, 여기서는 제사 동사
'우(又, 侑)' 뒤에 나타나, 이때의 '출일(出日)'은 더 이상 단순히 시간을 지시하
는 시간사가 아니라, 제사의 대상 즉, 고유명사이다.

(5) 조(蚤)(早)

甲骨文

갑골문에는 위와 같은 형태의 글자가 있는데, 일반적인 참고서에서는 모두 그
자형 구조를 근거로 하여 직접 현대글자로 옮겼으나, 오늘날의 어떤 글자로 해석
해야 하는지에 대해서는 아직 일치된 의견이 없다. 황천수(黃天樹)는 복사에서 이
글자가 제사 동사 앞에 위치하는 용법을 근거로, 이때의 '蚤'자는 시간을 표현하는
단어로, '조(早)' 즉 이른 아침을 뜻한다고 보았다.[27] '蚤'자의 자형에서 교차된 필
획은 손을 그린 모습으로, 바로 '우(又)'자를 뜻한다. 자형이 '우(又)' 위에 몇 가지

---

27) 黃天樹, 「殷墟甲骨文白天時称補說」, 『中國語文』, 2005年 第5期.

장식을 추가한 것으로, 일반적으로 '叉'인 예서체로 변했으며, 이는 바로 '조(蚤)'자의 윗부분이다. 문헌에서 '조(蚤)'자에는 '아침, 일찍'이라는 뜻으로 쓰이는데, 『시경·칠월(七月)』에서 "넷째 날의 이른 아침에(四之日其蚤)"28)라는 구절이 있다. 공영달은 「소(疏)」에서 "넷째 날에는 아침 일찍(四之日, 其早朝.)"29)이라고 했다. 일반적으로 '조(蚤)'와 '조(早)'는 통가(通假) 관계에 있다고 보는데, 이는 발음이 유사하여 '조(蚤)'자의 형태를 빌려 '조(早)'의 의미를 나타낸 것으로 본다. 따라서 갑골문의 '𤑔'자를 '조(早)'로 해석하는 것은 자형 상으로도 어느 정도 근거가 있다.

(6) 초(艸)

甲骨文

갑골문에는 위와 같은 자형의 글자들이 있는데, 이들의 해석 문제는 학계에서 오래도록 논쟁이 끊이지 않았다. 진몽가(陳夢家)는 "무정(武丁) 시기에는 또 시간을 기록하는 글자로 𤑔, 𤑔, 𤑔, 𤑔 네 가지 형태가 나타난다. 지금은 '세(世)', '엽(枼)', '𤑔', '𤑔'으로 해석하고 있다.……이 '세(世)'자는 해[年歲]의 의미인 듯하며, 글자는 가지와 잎의 모습을 본떴는데 가지와 잎이 해마다 시들고 돋

---

28) 劉毓慶·李蹊, 『詩經』(北京: 中華書局, 2011), 366쪽.
29) 十三經注疏整理委員會, 『毛詩正義(十三經注疏)』(北京: 北京大學出版社, 2000), 594쪽.

아나므로, '1세(一世)'가 곧 '1년(一年)'을 의미한다.……요컨대, '금춘(今春)'과 '금추(今秋)'는 농사와 관계가 있지만, '금세(今世)' 또는 '금시(今時)'는 관계가 없다."라고 했다.30)

하록(夏淥)은 이 글자를 '춘(春)'으로 해석했다.31) 당란(唐蘭)은 그 가운데 'ᕀ', 'ᕀ' 두 형태가 '둔(屯)'자라고 지적하면서, "둔(屯)은 본래 이렇게 만들어져, 참죽나무[香椿]의 형태를 나타낸다. 첫 번째 형태는 참죽나무 가지가 구불구불한 모습을 나타내고, 두 번째 형태는 그 뿌리까지 함께 그린 모습이다. 복사의 '금둔(今屯)', '내둔(來屯)'은 모두 '춘(春)'으로 가차되었다."라고 보았다. 그러나 그는 'ᕀ' 형태는 '춘(春)'자가 아니라고 보았다.32)

우성오(于省吾)는 이 글자를 '조(條)'로 해석하며, 이 글자의 윗부분이 가지가 구불구불한 형태로 되어 있어 나뭇가지의 모습을 본뜬 것으로, '조(條)'의 고문(古文)이라고 보았다. 유(攸)를 소리부로 더하면 조(條)가 된다. 또는 아랫부분에 구(口)를 더해 화분 속의 초목이 생기 있게 자라는 모습을 나타낸다. 복사에서 '금조(今條)' '내조(來條)라고 하는 것은 즉 '금추(今秋)', '내추(來秋)'를 의미한다.33)

송화강(宋華強)은 우성오의 고증과 해석에 근거하여, 이 글자는 '조모(朝暮)'의 '조(朝)'로 읽어야 한다고 주장했다. 그의 관점은 구체적으로 다음과 같다.

상고음에서 '조(條)'는 정모(定母) 유부(幽部)에 속하고, '조(朝)'는 단모(端母)

---

30) 陳夢家, 『殷虛卜辭綜述』(北京: 中華書局, 1988), 227-228쪽.
31) 夏淥, 「釋甲骨文春夏秋冬―商代必知四季說」, 『武漢大學學報(社會科學版)』, 1985年 第5期.
32) 唐蘭, 「釋屯昬」, 『殷虛文字記』(上海: 上海古籍出版社, 2016), 3-11쪽.
33) 于省吾, 「釋條」, 『雙劍誃殷契駢枝雙劍誃殷契駢枝續編雙劍誃殷契駢枝三編』(北京: 中華書局, 2009), 19-26쪽.

소부(宵部)에 속한다. 정모(定母)와 단모(端母)는 모두 설두음(舌頭音)이다. 유부(幽部)와 소부(宵部)는 주요 모음이 비슷하고 운미(韻尾)가 같아 관계가 매우 밀접하다. 고서 및 출토 문헌에서 유부(幽部)와 소부(宵部)가 통용되는 예가 매우 많아 일일이 열거하지 않겠다. 문헌에서 '유(攸)'를 소리부로 하는 글자와 '주(周)', '조(兆)'를 소리부로 하는 글자가 서로 통하며, 후자는 또 '조(朝)'자와 통하는데, 이는 '조(條)'와 '조(朝)'가 서로 통할 수 있음을 보여준다. '▨', '▨', '▨', '▨'를 '조(條)'자로 해석하고 '조모(朝暮)'의 '조(朝)'로 읽으면, 관련 복사를 모두 읽을 수 있다.[34]

최근 진검(陳劍)은 여러 학자들의 설을 기반으로 다음과 같이 더욱 새로운 의견을 제시했다.

주로 사빈간류(師賓間類), 빈조(賓組), 출조(出組)류에 나타나는 '▨', '▨', '▨' 등의 형태는 '초(艸)'자의 초기 자형으로 해석하고 '조신(早晨)'의 '조(早)'로 읽어야 한다.……한편으로는 '조/초(艸/草)'는 '조(造)'와 '조(遭)', '조(早)' 등과 음운적으로 매우 가까우며, 다른 한편으로는 '▨'의 조자(造字) 의도는 그 윗부분을 줄기가 휘어진 모습으로 이해할 수 있어, 가지와 줄기가 펼쳐진 형태인 나무의 '목(木)'자와 구별하려는 것으로 이해할 수 있다. '▨'에서 아랫부분의 B류 형태 '▨'가 생략되면서 결국 '철(屮)'자로 변화했다.('철(屮)'과 '초(艸)'는 본래 한 글자였다.)[35]

진검의 이 해석은 『신갑골문편(新甲骨文編)』에 수록되어 현재 많은 학자들의

---

34) 宋華强, 「釋甲骨文中的"今朝"和"來朝"」, 『中國文字』新三十一期(臺北: 藝文印書館, 2006), 197-207쪽.
35) 陳劍, 「釋造」, 『出土文獻与古文字研究』 第一輯(上海: 夏旦大學出版社, 2006), 55-100쪽.

인정을 받고 있다.

실제로 이 글자가 구체적으로 현재의 어떤 글자로 해석되든 간에, 시간 표현으로 사용되어 특정 시간대를 가리킨다는 결론에는 거의 이견이 없다. 그리고 학자들의 일반적인 의견에 따르면, 이 글자는 하루 중 오전 시간대를 나타냈을 가능성이 매우 크다.

(7) 식일(食日)

상대(商代) 갑골문에는 '식일(食日)'이라는 표현이 시간을 나타내는 용어로 사용되었는데, 구체적으로 복사에서는 다시 '대식(大食)', '소식(小食)'으로 구분되기도 한다. '식(食)'은 하루의 특정 시간대를 나타낸다. 사례는 다음과 같다.

> [7] '식일(食日)'에 비가 내리지 않을까요?(食日不雨.)(『合集』29785)
> [8] '식일(食日)'에서 '중일(中日)'(정오) 때까지 비가 내릴까요?(食日至中日其
>   雨.)(『屯南』624)

『사기·천관서(天官書)』에는 "단(旦)부터 식(食)까지는 보리[麥]를 담당하고, '식(食)'부터 '일질(日昳: 해가 기울 때)'까지는 메기장[稷]을 담당하며, 질(昳: 해가 기울 때)부터 포(餔: 저녁 식사)까지는 차조[黍]를 담당하고, 포(餔)부터 하포(下餔: 늦은 저녁 식사)까지는 콩[菽]을 담당하며, 하포(下餔)부터 일입(日入: 태양이 지는 때)까지는 삼[麻]를 담당한다.(旦至食, 爲麥; 食至日昳, 爲稷; 昳至餔, 爲黍; 餔至下餔, 爲菽; 下餔至日入, 爲麻.)"[36]라고 기록되어 있다. 여기서 '식(食)'이 '단(旦)'

---

36) 韓兆琦, 『史記(三)』(北京: 中華書局, 2010), 2133쪽.

다음에 위치하는 것으로 보아 ‘식(食)’이 나타내는 시간대는 ‘단(旦)’ 이후여야 함을 알 수 있다. 동작빈은 ‘대식(大食)’, ‘소식(小食)’이 아침과 저녁 두 끼의 식사 시간이라고 보았는데, 이는 전체적으로 고대인들의 식습관과 부합한다.

(8) 중일(中日)

복사에는 ‘일중(日中)’과 ‘중일(中日)’이라는 표현이 시간을 나타내는 데 사용되었다. 구체적인 예문은 다음과 같다.

[9] ‘중일’(정오)에 비가 내릴까요?(中日其雨.)(『合集』29910)

[10] ‘중일’(정오)에 날이 크게 갤까요?(中日大啓.)『合集』30197

[11] ‘중일’(정오)부터 ‘곽혜’(해거름 녘)까지 날이 갤까요? 이 점괘를 사용하라.(中日至霋兮啓. 吉茲用.)(『合集』30198)

[12] ‘식일(食日)’에서 ‘중일(中日)’(정오)까지 비가 내리지 않을까요? ‘중일(中日)’에서 ‘측(昃)’(해질녘)까지 비가 내리지 않을까요?(食日至中日不雨. 中日至昃不雨.)(『屯南』42)

[13] ‘중일(中日)’부터 ‘곽혜’(해거름 녘)까지 비가 내리지 않을까요? 대길(大吉)할 것이다.(中日至霋兮不雨. 大吉.)(『屯南』2729)

[14] ‘일중’(정오)에 가지 않으면 비가 내리지 않을까요?(莫于日中乃往不雨.)(『合集』29788)

[15] ‘일중’(정오)에 또 큰 비가 내릴까요?(叀日中又大雨.)(『合集』29789)

‘일중(日中)’과 ‘중일(中日)’의 의미를 통해, 이들이 정오 무렵의 시간대를 나타낸다는 것은 의심의 여지가 없다. 『상서·무일(無逸)』에는 “조(朝)부터 일중(日中), 측(昃)에 이르기까지는 음식을 먹을 겨를이 없었다.(自朝至于日中, 昃, 不遑暇

食.)”37)라고 했고,『좌전·소공(昭公)』원년에도 “아침[旦]부터 정오[日中]까지 나오
지 않았다.(旦及日中不出.)”38)라는 구절이 있다. 이를 통해, 이러한 시간대 용어
가 고대부터 현재까지 맥이 이어져 내려오고 있음을 알 수 있다.

(9) 시(市) / 시일(市日)

　‘시(市)’자는 시간을 나타내는 데 사용될 수 있는데, 이는 갑골문의 ‘시일(市
日)’이라는 어휘에서 비롯되었다. ‘시(市)’자의 고문자 형태는 다음과 같다.

甲骨文　　　　　金文　　　　　簡帛文　　　　　古陶文　　　　　小篆

　‘시(市)’자의 갑골문 자형은 구석규(裘錫圭)가 전국시기 문자 ‘시(市)’의 형태
특징과 비교한 후 해석한 것이다.39) 이종곤(李宗焜)은 ‘시일(市日)’이 하루의 특
정 시간대를 가리키는 용어라고 했다.40) 왕온지(王蘊智)는 ‘시(市)’를 ‘질(昳)’로
읽고, 시간을 나타내는데 그 시간대는 태양이 서쪽으로 기울어지는 시간이라고
보았다.41) ‘시(市)/시일(市日)’이 복사에서 사용된 구체적인 예문은 다음과 같다.

---

37)　王世舜·王翠葉,『尙書』(北京: 中華書局, 2012), 257쪽.
38)　郭丹·程小青·李彬源,『左傳(下冊)』(北京: 中華書局, 2012), 1558쪽.
39)　裘錫圭,「戰國文字中的“市”」,『考古學報』, 1980年　第3期.
40)　李宗焜,「卜辭所見一日內時称考」,『中國文字』新十八期(臺北: 藝文印書館, 1994), 173-208쪽.
41)　王蘊智,「釋甲骨文“市”字」,『古文字研究』第二十五輯(北京: 中華書局, 2004), 26-28쪽.

[16] 물어봅니다. '을'일 '시시'(해가 기울 때) 쯤 왕께서 신의 보우를 받으실
　　까요?(貞: 于乙日市西, 王受又[佑].)(『合集』27202)

[17] '협'제사를 지내는 날 '시시'(해가 기울 때) 쯤 '유'제사와 '𰀀'제사를 드
　　리면 왕께서 신의 보우를 받으실까요?(于劦日市乃又𰀀王受[又[佑]].)(『合集
　　』27641)

[18] 오늘 '정'일 '시일'(해가 기울 때) 쯤 왕께서 경계를 내리고 위무하면 재
　　앙이 없을까요?(今日丁市日王其迩, 无戈.)(『合集』28754)[42]

　　'시(市)/시일(市日)'이 종종 특정 날짜를 나타내는 시간사 바로 뒤에 이어진다
는 점에서, 이것이 확실히 시간을 나타내는 단어이며, 날[日]을 기록하는 글자
뒤에 붙어 있는 것으로 보아 하루의 특정 시간대를 지시할 가능성이 크다.

(10) 상일(薔日)

　　갑골문에는 다음과 같은 형태의 글자가 있다.

甲骨文

---

42) (역주) 迩은 '명령을 내려 경계하게 하고 진압하여 위무하다.(勅戒鎭撫.)'의 뜻이다.
　　崔恒升編, 『簡明甲骨文辭典』(合肥: 安徽敎育出版社, 2001), 377쪽.

이 자형은 윗부분은 '양(羊)', 아랫부분은 '눈[目]'으로 구성되어, 현대글자로 옮기면 '瞢'가 된다. 이효정(李孝定)은 이 글자가 '일중(日中: 정오)'의 시간을 나타내는 데 사용된다고 보았으며[43), 이후 많은 학자들이 이를 따랐다. 황천수(黃天樹)는 이 글자가 가리키는 구체적인 시간대가 '중일(中日)'과 '측(昃)' 사이에 있다고 지적했다.[44) 등비(鄧飛)가 시간을 나타내는 글자를 나열하는 과정에서 이 글자를 설명하면서 瞢를 예로 들어, 瞢는 善자와 같다고 했다.[45) 瞢자는 최근 진년복(陳年福)에 의해 '선(善)'으로 해석되었는데[46), 그 증거가 비교적 충분하여 학계의 폭넓은 인정을 받았다. 瞢는 복사에서의 용법이 善와 명확히 구별된다. 시간을 나타내는 단어로 사용된 '상일(瞢日)'은 다음과 같은 복사에서 보인다.

[19] 임술(壬戌)일에 또 비가 내렸다. 오늘 '소채(小采)'(저녁) 때 과연 큰 비가 내렸다. 계속되었다. '상일' 때 날이 개었다.(壬戌又雨. 今日小采允大雨. 征伐. 瞢日佳啓.)(『合集』20397)

[20] 기해(己亥)일에 점을 쳤다. '유'제사를 지냈다. '경(庚)'일에 비가 왔다. '妙'(한밤중)에 과연 비가 오지 않았다. '측'(해거름) 때 쯤 날이 개었다가, 또 비가 북쪽 지역에서부터 내렸다.……크게 개었다. '측'(해거름) 때쯤 □ '상일'에…….(己亥卜, 又, 庚雨. 其妙, 允雨不. 昃啓, 亦雨自北……大啓, 昃□瞢日……)(『合集』20957)

[21] 갑오(甲午)일에 점을 칩니다. 경자(庚子)일에 10마리의 희생 소를 바칠

---

43) 李孝定, 『甲骨文字集釋』(臺北: "中研院"歷史語言研究所, 1970), 1157쪽.

44) 黃天樹, 「殷墟甲骨文白天時稱補說」, 『中國語文』, 2005年 第5期.

45) 鄧飛, 『商代甲金文時間范疇研究』(北京: 人民出版社, 2013), 17쪽.

46) 陳年福, 「釋"瞢"」, 『中國語文』, 2018年 第2期.

까요? 사용하라. '측'(해거름) 때쯤 비가 왔다. '매'(새벽)와 '상일'에 날이
개었다.(甲午卜庚子十牢. 用. 昃雨, 妹, 啠日啓.)(『村中南』340)

앞의 두 예문은 황천수가 제시한 사례이다. 필자는 또 「촌중남(村中南)」 복사
에서 비교적 명확한 증거 하나를 찾아냈다. 이러한 사례들에서 '啠일(啠日)'이
시간을 나타내는 단어로 사용된 것은 의심의 여지가 없으며, 그 자형은 모두 동
일하게 '𣆀'의 형태로 되어 있다.

(11) 용혜(墉(墉)兮)

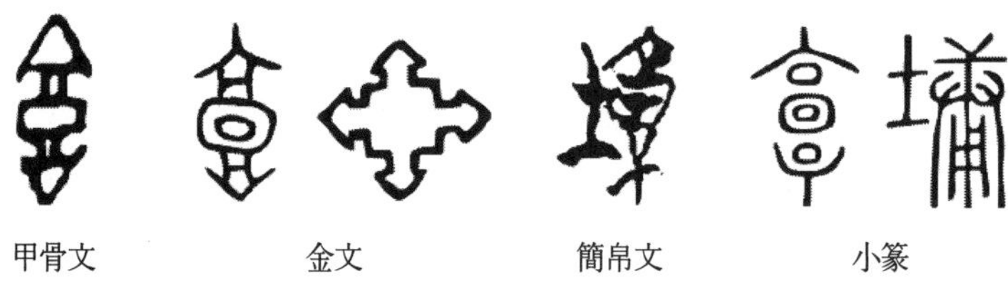

甲骨文　　　　　　金文　　　　　　簡帛文　　　　　　小篆

위에 제시된 갑골문, 금문, 간백(簡帛) 문자 형태는 '용(墉)'의 고문자 형태이다.
이러한 자형이 '용(墉)'으로 확정되기 전에는 이 글자의 해석에 대해 한동안 혼란
이 있었다. 예컨대, 곽말약은 처음에 갑골문 𣆀자가 시간을 나타내는 단어로 사
용되었으며, 이는 '신희(晨曦: 아침 햇살)'의 '희(曦)'를 나타낸다고 보았다.[47] 우성
오(于省吾)는 𣆀자를 '곽(郭)'으로 해석하고, 복사에서 자주 보이는 '곽혜(郭兮)'가
아침 햇살이 환히 퍼져나가 밝아짐을 뜻한다고 보았다.[48] 진몽가는 '곽혜(郭兮)'

____

47) 郭沫若, 『殷契粹編』(北京: 科學出版社, 1965), 537쪽.

의 해석에 동의하면서, 이것이 가리키는 시간대가 측(昃)과 혼(昏)의 사이에 있다고 지적했다.[49] 현재는 일반적으로 고문자의 구성 원리에 따라 위의 자형들을 '용(墉)'으로 해석하며, '용혜(墉兮)'라는 단어는 높은 확률로 특정 시간대를 나타내는 시간 용어로 사용되었다. 그 구체적인 복사 예문은 다음과 같다.

[22] '용혜'(해질녘)에서 '혼'(밤)까지 비가 내리지 않을까요?(辜兮至昏不雨.)(『合集』29794)

[23] '중일'(정오)에서 '용혜'(해질녘)까지 날이 갤까요? 길할 것이다. [이 점괘를] 사용하라.(中日至辜兮啓. 吉茲用.)(『合集』30198)

[24] '용혜'(해질녘) 때 비가 올까요?(辜兮其雨.)(『東研』1177)

(12) 포(晡)

'포(晡)'자가 출현한 시기는 이르다고 할 수 없는데, 그래서 갑골문과 금문에서는 그 형태를 찾아볼 수 없다. 『옥편(玉篇)』에 이 글자가 수록되어 있는데, "신시(申時)이다.(申時也.)"라고 해석되어 있다. '포(晡)'가 나타내는 시간대는 대체로 오늘날의 시간으로 오후 3시에서 5시까지에 해당한다. 『설문·식(食)부수』에는 "포(餔)는 해가 신시(申時)에 이르렀을 때 먹는 밥, 즉 저녁밥을 말한다.(日加申時食也.)"[50]라고 했는데, 여기의 '포(餔)'가 바로 '포(晡)'자와 같은 어원을

---

48) 于省吾, 「釋辜兮」, 『雙劍誃殷契駢枝雙劍誃殷契駢枝續編雙劍誃殷契駢枝三編』(北京: 中華書局, 2009), 37-38쪽.

49) 陳夢家, 『殷虛卜辭綜述』(北京: 中華書局, 1988), 231쪽.

50) 許愼, 『說文解字』(北京: 中華書局, 1963), 107쪽.

가진다. 자형이 '식(食)' 부수로 구성된 점으로 보아, 이 글자는 원래 저녁 무렵 식사하는 상황을 나타냈을 것으로 추정된다. 저녁 무렵의 식사 상황으로 저녁 식사 시간을 표현하는 것은 고대인들이 구체적인 사물이나 사건으로 추상적인 시간개념을 표현하는 방식과 일치한다. 진몽가(陳夢家)는 "소식(小食)이 포(餔)인데, 이는 오후 4시 즉 저녁[夕]의 시작"이라고 보았다.[51]

(13) 입일(入日)

'출일(出日)'에 상대되는 개념으로, 문헌에는 '입일(入日)'이라는 단어가 있다. '입일(入日)'의 개념은 『상서·요전(堯典)』에도 나타나는데, 바로 "인전납일(寅餞納日: 인(寅)의 시간에 해가 진다)"의 '납일(納日)'이다. 고문자에서 '입(入)'과 '내(內)·납(納)'은 서로 통용되므로, '납일(納日)'은 곧 '입일(入日)'을 뜻한다. 복사에도 '입일(入日)'이라는 표현이 있는데, 이종곤(李宗焜)은 이 '입일(入日)'을 시간을 나타내는 용어라고 보았다.[52]

---

51) 陳夢家, 『殷虛卜辭綜述』(北京: 中華書局, 1988), 230-231쪽.
52) 李宗焜, 「卜辭所見一日內時称考」, 『中國文字』新十八期(臺北: 藝文印書館, 1994), 173-208쪽.

(14) 㔾 / 㔾人

갑골 복사에 다음과 같은 형태가 있다.

甲骨文

이 글자의 해석에 대해서는 의견이 분분한데, 자형의 구조가 현대에 통용되는 글자를 찾을 수 없어 일반적으로 㔾와 같이 옮긴다. 이 글자의 형태는 무릎을 꿇어앉은 사람의 측면 모습처럼 보이지만, 무릎 부분에 반원형이나 짧은 필획이 지시부호처럼 덧붙여져 있다. 이러한 구성 의미에 대해서는 여러 해석이 제기되었다.

황천수는 이 글자를 '郤'로 해석하고, 이를 '희(曦)' 또는 '희(晞)'로 읽어야 한다고 보았다. 이후에 그는 해석을 '치(厄)'로 수정하고 '인정(人定)'53)의 '정(定)'으로 읽어야 하며, 후대의 '인정(人定)' 시간의 의미를 나타낸다고 주장했다.54)

유환(劉桓)은 이를 '절(節)'로 해석하고, '절인(節人)'이 상고시기의 '소금(宵禁:

---

53) (역주) 이는 '사람들이 활동을 멈추고 잠자리에 드는 시간대'를 뜻하여, 대체로 밤 9시부터 11시까지에 해당하는 시간대로 이해하면 될 것이다.

54) 黃天樹, 「殷墟甲骨文所見夜間時稱考」, 『黃天樹古文字論集』(北京: 學苑出版社, 2006), 178-193쪽.

야간 통행금지) 제도'를 반영하며, 이는 해가 진 뒤부터 날이 밝기 전까지의 시간대를 가리킨다고 보았다.55)

　　송진호(宋鎭豪)는 '卩人'이 가리키는 시간대가 대체로 오늘날의 시간으로 환산하면 21시부터 23시 사이에 해당한다고 보았다.56) 복사에서 '卩人'의 구체적인 예문은 다음과 같다.

> [25] 갑진(甲辰)일······'술(戌)'일에 '卩인' 때까지······.(甲辰······至戊卩人.)(『合集』1079)
>
> [26] 계미(癸未)일에 점을 칩니다. 묻습니다. "이번 주(10일) 갑신(甲申)일의 '卩인' 때에 비가 내릴까요?" 12월이었다.(癸未卜, 貞: 旬甲申卩人雨, □□雨. 十二月.)(『合集』21021)
>
> [27] 신축(辛丑)일에 점을 쳤습니다. '奏'제사와 '책'제사를 지내는데, 갑진(甲辰)일의 '卩' 때 가량 비가 내렸다. 4월이었다.(辛丑卜, 奏𠀠從甲辰卩小雨. 四月.)(『屯南』4513)

　　'卩人'은 간지(干支)로 시간을 나타내는 용어 뒤에 바로 이어지고, 그 뒤에는 '우(雨: 비가 내린다)', '소우(小雨: 가랑비가 내린다)'와 같은 동작을 나타내는 단어가 있다. 문법 구조로 볼 때, 이 단어는 간지자와 함께 '수식-피수식' 구조를 이루었을 가능성이 크다. 따라서 위에서 언급한 복사 예문은 "어느 간지일의 구체적인 특정 시점 또는 어떤 시간대에 가랑비가 내리겠습니까?"라는 의미로 이해할 수 있다.

---

55) 劉桓, 「釋甲骨文𩵄、𩵋二字」, 『古文字研究』第二十五輯(北京: 中華書局, 2004), 14-19쪽.

56) 宋鎭豪, 「試論殷代的紀時制度－兼談中國古代分段紀時制」, 『考古學研究』第五輯(北京: 科學出版社, 2003). 「釋住」, 『殷都學刊』, 1987年 第2期.

(15) 매인(寐人)

고문자에서 '매(寐)'의 형태는 다음과 같다.

갑골문의 해당 자형은 과거에 여러 설이 있었으나, 현재는 황천수(黃天樹)가 '매(寐)'로 해석한 것이 적절하다. 갑골문 '매(寐)'자는 "집 아래에, 옆으로 누운 사람의 형상이 침상에 기대어 있는 모습[57]이다. 자형의 구조로 볼 때, 이 글자는 '잠들다, 눕다'는 뜻의 '매(寐)'임을 알 수 있다. 그러나 복사에는 '매인(寐人)'이라는 단어도 보이는데, 그 예문은 다음과 같다.

> [28] 경신(庚申)일의 '매인(寐人)' 때에 비가 서쪽으로부터 내렸다.……5월이었다.(庚申寐人, 雨自西……五月.)(『合集』20964)

예문의 용법에 따르면 이 '매인(寐人)'은 시간을 나타내는 용어임이 분명하다. 황천수는 '매인(寐人)'이 사람이 누워서 휴식하는 시간을 가리키며, 그 대략적인 시간대는 황혼(黃昏)과 인정(人定) 사이에 위치한다고 보았다.[58]

---

57) 글자 속의 '구(口)' 부호는 구별을 위한 표지일 수 있다.

제3절　시간대 구분과 세밀한 시간관념

　앞서 언급한 여러 밤낮의 시진(時辰)과 시간대[时段] 글자들 외에도, 언어 속에는 고대인들의 세밀한 시간관념을 반영하는 다른 글자들이 있다. 예를 들면 '순(旬)'이 있는데, 그 고문자 형태는 다음과 같다.

甲骨文　　　　　　金文　　　　簡帛文　　　　小篆

　『설문 포(勹)부수』에서는 "10일이 1순(旬)이다.(十日爲旬.)"[59]라는 구절이 있는데, '순(旬)'은 바로 10일(十日)을 뜻한다. '순(旬)'이라는 개념을 보았을 때, 이는 적어도 '일(日)'이라는 개념이 생겨난 이후에야 나온 산물이어야 하며, 특히 간지(干支)로 날짜를 기록하는 개념 이후일 것이다. 고대인들이 간지로 날짜를 기록할 때, 십간(十干)은 정확히 십일(十日)에 해당하며, 십간(十干)이 한 바퀴 도는 것이 바로 한 '순(旬)'이 된다. 은상(殷商) 갑골문에서 '순(旬)'은 상용자로, 상대(商代) 사람들은 1'순(旬)' 동안의 길흉화복을 점쳤으며, 이때 '순무우(旬無

---

58)　黃天樹, 「殷墟甲骨文所見夜間時称考」, 『黃天樹古文字論集』(北京: 學苑出版社, 2006), 178-193쪽.

59)　許慎, 『說文解字』(北京: 中華書局, 1963), 188쪽.

憂)'(또는 '순무화(旬無禍)': 1순 동안 걱정거리가 없을까요?) 등의 점복에 관한 관용구가 형성되었다. 또 다른 견해에 따르면, 갑골문 '순(旬)'자의 자형은 ❺으로 썼는데, 그 안의 짧은 세로획은 갑골문 '십(十)'의 표기이며, 짧은 세로획을 제외한 나선형 곡선 부분은 '순환', '주기'의 의미를 나타낸다고 본다. 이로써 10일을 한 '순(旬)'으로 하는 순환 주기를 뜻하게 되었고, 금문에 이르러서야 그 안에 '일(日)' 부호가 더해져 지금과 같은 ❺의 형태로 쓰게 되었다. 이것이 현재의 '순(旬)'이다.60)

(1) 간지(干支)로 날짜를 기록하는 방법

역사 고고학적 관점에서 볼 때, 중국 역사에서 가장 이른 실물 문헌은 은상(殷商) 시기의 갑골문이다. 갑골문에는 중국 최초의 시간 기록이 나타나 있다. 복사 내용을 통해 알 수 있듯이, 상대(商代) 사람들은 해[年歲]에 관한 글자로 연도를 기록하고, 숫자로 월(月)을 기록하며, 간지(干支)로 일(日)을 기록했다. 복사에 나타난 간지로 날짜를 기록하는 방법은 간지가 역대 문헌에 출현한 가장 이른 기록이다. 이른바 '간지'란, "갑(甲), 을(乙), 병(丙), 정(丁), 무(戊), 기(己), 경(庚), 신(辛), 임(壬), 계(癸)"라는 열 개의 천간(天干)과 "자(子), 축(丑), 인(寅), 묘(卯), 진(辰), 사(巳), 오(午), 미(未), 신(申), 유(酉), 술(戌), 해(亥)"라는 열두 개의 지지(地支)를 조합하여, 60일을 한 주기로 하는 간지 순서표를 형성하고, 이 순서에 따라 시간의 순서를 기록하는 방식을 말한다.

간지로 날짜를 기록할 때, 10천간(天干)과 12지지(地支)가 서로 결합하는 형

---

60) 李玲璞·臧克和·劉志基, 『古漢字與中國文化源』(貴陽: 貴州人民出版社, 1997), 127쪽.

식은 구체적으로 [표 6-1]과 같다.

[표 6-1] 천간(天干)과 지지(地支)가 서로 결합하는 형식

갑자 (甲子)	을축 (乙丑)	병인 (丙寅)	정묘 (丁卯)	무진 (戊辰)	기사 (己巳)	경오 (庚午)	신미 (辛未)	임신 (壬申)	계유 (癸酉)
갑술 (甲戌)	을해 (乙亥)	병자 (丙子)	정축 (丁丑)	무인 (戊寅)	기묘 (己卯)	경진 (庚辰)	신사 (辛巳)	임오 (壬午)	계미 (癸未)
갑신 (甲申)	을유 (乙酉)	병술 (丙戌)	정해 (丁亥)	무자 (戊子)	기축 (己丑)	경인 (庚寅)	신묘 (辛卯)	임진 (壬辰)	계사 (癸巳)
갑오 (甲午)	을미 (乙未)	병신 (丙申)	정유 (丁酉)	무술 (戊戌)	기해 (己亥)	경자 (庚子)	신축 (辛丑)	임인 (壬寅)	계묘 (癸卯)
갑진 (甲辰)	을사 (乙巳)	병오 (丙午)	정미 (丁未)	무신 (戊申)	기유 (己酉)	경술 (庚戌)	신해 (辛亥)	임자 (壬子)	계축 (癸丑)
갑인 (甲寅)	을묘 (乙卯)	병진 (丙辰)	정사 (丁巳)	무오 (戊午)	기미 (己未)	경신 (庚申)	신유 (辛酉)	임술 (壬戌)	계해 (癸亥)

간지(干支)로 시간을 기록하는 방법이 언제 시작되었는지는 현재까지 확실한 증거가 없어 증명하기 어렵다. 그러나 간지를 조합하여 날짜를 기록하는 방식은 은상(殷商) 시기에 이미 존재했으며, 상당히 성숙한 단계에 있었다. 갑골문에는 완전한 간지 순서표가 있는데, 이는 [그림 6-1]과 같다.

[그림 6-1] 『合集』37986

천간(天干)과 지지(地支)의 조합은 갑자(甲子)에서 시작하여, 전체 순환 주기 (60일)를 거친 뒤 다시 갑자(甲子)로 돌아오므로, 이를 60갑자(六十甲子)라고 부른다. 「둔남(屯南)」 4240편처럼, 갑골 복사에서는 간지로 날짜를 기록할 때, 천간만 사용하고 지지는 사용하지 않는 경우가 있다. 또, 『합집』 7772, 40521편처럼, 12지지만 사용하고 천간은 사용하지 않는 경우도 있다. 동작빈은 간지로 날짜를 기록하는 방식에서 각 간지가 가리키는 구체적인 시간대에는 '혼언(渾言)'과 '석언(析言)'의 구분이 있다고 보았다. '혼언(渾言)'은 통언(統言), 즉 통칭하는 것으로 밤낮을 아울러 지칭하는 경우이다. 반면, '석언(析言)'이란 곧 특정하여 말하는 것으로, 밤낮 가운데 어느 한쪽만을 가리키는 경우를 뜻한다.[61]

(2) 시간대의 세밀한 구분

앞선 논의를 통해, 상고시기 고대인들의 시간관념에서 낮 시간은 주로 태양 운행의 위치를 시간 구분의 근거로 삼았음을 알 수 있다. 한편, 밤 시간의 구분은 월상(月相)을 관찰하는 것 외에도 별을 관찰하는 방식 등 다른 천문 현상을 관측하고 기록했다. 『주례·추관사구(秋官司寇)』에서는 "사오씨(司寤氏)는 밤의 시간을 관장하되, 별자리에 따라 밤을 구분했다.(司寤氏掌夜時, 以星分夜.)"[62]라고 했고, 『시경·여왈계명(女曰鷄鳴)』에서는 "자시에 일어나 밤을 살펴보니, 샛별이 찬란히 빛났다.(子興視夜, 明星有爛.)"[63]라고 했다. 이들은 모두 별을 관찰하

---

61) 董作賓, 「殷代的紀日法」, 『董作賓先生全集』(甲編第一冊)(臺北: 藝文印書館, 1977), 75-80쪽.
62) 徐正英·常佩雨, 『周禮(下冊)』(北京: 中華書局, 2014), 793쪽.
63) 劉毓慶·李蹊, 『詩經』(北京: 中華書局, 2011), 211쪽.

여 시간을 기록한 문헌 기록이다.

상대(商代)의 낮 시간대 구분은 밤에 비해 훨씬 더 세분화되어 있었다. 이때 시간을 나누는 방식에는 두 가지 특징이 있다. 첫째, 태양이 하늘에서 운행하는 궤적을 기준으로 시간대를 나누었다. 둘째, 시간대 구분은 인간 사회의 구체적인 생활 질서를 참고했다.

이에 비해, 상대(商代)의 밤 시간대 구분은 낮 시간대 구분처럼 다양하고 세밀하지 않았다. 이는 주로 밤 시간이 휴식과 회복에 사용되어, 사람들의 행동 활동이 크게 줄어들었기 때문이다. 따라서 행동 활동에 근거하여 결정되는 밤 시간대 용어의 필요성도 크게 줄어들었다. 이는 당시 인류의 생활 습관에 부합하는 것이다.

국가제도와 사회가 발전하면서, 사람들은 시간 측정에 더 높은 정확도를 요구하게 되었다. 앞서 언급했듯이, 하루를 세분하여 시진(時辰)과 시각(時刻)으로 나누게 된 것도, 이러한 흐름의 결과이다. 고대인들이 '각(刻)'이라는 개념을 갖게 된 것은, 당시 시간을 측정하는 방식인 물시계[漏刻]에서 비롯되었다.

石刻文   小篆

'각(刻)'자의 본의(本義)는 새기거나 조각한다는 뜻으로, 시간을 측정할 때 사용된 물시계 항아리[漏壺] 등의 도구에 부호를 새겨 물이 흐르는 시간을 기록하고, 이를 시간을 기록하는 표지로 삼았다. 『설문 수(水)부수』에서는 “루(漏)는 동으로 만든 기물에 물을 받고, 마디를 새겨 양을 측정하는데, 주야로 1백 개의 마디를 새겼다.(漏, 以銅受水, 刻節, 晝夜百刻.)”[64]라고 했는데, 여기서 ‘절(節)’은 새긴 표시를 말하며, 백각(百刻)은 곧 1백 개의 마디[百節]로, 시간의 분할 단위를 뜻한다. 일부 학자들은 이러한 누각(漏刻)으로 시간을 측정하는 방식이 이미 상대(商代) 말기에 출현했을 가능성이 있다고 보았다.[65] 그러나 현재까지의 고고학 발굴로는 선진(先秦) 시기와 관련된 물시계[漏刻]의 실물 유적은 확인되지 않았다. 따라서 일반적으로 물시계[漏刻]를 이용해 시간을 측정하는 방식은 한대(漢代)에 이르러서야 본격적으로 널리 사용되었다고 본다. 『춘추·장공(莊公)』7년에는 “한밤중에 별이 비처럼 쏟아졌다.(夜中, 星隕如雨.)”[66]라는 기록이 있는데, 두예(杜預)는 「주(注)」에서 “야중(夜中)이라고 한 것은 물시계를 통해 시간을 알았기 때문이다.(云夜中者, 以水漏知之.)”라고 했고, 공영달은 「소(疏)」에서 “누(漏)는 밤낮을 백각(百刻)으로 나누는 것이다. 당시 춘분의 달에는 밤이 50각(五十刻)이니, 25각(二十五刻)은 한밤중이다.(漏者, 晝夜百刻. 於時春分之月夜當五十刻, 二十五刻而夜半也.)”[67]라고 했다.

물시계[漏刻]의 사용은 고대인들의 시간을 파악하는 방식이 점점 더 정확해지고 있음을 보여준다. 그 이전까지만 해도 하루의 시간을 관측하는 방식은 대체로

---

64) 許愼, 『說文解字』(北京: 中華書局, 1963), 237쪽.

65) 閻林山·全和鈞, 「論我國固有的百刻計時制」, 『天文參考資料』, 1977年 第4期.

66) 郭丹·程小靑·李彬源, 『左傳(上冊)』(北京: 中華書局, 2012), 201쪽.

67) 十三經注疏整理委員會, 『春秋左傳正義(十三經注疏)』(北京: 北京大學出版社, 2000), 263-264쪽.

포괄적이고 모호했으며, 구체적인 시간대의 경계점을 정확히 파악하기 어려웠다. 또한, 천문 현상을 관찰하는 것만으로는 확정적인 시점을 정할 수 없었다.

　물시계의 사용은 사람들이 구체적인 생활 속에서 시간을 분배하는 규칙을 정하는 데 있어 일정한 기준을 확립했으며, 이는 인류의 사유 속에서 규범의식이 강화하는 중요한 표징이었다. 이로부터 시간은 점점 더 세밀하게 나뉘게 되었고, 시간 구분의 제도화된 관념도 점점 더 사람들의 마음속에 깊이 각인되었다.

제7장

추상적

시간개념

제7장

추상적 시간개념과 시대를 따라 진화하는 사유 의식

『초사·이소(離騷)』에는 "때는 어수선하여 수시로 뒤바뀌니, 어찌 오래 머무를 수 있으랴?(時繽紛其變易兮, 又何可以淹留?)"[1]라고 했다. 시간은 추상적이고 무형의 의식 관념이지만 동시에 실제로 존재하는 것이며, 이러한 무형의 존재는 자연계 만물의 존재에 의존한다. 즉, 시간은 공간과 마찬가지로 만물이 존재하는 기본 차원인 것이다. 고대 그리스의 철학자 헤라클레이토스는 "시간은 최초로 형체를 가진 본질"이라는 관점을 제시했으나, 이 설은 철학자 헤겔의 강한 반박을 받았다.[2]

확실히 시간은 만물이 존재할 수 있는 의지처이지만, 시간 자체는 실제로 형체가 없다. 그것은 오직 만물의 존재와 함께 존재할 뿐이며, 만물이 사라지면 시간의 의미도 더 이상 존재하지 않는다. 사람들은 구체적이고 다양한 현실의 사물에서 그 위에 의존하는 시간의 흔적을 발견하고, 점차 사유 속에서 시간에 관한

---

1) 林家驪, 『楚辭』(北京: 中華書局, 2010), 25쪽.
2) 黑格爾著, 北京大學哲學系外國哲學史敎硏室譯, 『哲學史講演彔』(第一卷)(北京: 生活·讀書· 新知三聯書店, 1956), 304쪽.

관념을 형성해왔다.

　그러나 만물의 존재는 변하지 않는 것이 아니라, 생명체의 번식과 소멸, 우주 자연의 끊임없는 변화와 순환 속에서, 그것을 의지한 시간도 소리 없이 흐르고 있다. 그러나 우리는 이러한 자연 변화의 역사적 과정에서 인류의 사상과 의식 또한 멈추지 않고 발전해 왔으며, 언제나 '시간[時]'과 더불어 나아가고 있다는 점을 명확히 인식해야 한다. 바로 이러한 '시(時)'와 함께 진보하는 무형의 시간 사유가, 유형의 시간 표현 방식으로 구체화 되어 오늘날까지 전해지는 언어·문헌·문자 속에 담겨 있다.

제1절 구체적 사물을 통한 추상적 시간개념의 표현

고대 중국인들은 날마다 반복되는 생산과 생활 속에서 수많은 구체적 사물로부터 시간의 개념을 형성하였고, 이러한 추상적 개념을 다양한 구체적 방식으로 표현하여 최종적으로 복잡한 시간관념 체계로 정립시켰다. 예컨대, '일(日)', '월(月)' 같은 글자들은 시간관념이 싹트던 시기에 시간의 의미를 표현하는 가장 초기의 글자였는데, 표현 방식으로 볼 때 이들은 구체적 사물로 추상적 개념을 지칭하는 전형적인 방식이었다. 실제로 시간관념을 표현하는 데 있어서, 이처럼 구체적인 것으로 추상적인 것을 대체하는 방식은 중국 민족의 언어적 사고방식에서 주류를 이루는 형태였다.

『논어·자한(子罕)』에서 공자는 "흘러가는 것이 이와 같아서, 밤낮으로 쉬지 않는구나.(逝者如斯夫, 不舍晝夜.)"[3]라고 탄식했는데, 공자의 탄식은 바로 구체적인 "물의 흐름"으로 추상적인 시간의 흐름을 비유한 것이다. 『여씨춘추·대악(大樂)』에는 "천지는 수레바퀴와 같아서 끝나면 다시 시작하고, 극에 달하면 다시 돌아오니, 모두가 그러하지 않음이 없다.(天地車輪, 終則複始, 極則複反, 莫不鹹當.)"[4]라고 했다. 이는 추상적인 시간의 운행을 끊임없이 순환하는 수레바퀴에 비유한 것으로, 역시 구체적 사물에서 추상적 시간개념을 도출한 예이다. 이 외에도 인류 사회에는 구체적 사물로 추상적 시간개념을 표현한 예가 많이 있다. 자연의 법칙에 따라 번식하는 동물의 현상을 연도 기록에 사용한 경우가 있다. 예컨대

---

3) 陳曉芬·徐儒宗, 『論語·大學·中庸』(北京: 中華書局, 2011), 105쪽.
4) 陸玖, 『呂氏春秋(上)』(北京: 中華書局, 2011), 132쪽.

고대인들은 "조수(鳥獸)가 새끼를 배고 낳는 것을 보고, 이로써 사계절을 구분했다.(見鳥獸孕乳, 以別四節.)"[5]라고 하여, 조수의 번식 시기에 따라 사계절의 변화를 확정했다. 또 자연 조건에 따라 식물이 성쇠를 거듭하는 주기를 연도 기록의 기준으로 삼기도 했다. 예컨대,『설문화(禾)부수』에서 "년(年)은 곡식이 익다라는 뜻이다.(年, 穀熟也.)"[6]라고 했는데, 이는 곡식이 한 번 여무는 주기를 일 년으로 정한 것이다. 고대 북방의 소수민족 중에는 "그 글자가 오랑캐 글자와 같아 연력(年曆)을 모르고, 오직 풀이 푸른 것으로 기록했다."[7]거나, "그 사람들은 연도 기록을 모르니, 물으면 이렇게 말했다. '나는 푸른 풀을 몇 번이나 본 셈인데, 풀이 한 번 푸르러지는 것을 한 해로 여긴다.'"[8]라고 했다. 이 예들은 모두 구체적인 사물을 빌려 추상적인 시간관념을 표현한 것이라 할 수 있다.

중국의 언어와 문자에도 구체적 사물로 추상적 시간개념을 표현하는 예가 많은데, 그중에서도 동물의 형상으로 시간을 기록하는 것은 고대 중국인들의 두드러진 특징이었다. 실제로 동물 형상으로 추상적 시간개념을 표현하는 방법은 고대 소수민족들 사이에서 비교적 흔한 현상이었다. 예컨대, 납서족(納西族) 상형문자에서는 '🐭'인 '쥐'의 형상으로 '년(年)'을 표현했는데, 이는 쥐가 12지지의 첫 번째라는 의도에서 비롯되었다. 현재의 민족학 연구에 따르면, 유목이나 수렵으로 생계를 유지하는 민족들은 그들의 생산과 생활에 밀접하게 관련된 초목이나 동물을 시간 기록의 도구로 사용하는 경향이 더 강했다. 예컨대, 고대의 여족(黎族)들은 처음에 쥐, 소, 뱀 등 동물의 상형 부호를 이용하여 '쥐의 날[鼠日]', '소

---

5) 范曄, 『點校本二十四史: 後漢書』(第十冊·卷九十)(北京: 中華書局, 2000), 2980쪽.
6) 許愼, 『說文解字』(北京: 中華書局, 1963), 146쪽.
7) 李延壽, 『點校本二十四史: 北史』(第十冊·卷九十九)(北京: 中華書局, 1974), 3288-3289쪽.
8) 徐夢莘, 『三朝北盟會編: 附索引』(卷三)(上海: 上海古籍出版社, 2008), 18쪽.

의 날[牛日]', '뱀의 날[蛇日]' 등 구체적인 시간개념을 표현했다. 이른바 '쥐의 날', '소의 날', '뱀의 날'은 처음에는 대체로 '쥐가 많은 날[多鼠之日]', '소로 경작하는 날[耕牛之日]', '뱀을 보는 날[見蛇之日]' 등의 의미를 표현했다. 이는 모두 여족 사람들의 일상생활에서 특별한 절기에 해당했다. 이러한 특별한 절기를 그 시절에 흔히 볼 수 있는 동물 형태로 표시하는 것은 분명 더할 나위 없이 적절한 방법이었다. 물론, 이러한 표현 관념의 발생은 초기 십이지지 개념과 연관이 있을 수도 있다. 여족 외에도, 율속족(傈僳族)[9]은 한 해의 달[月]을 자연 현상과 현지 풍습 등의 특징에 따라 '꽃 피는 달[花開之月]', '새 우는 달[鳥鳴之月]', '산불 피우는 달[燒山之月]', '채집하는 달[采集之月]', '수확하는 달[收獲之月]', '술 빚는 달[煮酒之月]', '수렵하는 달[狩獵之月]', '연절의 달[年節之月]', '집 짓는 달[蓋房之月]' 등으로 나누기도 했다.[10] 북방의 소수민족들도 유사한 상황이 있었다. 예컨대, 돌궐족(突厥族)은 위진 남북조 시기까지도 여전히 "오직 풀이 푸른 것으로 기록했다"[11]는 풍습이 있었다. 앞서 언급한 "조수(鳥獸)가 새끼를 배고

---

9) (역주) 율속족(傈僳族)은 주로 중국 운남성 노강(怒江) 율속족 자치주에 집중 거주하는 소수 민족으로, 이족(彝族)과 같은 티베트-미얀마 어계에 속한다. 이들의 기원은 고대 강(羌)족 계통으로 알려져 있으며, 16세기 경 금사강(金沙江) 일대에서 노강 협곡 지역으로 대규모 이주를 단행하며 현재의 주거지를 정립했다. 전통적으로 산악 지대에서 화전 농업과 사냥을 주된 생계로 삼았으며, 특히 활쏘기에 능해 역사적으로는 주변 토사(土司)에게 용병으로 고용되기도 했다. 리수족은 독자적인 음력 신년인 '합십절(盍什節)' 축제와 여러 화성으로 구성된 다성부(多聲部) 화성(和聲)의 전통 '목괄(木刮)' 등 풍부한 구전 문화를 보유하고 있다. 20세기 초 서양 선교사의 영향으로 창제된 음절 문자는 오늘날까지 그들의 문화 정체성과 기록 전승의 핵심 수단으로 기능하며, 현대화 속에서도 독특한 민족 전통을 고수하고 있다.
10) 中國哲學史學會雲南省分會, 『雲南少數民族哲學社會思想資料選輯』第二輯(昆明: 中國哲學史學會雲南省分會, 1982), 122쪽.
11) 李延壽, 『點校本二十四史: 北史』(第十冊·卷九十九)(北京: 中華書局, 1974), 3288-3289쪽.

낳는 것을 보고, 이로써 사계절을 구분했다.(見鳥獸孕乳, 以別四節.)"12)는 것은 동한(東漢) 시기 오환족(烏桓族)이 시간을 기록하는 방법이었으며13), 당대(唐代)의 당항(党項) 강족(羌族)도 "초목을 관찰하여 해를 기록하는"14) 풍습이 있었다. 물론, 소수민족뿐만 아니라 한족의 역사에도 수많은 관련 사례가 존재하며, 이들은 모두 역대 언어와 문자에서 관련 흔적을 찾을 수 있다.

한어(漢語)에서 의미부가 '의(衣)'인 글자들 중 일부는, 그 표의 방식이 다소 우회적이어서 글자 모양만 보고는 본래 뜻이 '옷[衣]'과 어떤 관련이 있는지 파악하기 어려운 경우가 있다. 예컨대 '초(初)'자가 그러하다.

(1) 초(初)

고문자에서 '초(初)'는 현대 한자의 형태와 맥을 같이 하는데, 자형의 구조는 '의(衣)'과 의미부이고 '도(刀)'도 의미부인 회의자(會意字)로, "칼로 옷을 재단하다"는 뜻을 나타낸다. 구체적인 고문자 자형은 다음과 같다.

---

12) 范曄, 『點校本二十四史: 後漢書』(第十冊·卷九十)(北京: 中華書局, 2000), 2980쪽.

13) (역주) 오환족은 고대 중국 북방의 동호(東胡) 계열 유목 민족으로, 선비족(鮮卑族)과 근연 관계에 있다. 기원전 3세경 흉노(匈奴)에 정복된 후 오환산(烏桓山) 일대에 정착하며 부족을 형성했다. 이들은 주로 유목과 수렵을 생업으로 하며 강력한 기마 병력을 보유했다. 한나라 시대 흉노가 쇠퇴하자 세력을 확장했으나, 후한 말기 위(魏)나라의 조조(曹操)에게 크게 정복당했다. 이 사건을 기점으로 그 세력이 급격히 약화되었고, 결국 위진 시대에 이르러 중원에 동화되거나 신흥의 선비족에 흡수되며 역사의 무대에서 사라졌다. 오환족은 이후 선비족 등이 중원으로 진출하는 5호 16국 시대의 교량 역할을 한 중요한 민족이다.

14) 歐陽修·宋祁, 『點校本二十四史: 新唐書』(第二十冊·卷二二一上)(北京: 中華書局, 1975), 6214쪽.

甲骨文   金文   簡帛文   小篆

　자형의 왼쪽은 고대 상의(上衣)의 정면을 본뜬 '의(衣)'자이고, 오른쪽은 '도(刀)'로, 칼날로 옷을 재단하다는 의미를 합쳐 "옷을 가위질하다[裁衣]"는 뜻을 담고 있다. 『설문 도(刀)부수』에서는 "초(初)는 시작을 말한다. 도(刀)가 의미부이고 의(衣)도 의미부이다. 옷 마름질의 시작을 말한다.(初, 始也. 从刀, 从衣. 裁衣之始也.)"15)라고 했다. 허신이 말한 '재의(裁衣)'의 시작은 일반적으로 옷을 만드는 것을 말하며, 보통 칼로 천을 재단하는 것을 시작점으로 삼았다. 따라서 "재의지시(裁衣之始)", 즉 옷을 만들기 시작하는 시점이 바로 '초(初)'자의 본의(本義)인 것이다. 이후에 "옷을 재단하는 시작"이라는 특정 시간의 '처음' 의미에서 점차 모든 사물의 '처음' 의미, 즉 일반 개념의 "처음, 시작"을 표현하는 것으로 의미가 확장되었다. "옷을 재단한다[裁衣]"는 구체적인 행위를 통해 시간상의 '처음(初始)'이라는 의미가 부여되고, 다시 그것이 추상화되어 보편적인 '시작'이라는 시간개념으로 확장되었다. 이러한 표의(表意)의 변화 과정은 바로 구체적 사건으로 추상적 시간개념을 표현한 경우이다.

---

15) 許愼, 『說文解字』(北京: 中華書局, 1963), 91쪽.

(2) 식(食)

　　고대인들은 '궤(簋)'를 식기로 사용했으므로, 이를 의미부로 하는 글자들은 필연적으로 음식과 밀접한 관계가 있다. 예컨대, 밥 먹으러 나아가는 의미를 나타내는 '즉(即)'은 고문자로 '🦴'으로 쓴다. 자형의 왼쪽은 식기인 '궤(簋)'이고, 오른쪽은 식기를 향해 측면으로 꿇어앉은 사람의 형상이다. 전체적으로 사람이 식기에 나아가 앉는 모습을 나타내는 회의자로, 즉 '취식(就食: 먹으러 가다)'을 의미한다.

　　식사를 마치고 자리를 떠나는 것을 나타내는 '기(既)'는 고문자로 '🦴'로 쓴다. 자형은 '즉(即)'과 정반대 구조로, 오른쪽이 식기이고, 왼쪽이 식기를 등지고 측면으로 꿇어앉은 사람 형상이다. 사람이 입을 크게 벌리고 있어, 전체적으로 사람이 식기를 떠난다는 의미를 나타내는 회의자로, 즉 '식필(食畢: 식사를 마치다)'을 의미한다.

　　마주 보고 식사하는 것을 나타내는 '경(卿)'은 자형이 '🦴'이다. 자형의 중간은 식기이고, 양옆은 식기를 향해 서로 마주 앉은 두 사람의 모습이 있다. 전체적으로 이는 '상대이식(相對而食)' 즉, 두 사람이 마주 보며 음식을 즐긴다는 의미를 나타내는 회의자이다. 물론, '음식[食物]'의 '식(食)'자도 '궤(簋)'를 의미부로 한다. 그 고문자 형태는 다음과 같다.

甲骨文　　　　金文　　　　簡帛文　　　　小篆

　　갑골문 '식(食)'의 자형을 보면, 윗부분에 있는 삼각형 형태의 '집(亼)'은 뒤집어 놓은 뚜껑 모양의 물체를 형상화했고, 아랫부분은 음식을 담는 '궤(簋)'를 본뜬 모습이다. 일반적으로 '식(食)'자는 음식이 그릇 안에 담겨 있는 모습을 형상화한 것으로, 이로부터 '먹는다[食用]'는 의미가 파생되었다고 본다. 『설문·식(食)부수』에서는 "식(食)은 모아 놓은 쌀을 말한다. 급(皀)이 의미부이고, 집(亼)이 소리부이다.(食, 亼米也. 从皀, 亼聲.)"16)라고 하여, '식(食)'의 본의(本義)가 '밥'이라고 설명했다. 『주례·천관총재(天官冢宰)·선부(膳夫)』에서는 "선부(膳夫)는 왕의 먹을 것[食], 마실 것[飲], 반찬[膳], 진어[羞]를 관장한다.(膳夫掌王之食, 飲, 膳, 羞.)"17)라는 구절이 있는데, 주석에서는 "식(食)은 밥이다.(食, 飯也.)"18)라고 했다. 『전국책(戰國策)·제인유풍훤자(齊人有馮諼者)』에서는 "맹상군(孟嘗君)이 사람을 시켜 그의 음식을 제공하여, 부족함이 없도록 했다.(孟嘗君使人給其食用, 無使乏.)"19)라고 했는데, 이들 예는 모두 본의(本義)로 사용된 것이다. '식(食)'자는 이후에 모든 음식이라는 의미로 파생되었으니, 이것이 오늘날 말하는 '양식(糧食)'의 뜻이다. 음식이든 곡식이든, 이들은 모두 구체적인 사물이지 추

---

16)　許愼, 『說文解字』(北京: 中華書局, 1963), 106쪽.

17)　徐正英·常佩雨, 『周禮(上冊)』(北京: 中華書局, 2014), 76쪽.

18)　十三經注疏整理委員會, 『周禮注疏(十三經注疏)』(北京: 北京大學出版社, 2000), 94쪽.

19)　繆文遠·繆偉·羅永蓮, 『戰國策(上)』(北京: 中華書局, 2012), 307쪽.

상적 개념인 시간과 는 직접적인 관련이 없다. 그러나 '식(食)'자가 '식사하는 시간'을 나타냄으로써 이 구체적인 사물과 추상적 시간개념이 서로 연결되었다. 갑골문에서 '식(食)'자는 이처럼 시간을 나타내는 의미로 사용되었으며, 복사에서 관련된 사례는 다음과 같다.

[1] '식(食)' 때에 비가 내리지 않을까요?(食不雨.)(『合集』29776)

[2] '식일(食日)' 때에 비가 내리지 않을까요?(食日不雨.)(『合集』29785)

[3] '단(해 뜰 때)부터 '식일(食日)' 때까지 비가 내리지 않을까요?(自旦至食日不雨.)(『屯南』42)

[4] 병술(丙戌)일에 점을 칩니다. 3일 동안 비가 내리겠습니까? 정해(丁亥)일 '대식(大食)' 때 비가 내렸다.(丙戌卜, 三日雨. 丁亥隹大食雨.)(『合集』20961)

위의 여러 사례가 보여주듯이, 복사에서는 예문 [1]-[3]과 같이 '식(食)', '식일(食日)'로 시간개념을 표현하는 사례가 자주 보인다. 특히 예문 [3]의 경우에는 '식일(食日)'이 시간사 '단(旦)'과 대구를 이루고 있어, 이를 통해 '식일(食日)'이 시간을 나타내는 단어로 사용되었다는 것을 알 수 있다.

본래 '식(食)'은 음식이라는 구체적 사물을 나타내고, 더 나아가 식사라는 구체적 행위를 가리켰다. 그런데 행위라는 것은 항상 시간과 함께 존재하므로, 식사라는 구체적 행위로부터 식사 시간을 나타내는 것은 지극히 자연스러운 일이다.

복사에서는 '식(食)'과 '식일(食日)' 외에도, '대식(大食)', '소식(小食)'이라는 단어로 '식알'을 기록했는데, 이는 문자 그대로 구체적인 행위로 추상적인 시간개념을 드러낸 시간사들이다.

고대인들은 구체적인 사물로 추상적인 시간을 표현했을 뿐만 아니라, 반대로 추상적인 개념이 다시 구체적인 사물로 환원되는 경우도 존재했다. 예컨대, 『사기·천관서(天官書)』에는 "하늘에는 열수(列宿)가 있고, 땅에는 주역(州域)이 있다.(天則有列宿, 地則有州域.)"20)라는 구절이 있다. 이는 사람들이 지상의 사방(四方) 구주(九州)라는 구획 개념을 바탕으로 하늘의 성수(星宿)를 구분하고, 다시 하늘의 별자리를 땅의 주역(州域)에 대응시켜, 허(虛)와 실(實)을 결부시킨 고정된 분야(分野) 개념을 형성했다. 고대인들이 별자리를 관측하여 시간을 기록하는 것은 구체적 사물로 추상적 시간개념을 기록하는 행위였다. 그런데 그 별자리를 다시 지상의 구주와 대응시킨 것은 오히려 추상적 개념을 다시 구체적 사물에 연결시킨 환원 과정이다.

구체적인 사물을 통해 추상적인 시간개념을 표현할 때, 그 사이에는 때로 허상(虛象)이 매개체로 필요하기도 했다. 『관자(管子)』의 '음양(陰陽)' 개념이 바로 그 예이다. 『관자·승마(乘馬)』에서는 "봄, 가을, 겨울, 여름은 음양의 이동이며, 시간의 장단은 음양의 이용이며, 낮과 밤의 교체는 음양의 변화이다.(春秋冬夏, 陰陽之推移也; 時之短長, 陰陽之利用也; 日夜之易, 陰陽之化也.)"21)라고 한 것이 바로 그 증거이다. 고대인들은 음양을 형체가 없는 기운으로 여겼으며, 자연 현상에서의 낮과 밤의 교대, 사계절의 순환, 시간의 흐름 등이 모두 '음'과 '양' 두 기운의 소멸과 생장으로 설명할 수 있다고 생각했다. 그런데 이러한 '음양' 개념도 처음에는 실제로 구체적 사물과 연결되어 있었다. 예컨대, 오행설은 각각 구체적 사물인 금(金), 목(木), 수(水), 화(火), 토(土)를 표지로 삼았다. 이렇게 그 자체가 추상적 개념인 '음양'이라는 허상을 객관적 사물과 추상적 시간개념 사이의 매개체로 활용하는 것도 고대 시간관념에서의 독특한 표현 방식이다.

---

20) 韓兆琦, 『史記(三)』(北京: 中華書局, 2010), 2139쪽.
21) 耿振東, 『管子譯注』(上海: 上海三聯書店, 2018), 56쪽.

제2절 추상적인 시간 순서 관념

시간은 형태가 없지만, 인간의 의식 속에서는 '흐른다'고 인식되기에 형태가 있는 것처럼 느껴지기도 한다. 이렇게 '흐르는' 시간은 구체적 사물의 '흐름'에 대응하여, 필연적으로 앞[先], 뒤[後]의 순서라는 개념이 존재해야 한다. 따라서 추상적인 시간개념 속에는 '선후(先後)'라는 시간의 순서 관념이 자리 잡고 있다.

(1) 선(先)

모든 일에는 앞뒤가 있기 마련이고, 시간 역시 선후(先後)의 구별이 존재한다. 고문자 '선(先)'의 형태는 다음과 같다.

갑골문, 금문, 간백문(簡帛文)에서 '선(先)'의 자형은 기본적으로 거의 차이가 없다. 그 구조는 "지(止)가 의미부이고 인(人)도 의미부이다. 발[止]이 사람[人]의 형상 위에 있는 모습으로, 앞선 세대 곧 사람의 선조(先祖)를 뜻하며, 줄여서

'선(先)'이라 부른다. 『설문』에서는 '선(先)은 앞으로 나아가다라는 뜻이다. 인(儿)이 의미부이고 지(之)도 의미부이다.(先, 前進也. 从儿从之.)'라고 했는데, 이는 후대에 생긴 의미이다."[22] 구체적 사물에 선후의 구분이 있으니, 이에 대응하는 추상적 시간개념에도 선후의 구별이 있어야 한다. 상대(商代) 갑골문에서 '선(先)'자는 이미 시간개념으로서의 선후 순서라는 의미를 가지고 있었다. 예를 들면 다음과 같다.

[5] 경자(庚子)일에 점을 칩니다. '각'이 묻습니다. '자상(子商)'에게 먼저 '강' 족으로 하여금 황하를 건너게 할까요?(庚子卜, 㱿貞: 令子商先涉羌于河.)(『合集』536)

[6] 정묘(丁卯)일에 점을 칩니다. 물어봅니다. '필'로 하여금 먼저 건너게 할까요?(丁卯卜, 貞: 㟢往先.)(『合集』4068)

[7] 병인(丙寅)일에 점을 칩니다. '대(大)'가 물어봅니다. 다가오는 '정'일에 '묘' 제사와 '세' 제사를 지낼 때 강신제를 먼저 거행할까요?(丙寅卜, 大貞: 翌丁卯歲其先祼.)(『合集』25203)

위에서 언급한 여러 복사에서 '선(先)'은 부사로서 '섭(涉: 건너다)', '왕(往: 가다)', '관(祼: 제사에서 술을 뿌리다)' 등의 동작을 수식하고 있다. 이들은 모두 동작 행위의 선후를 나타내는 용례로, 현대 한어의 '선(先: 먼저)'과 의미 차이가 없다. 또 이 글자의 고문자 형태를 살펴볼 때, 그것이 처음에는 어떤 구체적 사물의 선후 순서를 나타내는 의미로 사용되었을 가능성도 배제할 수 없다. 다만 그 대상이 구체적 사물이든 추상적 사물이든, 결국 '선후의 순서'라는 것 자체

---

22) 徐中舒, 『甲骨文字典』(成都: 四川辭書出版社, 1989), 975-976쪽.

가 본질적으로 추상적 관념이므로, '선(先)'자가 모든 사물의 선후 순서를 지칭
하는 의미로 발전하는 것은 당연하다. 또한, 이러한 개념의 변화는 관념적 전환
이 너무 자연스럽게 받아들여졌던 까닭에, 비교적 빠르게 발전하고 더 일찍 나
타났을 가능성이 있다.

(2) 후(後)

선후(先後)라고 할 때의 '후(後)'의 고문자 자형은 다음과 같다.

甲骨文　　　　　　　金文　　　　　　　簡帛文　　　　　　　小篆

이 글자의 갑골문 자형에 대해, 서중서(徐中舒)는 비교적 자세하게 고증했다.

고대인들은 바로 새끼줄로 매듭을 지어 조손(祖孫) 세계(世系)의 선후를 기
록했다.……대개 아버지와 아들이 서로 이어져 세대를 이루었으며(금문의
'세(世)'자는 지(止)와 새끼줄로 매듭을 지은 모습으로 구성되어 있다.), 아들의
세대는 바로 아버지의 발가락 아래에 매어 계승됨을 뜻한다.……쇠(夊)(거꾸
로 된 발[止]) 아래에 새끼줄이 매달려 있는 것은, 바로 세대가 뒤이어 이어
지는 뜻을 나타내는 것이니, 이것이 바로 '후(後)'의 본의(本義)이다.(古人卽以
結繩紀祖孫世系之先後.……盖父子相継爲世(金文世字從止結繩),　子之世卽系于父之
足趾之下.……從夊(倒止)系繩下,　卽表世系在後之意,　此卽後之本義.)23)

  갑골문과 금문의 '후(後)'자에는 '척(彳)'이 의미부가 아닌 경우도 있었다. 자형 구조 변화의 일반적인 규칙으로 볼 때, 이러한 간략화 된 형태가 오히려 '후(後)'자의 더 이른 모습일 수 있다. 이후에 간략화 된 형태에 '척(彳)'을 추가하여, 이 글자의 의미가 '걷다[行步]'나 '도로(道路)'와 관련이 있음을 나타냈다. '후(後)'의 선후 의미는 본래 추상적인 시간 질서의 개념이지만, 이 추상적인 시간 선후 관계가 구체적 사물에 반영되면, 곧 방위상의 앞뒤 관계로 나타난다. 따라서 '걷다'는 의미에서 선후 관계는 실제로 방위상의 앞뒤 관계에 대응하기 때문에, '척(彳)'은 의미부로서 추상적인 선후 개념을 강조한 것이다.

(3) 시(時)

| 金文 | 簡帛文 | 石刻文 | 古陶文 | 小篆 |

  '시(時)'의 가장 이른 고문자 형태는 청동기 명문(銘文)에서 볼 수 있으며, '𡊨'로 쓴다. 이는 윗부분이 '지(之)'이고, 아랫부분이 '일(日)'인 구조이다. 이때 '지(之)'는 소리부이지만 의미를 나타내는 기능도 함께 가지고 있다고 여겨진다. '지(之)'는 '지(止)'가 의미부인데, '지(止)'는 발가락을 뜻하는 '지(趾)'의 본자(本

---

23) 徐中舒, 『甲骨文字典』(成都: 四川辭書出版社, 1989), 164-165쪽.

字)로, '걷다'는 의미와 관련된다. '지(止)'의 아래에 있는 가로획은 땅을 나타내거나, 혹은 단순한 지사(指事)적 부호로서, '지(止)'와 함께 걷는 것과 관련된 의미를 표현한다. '지(之)'자는 『옥편(玉篇)』에서 '이르다, 가다는 뜻이다.(至也, 往也.)'[24]라고 했는데, 이는 그 형태 구조의 본의(本義)에 부합하는 해석이라 할 수 있다. '일(日)'은 '태양'을, '지(之)'는 '가다'를 뜻하므로, '지(之)'가 의미부이고 '일(日)'이 의미부인 '시(時)'자는 그 자형의 구조적 특징에 따라, '태양의 움직임(日之往)' 즉 태양의 운행을 가리킨다. 앞에서 이미 태양이 원시 시간의 측정 기준 중 하나임을 상세히 언급했으므로, '태양의 움직임'이라는 표현을 바꾸면, 실제로 시간의 진행, 즉 시간의 운행을 가리키는 것이다.

태양은 시간을 측정하는 기준의 하나였기 때문에, 시간의 운행과 관련된 글자나 단어는 대체로 태양과도 관련이 있다. 예컨대, 과거의 시간을 나타내는 '석(昔)'이 그러하다. 갑골문에서 '석(昔)'의 자형은 '수(水)'가 의미부이고 '일(日)'이 의미부인 ''으로 썼다. 일반적으로 이 가운데 '수(水)'는 사람들이 상고시기 홍수 범람에 대한 기억을 상징하는 것으로 이해된다. 여기에서 '일(日)'은 시간을 나타내므로, '홍수가 범람한 시기'는 이미 지나간 그 시절을 말하며, 이것이 바로 '석(昔)'이다. '석(昔)'은 시간의 선후 순서에서 종종 더 앞선 시점을 차지한다. 이는 곧 추상적인 시간 순서 관념을 분명히 드러내는 표현이라 할 수 있다.

---

24) 顧野王, 『宋本玉篇』(北京: 中國書店, 1983), 515쪽.

제3절 시대와 함께 변화하는 시간 표현 관념

시간의 존재는 구체적 사물에 의존하고, 구체적 사물은 자연사회 속에 존재하므로, 시간도 자연사회의 산물이라고 할 수 있다. 자연사회는 항상 끊임없이 앞으로 진화하며, 시간도 그러하다. 다행스러운 것은, 흐르는 시간에 대한 인류의 인지관념도 시간이 앞으로 진행함에 따라 끊임없이 발전하고 변화하여, '시(時)'와 함께 나아간다는 점이다.

앞서 언급했듯이, 상대(商代)에는 삭망월(朔望月)을 중심으로 달[月]을 기록했지만, 실제로 고대인들이 달을 기록하는 방식은 다양하고 풍부했다. 전용 문자로 달을 기록하거나 월상(月相) 용어로 달을 기록하는 방식 외에도, 오늘날 매우 일반적으로 보이는 숫자로 달을 기록하는 방식과 간지(干支)로 일을 기록하는 방식에서 발전한 간지로 달을 기록하는 방식 등이 널리 쓰였다. 이러한 달 기록 방식의 변화와 발전은 실제로 고대인들의 풍부하고도 시대와 함께 발전하는 시간 표현 관념을 잘 보여준다.

농경생활에 적합한 태음(太陰)으로 달을 기록하는 방식은 주로 월상 관찰을 기준으로 한다. 고대인들은 태양력으로 연도를 기록하면서, 연말이나 연중에 윤달을 두는 방식으로 시간의 흐름을 정확히 계산했다. 연말에 윤달을 두는 방법은 주로 윤달의 '13월(十三月)'과 '14월(十四月)' 등의 용어에 잘 나타나 있으며, 이러한 윤달법은 이미 은상(殷商) 시기에 시행되었다.

또한, 대월(大月)과 소월(小月)을 구분하는 것도 인위적으로 시간을 유연하게 추론하는 방식 중 하나이다. 예컨대, 『예기·예운(禮運)』에는 "월(月)로써 양(量)

을 삼는다.(月以爲量.)"25)라는 구절이 있는데, 「주(注)」에서는 "하늘의 운행은 매 30일을 한 달로 한다.(天之運行, 每三十日爲一月.)"26)라고 했다. 『상서·홍범(洪範)』에는 "둘째는 달[月]이다.(二曰月.)"27)라는 구절이 있는데, 「소(疏)」에서는 "삭(朔)에서 회(晦)에 이르기까지, 큰 달[大月]은 30일, 작은 달[小月]은 29일로, 이를 한 달의 기준으로 삼는다.(從朔至晦, 大月三十日, 小月二十九日, 所以紀一月也.)"28)라고 했으니, 모두 고대인들이 대월과 소월을 구분한 실례이다.

『예기』나 『상서』뿐만 아니라, 이미 은상 시기에 고대인들은 달을 기록할 때 대월과 소월을 구분하기 시작했으며, 복사에서는 당시 사람들이 대월을 30일 또는 31일로(예컨대, 「보편(補編)」4939에는 31일의 기록이 있음), 소월을 29일 등으로 나눈 상황 등이 반영되어 있다.

연도와 달을 기록하는 것 외에도, 보다 더 세밀한 시간 기록 방식이 있었는데, 예컨대 고대인은 매월 첫날을 삭(朔)이라 하고, 마지막 날을 회(晦)라고 불렀다. 『장자(莊子)』에는 "아침의 버섯은 회(晦)와 삭(朔)을 알지 못한다(朝菌不知晦朔.)."29)라는 구절이 있는데, 후대에 이르러 한 해의 마지막 날인 '제석(除夕)'을 '대회일(大晦日)'이라 부른 것도 모두 이와 관련된 관념이 남아있는 것이다.

(1) 숫자로 달을 기록하는 방식

월상(月相)을 관측하여 시간 주기를 기록한다는 관점에서 보면, "고대인들은

---

25) 楊天宇, 『禮記譯注(上)』(上海: 上海古籍出版社, 2016), 345쪽.
26) 十三經注疏整理委員會, 『禮記正義(十三經注疏)』(北京: 北京大學出版社, 2000), 815쪽.
27) 王世舜·王翠葉, 『尚書』(北京: 中華書局, 2012), 148쪽.
28) 十三經注疏整理委員會, 『尚書正義(十三經注疏)』(北京: 北京大學出版社, 2000), 363쪽.
29) 郭慶藩著, 王孝魚整理, 『莊子集釋』(北京: 中華書局, 1961), 11쪽.

달을 기록할 때 주로 월상 관련 명칭을 사용했다."라는 착각이 생길 수도 있다. 그러나 실제로 문헌의 기록에 따르면, 고대인들이 달을 기록하는 방식은 숫자를 사용하여 기록하는 방식이 훨씬 더 일반적이었다. 숫자를 기록하는 문자가 제일 처음 생겨난 이후, 그것은 기본적인 기수(記數) 단위로서 이미 사람들의 생활 속에 깊숙이 자리 잡았던 것으로 보인다.

『사기·하본기(夏本紀)』에서는 "공자가 하(夏)나라의 시간을 바로잡았으니, 학자들이 「하소정(夏小正)」을 많이 전했다.(孔子正夏時, 學者多傳『夏小正』.)"[30]라고 했다. 「하소정(夏小正)」은 일반적으로 하대(夏代)의 역법과 관련된 내용을 기록한 자료로 여겨진다. 『대대예기(大戴禮記)·하소정(夏小正)』은 일 년을 12달로 나누고, 1월을 '정월(正月)'이라 부르는 것 외에는 모두 숫자로 달을 기록했다.

「하소정」의 저술 시기는 대략 춘추 시기로 추정되지만, 그 안에 기록된 것이 실제로 하대의 역법인지는 현재로서는 확정할 수 없다. 그러나 가장 초기의 실물 문헌에서 이미 숫자로 달을 기록하는 방식이 존재했음은 분명하다. 상대(商代)의 문자 체계에서는 이미 숫자로 달을 기록하는 방식이 정형화되어 있었다. 갑골 복사에서는 매번 '몇 월[數月]'이라는 표현을 점사의 끝부분에 기록하여, 점복 행위가 이루어진 구체적인 시간[時]과 달[月]을 기록했다. 예문을 살펴보자.

[8] 묻습니다. 소신(小臣)으로 하여금 노예들에게 기장을 심게 할까요? 1월이었다.(貞: 叀小臣令衆黍. 一月.)(『合集』12)

[9] 을미(乙未)일에 점을 칩니다. '행(行)'이 묻습니다. "왕께서 사냥을 나가도 재앙이 없을까요?" 2월이었다. '경(慶)'에서 점을 쳤다.(乙未卜, 行貞: 王

---

30) 韓兆琦, 『史記(一)』(北京: 中華書局, 2010), 140쪽.

其田无灾. 在二月. 在慶卜.)(『合集』24474)

[10] 기묘(己卯)일에 점을 칩니다. '빈'이 묻습니다. "다가오는 갑신일에 활
　　쏘기 명장 '삽(爾)'으로 하여금 강(羌)족을 희생을 삼아 '상갑(上甲)'부터
　　제사를 드리게 할까요?" 3월이었다.(己卯卜, 宀貞: 翌甲申用射爾以羌自上甲.
　　三月.)(『合集』277)

[11] 기축(己丑)일에 점을 칩니다. '각'이 묻습니다. "상구에서 戵할까요?" 4
　　월이었다.(己丑卜, 殼貞: 戵于丘商. 四月.)(『合集』776)

[12] 갑술(甲戌)일에 점을 칩니다. '여(旅)'가 묻습니다. "오늘 밤 재앙이 없을
　　까요?" 5월이었다.(甲戌卜, 旅貞: 今夕无𡆥. 在五月.)(『合集』26303)

[13] 계유(癸酉)일에 점을 칩니다. '유'제사를 올리면 이루어질까요? 6월이었
　　다.(癸酉卜, 侑于成. 六月.)(『合集』1374)

[14] 정축(丁丑)일에 점을 칩니다. '빈'이 묻습니다. '유(侑)' 제사에 희생소를
　　사용할까? 7월이었다.(丁丑卜, 宀貞: 侑于丁牢用. 七月.)(『合集』1910)

[15] 계해(癸亥)일에 점을 칩니다. '유(卣)'가 묻습니다. "오늘 밤 재앙이 없을
　　까요?" 8월이었다.(癸亥卜, 卣貞: 今夕无𡆥. 八月.)(『合集』3927)

[16] 임진(壬辰)일에 점을 칩니다. '쟁(爭)'이 묻습니다. "호랑이를 때려잡는
　　다면, 잡을 수 있을까요?" 9월이었다.(壬辰卜, 爭貞: 其虣, 獲. 九月.) (『合集
　　』5516)

[17] 정해(丁亥)일에 점을 칩니다. '빈'이 묻습니다. "혜(彗)로 하여금 '소다마
　　(小多馬)'와 '강(羌)'족과 노예를 불러들이게 할까요?" 10월이었다.(丁亥卜,
　　宀貞: 叀彗乎小多馬羌臣. 十月.)(『合集』5717)

[18] 계유(癸酉)일에 점을 칩니다. '쟁(尹)'이 묻습니다. "왕께서 '빈(賓)' 제사
　　를 '시계(示癸)'께 드리면 '융(彡)' 제사 거행 때 재앙이 없을까요?" 11월이
　　었다.(癸酉卜, 尹貞: 王賓示癸彡无吝. 在十一月.)(『合集』25077)

[19] 을유(乙酉)일에 점을 칩니다. '쟁(爭)'이 묻습니다. "'복(夏) 땅으로 가서
　　'얼(臬)'을 불러 모으면 '공방'을 이길 수 있을까요?" 12월이었다.(乙酉卜,

爭貞: 往夏比杲牵舌方. 十二月.)『合集』6333

[20] 계묘(癸卯)일에 점을 칩니다. '고(古)'가 묻습니다. "왕께서 '서후' 땅에서
기장 농사의 대풍년을 이룰 수 있을까요?" 13월이었다.(癸卯卜, 古貞: 王
于黍疾受黍年. 十三月.)(『合集』9934)

[21] 무오(戊午)일에 점을 칩니다. '𢏢'가 묻습니다. "왕께서 제사를 주관하여
'대무(大戊)'께 '시(戠)'제사를 올리면 재앙이 없을까요? 14월이었다.(戊午
卜, 𢏢貞: 王賓大戊戠无囚. 在十四月.)31)(『合集』22847)

　위에서 본 바와 같이, '1월(一月)'에서 '12월(十二月)'까지는 오늘날 사용하는
역법의 달 표기 방식과 정확히 일치한다. 그러나 복사에는 '13월(十三月)'과 '14
월(十四月)'이라는 두 가지 명칭이 더 있다. 학자들은 이미 오래전부터 이 '13월
(十三月)'과 '14월(十四月)'이 바로 은(殷)나라 역법에서 연말에 윤달을 두는 방식
으로 인해 생겨난 것임을 논증했다. 윤달 외에도, 복사에서는 '1월(一月)'을 '정월
(正月)'이라 부르기도 했다. 『설문 정(正)부수』에서는 "정(正)은 옳다라는 뜻이다.
(正, 是也.)"32)라고 했다. 요종이(饒宗頤)는 "정(正)은 시간을 나타내는 것으로
사용되었다.……'시(是)'와 '시(時)'는 고대의 독음과 의미가 서로 통한다.……이
글자는 혹 일(日)이 의미부인 정(㝊)으로 쓰기도 한다."33)라고 설명했다. '정월
(正月)'은 복사의 다른 월명과 마찬가지로 자주 점복문 말미에 기록되어 시간을
표시했다. 『합집』24440에는 또한 "정월 1월을 식맥이라고 부른다.(月一正曰食

---

31) (역주) 갑골 복사에서 시(戠)에는 여러 뜻이 있는데, (1) 태양에 흑점이 생기다, (2)
(제사 때 사용하던) 말린 고기, (3) 기다리다, ~에까지 등이 그것이다. 崔恒升(편),『
간명갑골문사전』(合肥: 안휘교육출판사, 2001), 600쪽.
32) 許慎, 『說文解字』(北京: 中華書局, 1963), 39쪽.
33) 饒宗頤, 『殷代貞卜人物通考』(香港: 中華書局(香港)有限公司, 2015), 506-507쪽.

麥.)”라는 구절이 있는데, 여기에서 ‘월일정(月一正)’은 바로 ‘정월 일월(正月一月)’을 뜻한다.

이로부터, 적어도 은상(殷商) 시대에는 ‘1월(一月)’, ‘2월(二月)’ 등 숫자로 달을 기록하는 방식이 이미 정착되었고, 보편적으로 통용되었음을 알 수 있다. 상대(商代)는 하대(夏代)와 시간상 멀지 않으므로, 언어와 문자 변화의 궤적을 거슬러 올라가면, 하대(夏代)에서 달을 기록하는 방식이 상대(商代)와 유사한 방식이 있었을 것으로 추측하는 것은 충분히 논리적인 귀결이라 할 수 있다.

숫자로 달을 기록하는 방식은 최초의 언어와 문자에 나타났고, 후대에 이르러서는 더 많은 다양한 방식들이 발전했다. 그러나 오늘날에 와서는 사회가 다시 숫자로 달을 기록하는 방식을 가장 흔히 사용하게 되었다. 이는 물론 그 편리함과 경제성 때문이기도 하지만, 동시에 이러한 역사적 변화 현상은 인류가 시간을 기록하는 관념이 시대와 함께 끊임없이 진화해 왔음을 보여주는 사례라 할 수 있다.

(2) 간지(干支)로 달을 기록하는 방식

간지(干支) 문자가 생기고 나서, 고대인들은 이를 날짜를 기록하는 데 사용했다. 처음의 달[月] 기록 방식에서는 간지를 사용하지 않은 듯 보이지만, 간지로 날짜와 연도를 기록하는 방식이 점차 발전하면서, 간지를 서로 조합하여 달을 기록하는 형식도 자연스럽게 등장했다.

고대의 사람들은 황도(皇道) 십이궁(十二宮)을 일 년 12달에 대응시켰는데, 이것이 바로 월건(月建)이다. 『예기·월령(月令)』에서는 “중춘(仲春)의 달에, 태양은 규(奎)에 있고, 해질 무렵에는 호(弧)가 중천에 있으며, 새벽에는 건성(建星)이 중천에 있다.(仲春之月, 日在奎, 昏弧中, 旦建星中.)”[34]라고 했다. 주(注)에서

는 "건성은 북두성 위에 있다.(建星在斗上.)"[35]라고 했다. 여기서 '두(斗)'는 북두
칠성을 가리키는데, 북두칠성의 두병(斗柄)이 매달 가리키는 방위를 지지(地支)
가 나타내는 12개의 시간과 서로 대응시킨 것이 바로 '12월건(十二月建)'이다.
『이아석천(釋天)』에는 보다 상세한 기록이 있다.

> 달[月]이 갑(甲)에 있으면 필(畢)이라 하고, 을(乙)에 있으면 귤(橘)이라 하고,
> 병(丙)에 있으면 수(修)라 하고, 정(丁)에 있으면 어(圉)라 하고, 무(戊)에 있으
> 면 려(厲)라 하고, 기(己)에 있으면 칙(則)이라 하고, 경(庚)에 있으면 질(窒)이
> 라 하고, 신(辛)에 있으면 색(塞)이라 하고, 임(壬)에 있으면 종(終)이라 하고,
> 계(癸)에 있으면 극(極)이라 한다. 이것은 월양(月陽)의 이름이다.(月在甲曰畢,
> 在乙曰橘, 在丙曰修, 在丁曰圉, 在戊曰厲, 在己曰則, 在庚曰窒, 在辛曰塞, 在壬曰
> 終, 在癸曰极. 月陽.)[36]

　　곽박(郭璞)은 「주(注)」에서 "이는 모두 달의 다른 이름이다.(皆月之別名.)"[37]
라고 했고, 형병(邢昺)은 「소(疏)」에서 다음과 같이 말했다.

> 이는 일(日)을 월(月)에 배속시켜 얻은 이름을 구분한 것이다. 만약 정월이
> 갑(甲)을 얻으면 필추(畢陬)라 하고, 2월이 을(乙)을 얻으면 귤여(橘如)라 하
> 고, 3월이 병(丙)을 얻으면 수병(修病)이라 하고, 4월이 정(丁)을 얻으면 어여
> (圉余)라 하고, 5월이 무(戊)를 얻으면 여고(厲皐)라 하고, 6월이 기(己)를 얻
> 으면 칙차(則且)라 하고, 7월이 경(庚)을 얻으면 질상(窒相)이라 하고, 8월이

---

34) 楊天宇, 『禮記譯注(上)』(上海: 上海古籍出版社, 2016), 224쪽.
35) 十三經注疏整理委員會, 『禮記正義(十三經注疏)』(北京: 北京大學出版社, 2000), 550쪽.
36) 管錫華, 『爾雅』(北京: 中華書局, 2014), 395쪽.
37) 十三經注疏整理委員會, 『爾雅注疏(十三經注疏)』(北京: 北京大學出版社, 2000), 189쪽.

신(辛)을 얻으면 색장(塞牂)이라 하고, 9월이 임(壬)을 얻으면 종현(終玄)이라 하고, 10월이 계(癸)를 얻으면 극양(極陽)이라 하고, 11월이 갑(甲)을 얻으면 필고(畢辜)라 하고, 12월이 을(乙)을 얻으면 귤도(橘涂)라 한다. 이렇게 주기가 한 바퀴를 돌아 다시 시작되는 것임을 알 수 있다.(此辨以日配月之名也. 設若正月得甲則曰畢陬, 二月得乙則曰橘如, 三月得丙則曰修痫, 四月得丁則曰圉余, 五月得戊則曰厲皐, 六月得己則曰則且, 七月得庚則曰窒相, 八月得辛則曰塞牂, 九月得壬則曰終玄, 十月得癸則曰极陽, 十一月得甲則曰畢辜, 十二月得乙則曰橘涂, 周而夏始, 亦可知也.)[38]

『사기·역서(曆書)』에서는 "월(月)의 이름은 필취(畢聚)이다."라고 했다. 사마정(司馬貞)은 「색은(索隱)」에서는 "취(聚)는 음이 추(娵)이다.……월(月)은, 웅(雄)이 필(畢)에 있고, 자(雌)가 자(訾)에 있으니, 자(訾)는 곧 추자(娵訾)라는 별자리[宿]이다.(聚音娵……月, 雄在畢, 雌在訾, 訾則娵訾之宿.)"[39]라고 했다.

여기서 말하는 월웅(月雄)과 월자(月雌)가 바로 월양(月陽)과 월음(月陰)에 해당한다. 즉, 달을 기록하는 방식은 월양(月陽)과 월음(月陰) 두 종류로 나뉘는데, 천간(天干)과 배합하는 것을 월양(月陽)이라 하고, 지지(地支)와 배합하는 것을 월음(月陰)이라 한다.

사마정(司馬禎)의 「색은」에 따르면, '필(畢)'은 월양(月陽)에 속하고, '취(聚)'(즉 '추(娵)' 또는 '추(陬)')는 월음(月陰)에 속한다. 『사기』에서 말하는 '필취(畢聚)'는 월양(月陽)과 월음(月陰)을 배합한 것이며, 다른 달[月]도 모두 그러하다. 12지지와 배합하는 월음(月陰)에 대해 『이아·석천(釋天)』에서는 다음과 같이 말했다.

---

38) 十三經注疏整理委員會, 『爾雅注疏(十三經注疏)』(北京: 北京大學出版社, 2000), 189쪽.
39) 司馬遷, 『史記』(北京: 中華書局, 1959), 1260-1262쪽.

정월은 추(陬)라 하고, 2월은 여(如)라 하고, 3월은 병(病)이라 하고, 4월은 여(余)라 하고, 5월은 고(皋)라 하고, 6월은 차(且)라 하고, 7월은 상(相)이라 하고, 8월은 장(壯)이라 하고, 9월은 현(玄)이라 하고, 10월은 양(陽)이라 하고, 11월은 고(辜)라 하고, 12월은 도(涂)라 한다.(正月爲陬, 二月爲如, 三月爲病, 四月爲余, 五月爲皋, 六月爲且, 七月爲相, 八月爲壯, 九月爲玄, 十月爲陽, 十一月爲辜, 十二月爲涂.)[40]

월음(月陰)은 12지지와 서로 대응하여 12구획으로 나뉘는데, 이 12구획은 각각 다른 이름을 가지고 있다. 최근에 고고학자와 고문자 학자들은 출토 문헌자료에서 월음(月陰)과 관련된 명칭의 근거를 찾아냈다. 예컨대, 장사(長沙) 자탄고(子彈庫)에서 출토된 백서(帛書)에는 사시(四時)와 십이월에 관한 정보가 명확히 기록되어 있으며, 그 가운데 십이월의 각 달에는 모두 신명(神名)이 있고[41], 월신(月神)의 그림까지 곁들여져 있다. 구체적인 내용은 [표 7-1]과 같다.

[표 7-1] 자탄고 백서(子彈庫帛書)의 월신(月神)의 명칭

	1월	2월	3월	4월	5월	6월	7월	8월	9월	10월	11월	12월
爾雅	陬	如	病	余	皋	且	相	壯	玄	陽	辜	涂
帛書	取	女	秉	余	叴	虘	倉	臧	玄	昜	姑	荼

---

40) 管錫華, 『爾雅』(北京: 中華書局, 2014), 396쪽.
41) 李零, 『子彈庫帛書』(北京: 文物出版社, 2017), 65-77쪽.

[표 7-1]에 나타난 백서의 각 달의 월신(月神)의 명칭은 일부 자형이 오늘날과 다르게 쓰였으나(예컨대, 정월의 명칭인 '추(郰)'가 백서에서는 '취(取)'로, 2월의 명칭인 '여(如)'가 백서에서는 '여(女)'로 적혀 있음), 서로 대조해 보면, 백서에 기록된 십이월의 이름이 『이아』에서 말한 열두 개의 월음(月陰)의 명칭과 전혀 다르지 않음을 알 수 있다. 학자들의 고증에 따르면, 자탄고 백서는 그 연대가 전국 중기 혹은 그보다 더 이른 시기로 추정된다. 따라서 월양(月陽)과 월음(月陰)을 대응시켜 이렇게 간지로 달을 기록하는 방식은 적어도 전국 중기 혹은 그 이전으로 거슬러 올라갈 수 있음을 알 수 있다.

(3) 초간(楚簡)의 월명(月名)

전국시기에 '월양(月陽)'과 '월음(月陰)'의 간지를 배합하여 달을 기록하는 방식이 있었지만, 그것만이 유일한 방법은 아니었다. 사실 이 시기는 제후국 간의 분쟁이 끊이지 않던 시기였고, 각국은 문자에서 서로 다른 자형을 사용했을 뿐만 아니라 예속(禮俗)과 생활방식에서도 많은 차이를 보였다. 따라서 제후국마다 시간을 기록하는 명칭도 지역적 차이에 따라 각자의 특색을 가지고 있었다.

운몽(雲夢) 수호지(睡虎地) 진(秦)나라 묘에서 출토된 『일서(日書)』(『수호지 진간독(睡虎地 秦簡牘)·일서갑종(日書甲種)·세(歲)』)에는 진(秦)과 초(楚) 두 나라의 월명(月名)이 대조되어 기록되어 있으며42), 그 구체적인 내용은 [표 7-2]와 같다.

---

42) 睡虎地秦墓竹簡整理小組, 『睡虎地秦墓竹簡』(北京: 文物出版社, 1990), 190-197쪽.

[표 7-2] 진(秦)·초(楚) 두 나라의

	1月	2月	3月	4月	5月	6月	7月					
秦	十月	十一月	十二月	一月	二月	三月	四月	五月	六月	七月	八月	九月
楚	冬夕	屈夕	援夕	刑夷	夏尿	紡月	七月	八月	九月	十月	爨月	獻馬

　이로써 전국시기의 초(楚)나라에는 그 지역 특유의 월명들이 존재했음을 알 수 있다. 이는 곧 고대인들의 시간 기록 방식과 그에 대한 관념적 표현이 시대와 함께 발전했을 뿐만 아니라, 공간과 더불어 발전하는 특징도 지니고 있음을 보여준다.

　위와 같은 여러 사례는 모두 고대인들이 추상적인 시간관념을 표현한 방식들이다. 시간과 관련된 문자와 용어들을 관찰하고 분석함으로써, 고대인들이 사용한 시간에 관한 다양한 의식 관념의 표현을 이해할 수 있게 되었으며, 나아가 언어와 문자 속에 남겨진 고대인들의 시간과 공간에 대한 관념의 흔적까지 탐구할 수 있었다.

결론

결론

  시간은 만물과 더불어 존재한다.

  인류는 의식이 생겨난 이후로 줄곧 시간의 비밀을 탐구해 왔다. 그렇다면 시간에 대한 관념은 과연 어디에서 비롯된 것일까? 자연과 인문학의 연구는 비교적 과학적인 해답을 제시해 준다. 시간관념은 인간의 본성에서 저절로 생겨난 것도 아니고, 신령의 조화로 주어진 것도 아니다. 그것은 바로 백성들이 날마다 반복되는 생산과 생활의 실천 속에서 객관적인 세계를 관찰하고 인식한 결과이다.

  이러한 복잡한 추상적 개념은 예로부터 오늘날에 이르기까지 항상 학자들의 폭넓은 관심을 불러일으켜 왔으며, 사람들은 끊임없이 시간과 우주 자연 만물, 그리고 다른 여러 사상적 체계들 사이의 긴밀한 연관성을 탐구해 왔다. 그 가운데에서도 "다른 관념들과 비교할 때, 시간과 문화의 관계는 시간관의 역사에 있어서 더욱 본질적인 것이다."[1]라는 견해가 있다. 중국의 전통문화의 시간관념은 바로 이러한 본질을 잘 보여준다. 서양의 시간 탐구가 자연과학적 성격을 강하게 띠고 있는 것과는 달리, 중국의 시간에 대한 인식과 탐구는 사상·의식의 차원에서 더욱 심화되었다. 본서에서 서술한 바와 같이, 우리는 고대의 언어 부호인 '한자(漢字)'를 출발점으로 삼아, 동양적 사유 체계 속에 내재된 시간의 비

---

1) 吳國盛, 『時間的觀念』(北京: 北京大學出版社, 2006), 1-2쪽.

밀을 깊이 파헤칠 수 있다.

　중국의 고대 시간관념의 기원을 추적할 때, 언어와 문자 차원에서 반드시 언급해야 할 것이 바로 '우주(宇宙)'라는 단어이다. '우주'라는 단어는 서한(西漢) 초기의 『회남자』에서 처음 등장하였으며, 이는 한어 문자에서 시간과 공간에 대한 개념을 표현한 최초의 예라 할 수 있다.

　『회남자 천문훈(天文訓)』의 서두에는 다음과 같은 구절이 있다.

　　천지(天地)가 아직 형체를 이루지 않았을 때, 아득하고도 아득하며, 텅 비고
　　도 텅 빈 까닭에, 이를 태소(太昭)라 했다. 도(道)는 허공에서 비롯되었고,
　　허공은 우주(宇宙)를 낳았으며, 우주는 기(氣)를 낳고, 기(氣)는 그 한계와 경
　　계가 있게 되었다.(天地未形, 馮馮翼翼, 洞洞灟灟, 故曰太昭. 道始于虛霩, 虛霩
　　生宇宙, 宇宙生氣, 氣有涯垠.)[2]

　한대(漢代)의 고유(高誘)는 이 문장에서 '우주(宇宙)'를 "우(宇)는 사방과 상하를 뜻하고, 주(宙)는 지나간 옛날과 지금까지의 시간을 뜻한다.(宇, 四方上下也; 宙, 往古来今也.)"[3]라고 해석했다. 이로써, 이미 서한(西漢) 초기부터 고대인들은 '우(宇)'자로 공간을, '주(宙)'자로 시간을 표현했음을 알 수 있다. 구조적으로 볼 때, '우(宇)'자의 의미부는 '면(宀)'으로, '면(宀)'은 집의 형상을 본뜬 상형자이므로, '우(宇)'의 본의(本義) 역시 집과 건축물의 지붕과 관련된다. 『설문 면(宀) 부수』에서는 "우(宇)는 집의 가로 난 처마를 말한다.(宇, 屋邊也.)"[4]라고 했다.

---

2) 陳廣忠, 『淮南子』(北京: 中華書局, 2012), 103쪽.
3) 何宁, 『淮南子集釋』(北京: 中華書局, 1998), 199쪽.
4) 許愼, 『說文解字』(北京: 中華書局, 1963), 150쪽.

따라서 '우(宇)'자로 공간의 의미를 표현하는 것은 그 자형의 구조와 부합함을 알 수 있다.

그러나 같은 '면(宀)' 부수를 가진 '주(宙)'를 시간의 의미로 사용한 것은 글자의 형태 구조만으로는 직접적인 조자(造字) 원리를 밝히기 어렵다. 그러므로 '주(宙)'의 본의(本義)는 시간을 뜻하는 것이 아님을 알 수 있다.

『회남자』 외에도, 『묵자·경상(經上)』에도 '우주(宇宙)'와 유사한 시간과 공간을 표현한 말이 있다.

> 구(久)는 다른 시간을 충만히 함이요, 우(宇)는 다른 장소를 충만히 함이다.
> (久, 彌異時也. 宇, 彌異所也.)5)

여기에서 '구(久)'로 시간을, '우(宇)'로 공간과 장소를 나타냈다. 이학근(李學勤)은 '주(宙)'와 '구(久)' 두 글자가 음운 상 밀접한 관계임에 근거하여, 이 두 글자가 용법상 서로 통용될 수 있다고 보았다. 따라서 『묵자』의 '구(久)' 혹은 『회남자』의 '주(宙)'는 모두 고대인들이 시간개념을 나타내기 위해 사용한 글자라고 보았다.6)

---

5) 方勇, 『墨子』(北京: 中華書局, 2011), 329쪽.

6) 음운학적으로 볼 때, '구(久)'는 견모(見母) 지부(之部)자이고, '주(宙)'는 정모(定母) 유부(幽部)자이다. '구(久)'와 '유(由)' 두 글자를 소리부로 하는 글자들에는 종종 유모(喩母)로 전환되어 소리부가 되는 상황이 존재한다. 예컨대, '유(羑)'는 '구(久)'를 소리부로 취했으나 유모(喩母) 지부(之部)자로 쓰였고, '유(油)'는 '유(由)'를 소리부로 취했으나 유모(喩母) 유부(幽部) 자로 쓰였다. '유리(羑里)'가 '유리(牖里)'로도 쓰이는 것이 그 증거이다. 李學勤, 「釋古代道家的"宇宙"」, 『中國科技典籍研究: 第三屆中國科技典籍國際會議論文集』(鄭州: 大象出版社, 2006), 73-75쪽 참조

그러나 '주(宙)'와 '구(久)'가 나타내는 것은 '시간(時間)'이라는 일반적·추상적 개념이다. 추상적 개념이란, 수많은 구체적 사물의 개별성을 토대로 귀납·종합하여 도출된 공통의 개념으로, 그것의 출현은 필연적으로 구체적 사물의 출현보다 늦다. 따라서 우리는 추상적 개념을 나타내는 단어가 출현한 시대에 근거하여, 고대인들이 특정한 시간관념을 언제부터 형성했는지를 정확히 추정할 수는 없다. 왜냐하면, 사람들이 이러한 일반 개념을 귀납해내기 훨씬 이전에, 구체적인 시간관념은 이미 사람들의 의식 속에 존재했을 것이기 때문이다. 그리고 이 구체적 관념이 언제부터 형성되었는가 하는 문제는 더 많은 실증적 자료가 확보되지 않는 한, 과학적 판단을 내리는 데 충분한 근거를 제공해주지 못한다.

그렇다면, 시간에 관한 구체적 관념이 언제 발생했으며, 어떤 방식으로 나타났는가? 그리고 그것이 중국 사상의 발전과 어떠한 연관성을 지니는가는 여전히 중요한 문제로 남아있다. 본 연구는 고고학적 발굴 자료와 더불어 고대 한문 기록의 심층적 고찰을 통해, 이에 대한 일정한 단서를 제시하고자 하였다. 이러한 논의가 축적된다면, 한자 속에 반영된 고대인들의 시간관념이 어떠한 과정을 거쳐 형성되고 발전하였는지를 보다 구체적으로 밝힐 수 있을 것이다.

고문자 속에 담긴 '시령(時令)' 계열 문자의 인지 구조를 깊이 파헤치고 분석함으로써, 중국의 고대 언어와 문자에는 이미 매우 풍부한 '시령(時令)'과 관련된 함의가 내재되어 있음을 확인할 수 있었다. 최초의 문자 기록이 있던 은상(殷商) 시대 이전에, 인류의 사유 속에서 원초적인 시간관념이 이미 싹트기 시작했다. 처음의 시간관념은 '해가 뜨고 지는' 자연 현상을 관찰하는 과정에서 생겨났으며, 이로써 가장 원시적인 낮과 밤에 대한 관념이 형성되었다. 시간관념의 형성과 발전은 점진적인 단계성을 지니는 동시에 때로는 비약적인 전환을 보였는데, 상고 삼대(三代)의 문헌 기록에는 이러한 역사적 변천이 언어적 표현에 남긴 흔적을 고스란히 전하고 있다.

세절(歲節) 계열 문자가 표현하는 왕권 관념, 월령(月令) 계열 문자에 나타난 천문적 시간관념, 농시(農時) 계열 문자가 드러내는 예제 관념, 그리고 시진(時辰) 계열 문자가 보여주는 세밀한 시간 분할 등, 이러한 '시령(時令)'과 관련된 단어들은 중국의 사상과 의식 범주 속에서 시간관념의 발전 변화 궤적을 추적할 수 있는 분명한 단서를 제공했다.

고대 중국인들은 자연 순환의 주기성을 관찰하였는데, 그 구체적인 양상은 날마다 반복되는 생활 행위 속에 드러났으며, 추상적인 차원에서는 시간개념을 언어로 표현하는 방식으로 나타났다. 이러한 관념의 대응 생성은 결코 타고난 본성이거나 단번에 이루어진 성과가 아니었다. 이는 인간이 자연 속에서 생활하며 자연과 조화롭게 어울리면서, 자연법칙을 세심하게 관찰하고 이를 삶의 경험 속에서 점차 종합하고 귀납해 낸 성과였으며, 생활에 대한 면밀한 관찰과 관심이 빚어낸 결과였다.

시간관념은 언제나 실제 생활 행위와 밀접하게 관련되어 있으며, 이러한 행위 활동은 대체로 일정한 불확정성을 지닌다. 따라서 초기의 시간관념은 오늘날과 같은 정밀한 시간 의식과는 달리, 대체로 포괄적이고 모호한 성격을 띨 수밖에 없었다. 그러나 생활 수준이 계속 향상되면서, 보다 세분화되고 정밀한 시간관념이 점점 깊이 사람들의 의식 속에 자리 잡게 되었다. 추상적인 시간관념은 항상 구체적인 사물과 사건에서 비롯되는데, 이러한 구체적인 사물과 사건도 성긴 것과 촘촘한 것의 구분이 있었다. 어떤 사물이나 활동이 특정 시기에 인간의 생활과 밀접한 관련을 맺고 있을 경우, 그와 연관된 시간 표현은 더욱 풍부하고 정밀해지지만, 반대로 일정한 시기 이후 점차 생활과 멀어지게 되면, 그에 상응하는 시간 표현도 자연스럽게 사람들의 의식 속에서 희미해지고 사라지게 된다.

따라서 시간관념의 발전은 항상 사람들의 실제 사회생활과 나란히 가는 것으로, 그것은 역행하지도, 멈추지도 않는 것이다. 이것이 고대인들의 사유 체계 속에 내재한 "시대와 함께 발전하는" 시간 의식이라 할 수 있다. 이는 시간에 대한 고대인들의 언어와 문자 속에 고스란히 반영되었고, 그것이 우리에게 전해주는 것은 바로 철학적 시간관념, 과학적 시간관념, 언어 문화적 시간관념이다.

참고문헌

저자후기

참고문헌

*중국어 한어병음 순으로 배열되었으며, 독자의 전문성을 고려하여 따로 번역하지 않았다.

A

安金槐, 『中國考古』(上海: 上海古籍出版社, 1992).

B

白于藍, 『殷墟甲骨刻辭摹釋總集校訂』(福州: 福建人民出版社, 2004).

C

蔡運章, 「遠古刻畫符號與中國文字的起源」, 『中原文物』 2001年 第4期.

曹錦炎·沈建華, 『甲骨文校釋總集』(上海: 上海辭書出版社, 2006).

常玉芝, 『商代周祭制度』(北京: 中國社會科學出版社, 1987).

常玉芝, 『殷商曆法研究』(長春: 吉林文史出版社, 1998).

晁福林, 「試論殷代的王權與神權」, 『社會科學戰線』 1984年 第4期.

陳廣忠, 『淮南子』(北京: 中華書局, 2012).

陳劍, 「釋造」, 『出土文獻與古文字研究』第一輯(上海: 復旦大學出版社, 2006).

陳夢家, 『殷虛葡辭綜述』(北京: 中華書局, 1988).

陳年福, 『甲骨文詞義論稿』(上海: 上海古籍出版社, 2007).

陳年福, 「釋“蕭”」, 『中國語文』 2018年 第2期.

陳年福, 「釋甲骨文“䎩月”“桑月”」, 複旦大學出土文獻與古文字研究中心網:
　　http://www.fdgwz.org.cn/Web/Show/1149, 2010年5月15日.

陳曉芬·徐儒宗, 『論語·大學·中庸』(北京: 中華書局, 2011).

承載, 『春秋穀梁傳譯注』(上海: 上海古籍出版社, 2004).

程廷芳, 「中國古代太陽黑子紀錄分析」, 『南京大學學報(自然科學版)』, 1956年 第4期.

D

戴家祥, 『金文大字典』(上海: 學林出版社, 1995).

鄧飛, 『商代甲金文時間範疇研究』(北京: 人民出版社, 2013).

丁建川, 「〈王禎農書·授時圖〉 與二十四節氣」, 『中國農史』, 2018年　第3期.

丁山, 『古代神話與民族』(北京: 商務印書館, 2005).

丁驌, 「釋歲」, 『中國文字』新十八期(臺北: 藝文印書館, 1994).

董蓮池, 『新金文編』(北京: 作家出版社, 2011).

董作賓, 『董作賓先生全集』(臺北: 藝文印書館, 1977).

F

范曄, 『點校本二十四史: 後漢書』(北京: 中華書局, 2000).

方國瑜, 『納西象形文字譜』, 和志武參訂(昆明: 雲南人民出版社, 2005).

方勇, 『孟子』(北京: 中華書局, 2010).

方勇, 『墨子』(北京: 中華書局, 2011).

方勇·李波, 『荀子』(北京: 中華書局, 2011).

馮時, 『百年來甲骨文天文曆法研究』(北京: 中國社會科學出版社, 2011).

馮時, 「殷代紀時制度研究」, 『考古學集刊』第16集(北京: 科學出版社, 2006).

馮時, 「殷曆歲首研究」, 『考古學報』, 1990年　第1期.

馮友蘭, 『中國哲學史』(上海: 華東師範大學出版社, 2011).

G

剛祥雲, 「中國古代時間意識流變中的美學問題」, 『社會科學戰線』, 2020年　第1期.

高鴻縉, 『散盤集釋』(臺北: 臺灣師範大學, 1957).

耿振東, 『管子譯注』(上海: 上海三聯書店, 2018).

顧野王, 『宋本玉篇』(北京: 中國書店, 1983).

管錫華, 『爾雅』(北京: 中華書局, 2014).

管燮初, 『殷虛甲骨刻辭的語法研究』(北京: 中國科學院, 1953).

郭丹·程小青·李彬源, 『左傳』(北京: 中華書局, 2012).

郭沫若, 『蔔辭通纂』(北京: 科學出版社, 1983).

郭沫若, 『郭沫若全集』(北京: 科學出版社, 1982).

郭沫若, 『甲骨文合集』(北京: 中華書局, 1978-1983).

郭沫若, 『殷契粹編』(北京: 科學出版社, 1965).

郭慶藩, 『莊子集釋』, 王孝魚整理(北京: 中華書局, 1961).

郭錫良, 「遠古漢語的句法結構」, 『古漢語研究』, 1994年 第S1期.

H

海德格爾著, 歐東明譯, 『時間概念史導論』(北京: 商務印書館, 2009).

韓霞, 『中國古代天文曆法』(北京: 中國商業出版社, 2015).

韓兆琦, 『史記』(北京: 中華書局, 2010).

漢語大字典編輯委員會, 『漢語大字典』(九卷本)(武漢: 湖北長江出版集團·崇文書局); (成都: 四
　　　川出版集團·四川辭書出版社, 2010).

何寧, 『淮南子集釋』(北京: 中華書局, 1998).

何駑, 「山西襄汾陶寺城址中期王級大墓IIM22出土漆杆"圭尺"功能試探」, 『自然科學史研究』,
　　　2009年 第3期.

黑格爾著, 北京大學哲學系外國哲學史教研室譯, 『哲學史講演錄』(第一卷)(北京: 生活·讀書·新
　　　知三聯書店, 1956).

胡厚宣, 『甲骨文合集釋文』(北京: 中國社會科學出版社, 1999).

胡厚宣, 「甲骨文商族鳥圖騰的遺跡」, 『歷史論叢』第一輯(北京: 中華書局, 1964).

胡瀟, 「馬克思時間哲學思想發軔」, 『學術研究』, 2023年 第1期.

湖北省荊沙鐵路考古隊, 『包山楚簡』(北京: 文物出版社, 1991).

黃德寬, 『古文字譜系疏證』(北京: 商務印書館, 2007).

黃懷信, 『鶡冠子校注』(北京: 中華書局, 2014).

黃懷信·張懋鎔·田旭東, 『逸周書彙校集注』(上海: 上海古籍出版社, 2007).

黃靈庚, 『楚辭章句疏證』(北京: 中華書局, 2007).

黃盛璋, 「釋初吉」, 『歷史研究』, 1958年 第4期.

黃天樹, 「關於商代甲骨蔔辭是否有代詞"其"的考察」, 『語文研究』, 2021年 第3期.

黃天樹, 『黃天樹古文字論集』(北京: 學苑出版社, 2006).

黃天樹, 「殷墟甲骨文白天時稱補說」, 『中國語文』, 2005年 第5期.

黃天樹, 『殷墟王蔔辭的分類與斷代』(北京: 科學出版社, 2007).

黃載君, 「從甲文, 金文量詞的應用, 考察漢語量詞的起源與發展」, 『中國語文』, 1964年 第6期.

J

江林昌,「考古所見中國古代宇宙生成論以及相關的哲學思想」,『學術研究』, 2005年　第10期.

蔣玉斌,「釋甲骨金文的"蠢"兼論相關問題」,『複旦學報(社會科學版)』, 2018年　第5期.

景冰,「西周金文中紀時術語－初吉、 旣望、 旣生霸、 旣死霸的研究」,『自然科學史研究』, 1999年
　　　第1期.

L

李發舜·黃建中,『方言箋疏』(北京: 中華書局, 2013).

李玲璞·臧克和·劉志基,『古漢字與中國文化源』(貴陽: 貴州人民出版社, 1997).

李零,『子彈庫帛書』(北京: 文物出版社, 2017).

李曉春,「中國古代時空觀與道觀念的演變」,『蘭州大學學報(社會科學版)』, 2015年　第3期.

李孝定,『甲骨文字集釋』(臺北: "中研院"歷史語言研究所, 1970).

李學勤,「論新出大汶口文化陶器符號」,『文物』, 1987年　第12期.

李學勤,「釋古代道家的"宇宙"」,『中國科技典籍研究: 第三屆中國科技典籍國際會議論文集』
　　　(鄭州: 大象出版社, 2006).

李學勤·齊文心·艾蘭,『英國所藏甲骨集』(北京: 中華書局, 1985, 1992).

李延壽,『點校本二十四史: 北史』(北京: 中華書局, 1974).

李勇,「世界最早的天文觀象臺－陶寺觀象臺及其可能的觀測年代」,『自然科學史研究』, 2010
　　　年　第3期.

李友東,「時間秩序與大規模協作式農業文明的起源」,『社會科學』, 2013年　第1期.

李遠寧·黃春榮,「試論左江岩畫中日芒星與祭日, 祀日及"日"字的起源」,『學術論壇』, 2009年　第3期.

李宗焜,「卜辭所見一日內時稱考」,『中國文字』新十八期(臺北: 藝文印書館, 1994).

連劭名,「長沙楚帛書與中國古代的宇宙論」,『文物』, 1991年　第2期.

林家驪,『楚辭』(北京: 中華書局, 2010).

林義光,『文源』(上海: 中西書局, 2012).

劉桓,「古代文字研究(續篇)」,『內蒙古大學學報(哲學社會科學版)』, 1980年　第4期.

劉桓,「釋甲骨文　,　二字」,『古文字研究』第二十五輯(北京: 中華書局, 2004).

劉開揚,『高適詩集編年箋注』(北京: 中華書局, 1981).

劉文英,「中國古代的時空觀念」,『蘭州大學學報(哲學社會科學)』, 1979年　第1期.

劉文英,「中國古代的時空觀念(續完)」,『蘭州大學學報(哲學社會科學)』, 1980年　第1期.

劉文英,『中國古代的時空觀念』(天津: 南開大學出版社, 2000).

劉毓慶·李蹊,『詩經』(北京: 中華書局, 2011).

劉釗, 『新甲骨文編』(福州: 福建人民出版社, 2014).

劉志基, 『漢字文化綜論』(南寧: 廣西教育出版社, 1996).

劉志基, 『中國文字發展史·商周文字卷』(上海: 華東師範大學出版社, 2015).

劉志基等, 『古文字考釋提要總覽』第一冊(上海: 上海人民出版社, 2008).

陸玖, 『呂氏春秋』(北京: 中華書局, 2011).

陸星原, 『卜辭月相與商代王年』(上海: 上海社會科學院出版社, 2014).

呂偉達, 『紀念王懿榮發現甲骨文一百周年論文集』(濟南: 齊魯書社, 2000).

羅琨, 「＜楚居＞"粜必夜"與商代的"夕"祭」, 『出土文獻』第四輯(上海: 中西書局, 2013).

羅琨, 「甲骨文"亦"叚爲"夜"之證」, 『中國史研究』, 2002年 第3期.

羅振玉, 『殷虛書契考釋三種』(北京: 中華書局, 2006).

M

繆文遠·繆偉·羅永蓮, 『戰國策』(北京: 中華書局, 2012).

O

歐陽修·宋祁, 『點校本二十四史: 新唐書』(北京: 中華書局, 1975).

P

彭邦炯·謝濟·馬季凡, 『甲骨文合集補編』(北京: 語文出版社, 1999).

彭林, 『儀禮』(北京: 中華書局, 2012).

Q

裘錫圭, 『古文字論集』(北京: 中華書局, 1992).

裘錫圭, 『裘錫圭學術文集·甲骨文卷』(上海: 複旦大學出版社, 2015).

裘錫圭, 「殷墟甲骨文"彗"字補說」, 『華學』第二輯(廣州: 中山大學出版社, 1996).

裘錫圭, 「戰國文字中的"市"」, 『考古學報』, 1980年 第3期.

屈萬里, 『殷虛文字甲編考釋』(臺北: "中研院"歷史語言研究所, 1961).

R

饒宗頤, 『殷代貞蔔人物通考』(香港: 中華書局(香港)有限公司, 2015).

S

上海師範大學古籍整理研究所, 『國語』(上海: 上海古籍出版社, 1998).

沈培, 「說殷墟甲骨蔔辭的"枛"」, 『原學』第三輯(北京: 中國廣播電視出版社, 1995).

十三經注疏整理委員會, 『春秋左傳正義(十三經注疏)』(北京: 北京大學出版社, 2000).

十三經注疏整理委員會, 『爾雅注疏(十三經注疏)』(北京: 北京大學出版社, 2000).

十三經注疏整理委員會, 『禮記正義(十三經注疏)』(北京: 北京大學出版社, 2000).

十三經注疏整理委員會, 『論語注疏(十三經注疏)』(北京: 北京大學出版社, 2000).

十三經注疏整理委員會, 『毛詩正義(十三經注疏)』(北京: 北京大學出版社, 2000).

十三經注疏整理委員會, 『尚書正義(十三經注疏)』(北京: 北京大學出版社, 2000).

十三經注疏整理委員會, 『儀禮注疏(十三經注疏)』(北京: 北京大學出版社, 2000).

睡虎地秦墓竹簡整理小組, 『睡虎地秦墓竹簡』(北京: 文物出版社, 1990).

司馬遷, 『史記』(北京: 中華書局, 1963).

四川大學學報編輯部·四川大學古文字研究室, 『四川大學學報叢刊(第十輯)·古文字研究論文集』
        (成都: 四川人民出版社, 1982).

宋華强, 「釋甲骨文中的"今朝"和"來朝"」, 『中國文字』新三十一期(臺北: 藝文印書館, 2006).

宋鎮豪, 『商代史』(北京: 中國社會科學出版社, 2010).

宋鎮豪, 「試論殷代的紀時制度－兼談中國古代分段紀時制」, 『考古學研究』第五輯(北京: 科學
        出版社, 2003).

宋鎮豪, 「釋住」, 『殷都學刊』, 1987年 第2期.

宋鎮豪, 「釋叔晝」, 『甲骨文與殷商史』第三輯(上海: 上海古籍出版社, 1991).

宋鎮豪, 「殷商紀時法補論－關於殷商日界」, 『學術月刊』, 2001年 第12期.

宋鎮豪, 『中國風俗通史·夏商卷』(上海: 上海文藝出版社, 2001).

宋鎮豪·段志洪, 『甲骨文獻集成』(成都: 四川大學出版社, 2001).

孫詒讓著, 樓學禮校點, 『契文舉例』(濟南: 齊魯書社, 1993).

T

臺灣大學文學院古文字學研究室, 『中國文字』(第一至五十二冊合集)(臺北: 臺灣大學文學院古
        文字學研究室, 1972).

譚學純, 「中國古代時空秩序的修辭建構及其理據」, 『新疆大學學報(社會科學版)』, 2002年 第3
        期.

唐蘭, 『天壤閣甲骨文存並考釋』(上海: 上海古籍出版社, 2016).

唐蘭, 『殷虛文字記』(上海: 上海古籍出版社, 2016).

W

王充, 『論衡』(上海: 上海古籍出版社, 1990).

王國維, 『觀堂集林』(北京: 中華書局, 1959).

王凱石, 「論中國古代的司法時令制度」, 『雲南社會科學』, 2005年 第1期.

王力, 『漢語史稿』(北京: 中華書局, 2004).

王力, 『中國古代文化常識』(北京: 中國人民大學出版社, 2012).

王明華, 「道教文化對"太一信仰"的接受與上元節的産生」, 『山東青年政治學院學報』, 2013年 第6期.

王世舜·王翠葉, 『尚書』(北京: 中華書局, 2012).

王維堤·唐書文, 『春秋公羊傳譯注』(上海: 上海古籍出版社, 2016).

王襄, 『古文流變臆說』(上海: 龍門聯合書局, 1961).

王蘊智, 「"毓", "後"語源及部分牙喉舌齒音聲母通變關系合解」, 『鄭州大學學報(哲學社會科學版)』, 1993年 第2期.

王蘊智, 「釋甲骨文"市"字」, 『古文字研究』第二十五輯(北京: 中華書局, 2004).

魏徵等, 『點校本二十四史: 隋書』(北京: 中華書局, 2011).

溫少峰·袁庭棟, 『殷墟蔔辭研究－科學技術篇』(成都: 四川省社會科學院出版社, 1983).

吳國盛, 『時間的觀念』(北京: 北京大學出版社, 2006).

吳平·徐德明, 『清代學術筆記叢刊2: 日知錄』(北京: 學苑出版社, 2005).

吳鎮烽, 『商周青銅器銘文暨圖像集成』(上海: 上海古籍出版社, 2012).

吳鎮烽, 『商周青銅器銘文暨圖像集成三編』(上海: 上海古籍出版社, 2020).

吳鎮烽, 『商周青銅器銘文暨圖像集成續編』(上海: 上海古籍出版社, 2016).

武家璧·陳美東·劉次沅, 「陶寺觀象臺遺址的天文功能與年代」, 『中國科學·G輯: 物理學　力學　天文學』, 2008年 第9期.

X

夏淥, 「釋甲骨文春夏秋冬－商代必知四季說」, 『武漢大學學報(社會科學版)』, 1985年 第5期.

蕭放, 『歲時: 傳統中國民衆的時間生活』(北京: 中華書局, 2002).

謝明文, 「說夙及其相關之字」, 『出土文獻與古文字研究』第七輯(上海: 上海古籍出版社, 2018).

徐伯鴻, 「▷⬧新釋秉說與之相涉的氣象及疾病」, 『江蘇紀念甲骨文發現百年·甲骨文與商代文

　　　　　明國際學術硏討會論文選集』(南京: 江蘇省甲骨文學會, 1999).

徐夢莘, 『三朝北盟會編: 附索引』(上海: 上海古籍出版社, 2008).

徐正英·常佩雨, 『周禮』(北京: 中華書局, 2014).

徐中舒, 『甲骨文字典』(成都: 四川辭書出版社, 1989).

許愼, 『說文解字』(北京: 中華書局, 1963).

許愼著, 段玉裁注, 『說文解字注』(上海: 上海古籍出版社, 1981).

薛夢瀟, 『早期中國的月令與"政治時間"』(上海: 上海古籍出版社, 2018).

Y

閻林山·全和鈞, 「論我國固有的百刻計時制」, 『天文參考資料』, 1977年 第4期.

楊伯峻, 『春秋左傳注』(北京: 中華書局, 1981).

楊升南, 「說甲骨蔔辭中的"湄日"」, 『徐中舒先生百年誕辰紀念文集』(成都: 巴蜀書社, 1998).

楊樹達, 『積微居甲文說』(上海: 上海古籍出版社, 1986).

楊天宇, 『禮記譯注』(上海: 上海古籍出版社, 2016).

姚孝遂·肖丁, 『殷墟甲骨刻辭摹釋總集』(北京: 中華書局, 1988).

姚萱, 『殷墟花園莊東地甲骨蔔辭的初步硏究』(北京: 線裝書局, 2006).

姚振武, 『上古漢語語法史』(上海: 上海古籍出版社, 2015).

葉蓓卿, 『列子』(北京: 中華書局, 2011).

葉玉森, 「說契」, 『甲骨文硏究資料彙編』(北京: 國家圖書館出版社, 2008).

殷夢霞·李定凱, 『國家圖書館藏古籍文獻彙編』(第一冊)(北京: 國家圖書館出版社, 2009).

於豪亮, 『於豪亮學術文存』(北京: 中華書局, 1985).

于省吾著, 姚孝遂按語編撰, 『甲骨文字詁林』(北京: 中華書局, 1996).

于省吾, 『甲骨文字釋林』(北京: 中華書局, 1979).

于省吾, 『雙劍誃殷契駢枝 雙劍誃殷契駢枝續編 雙劍誃殷契駢枝三編』(北京: 中華書局, 2009).

于省吾, 「歲, 時起源初考」, 『歷史硏究』, 1961年 第4期.

余酒永, 『新校互注宋本廣韻』(上海: 上海辭書出版社, 2000).

Z

臧克和, 『漢字單位觀念史考述』(上海: 學林出版社, 1998).

臧克和, 『中西學者視野中的出土文獻與文化資源: 簡帛與學術』(鄭州: 大象出版社, 2010).

曾文芳, 『夏商周民族思想與政策硏究』(北京: 人民出版社, 2008).

張秉權, 「殷代的農業與氣象」, 『歷史語言研究所集刊(第四十二本第二分): 慶祝王世傑先生八十歲論文集』(臺北: "中研院"歷史語言研究所, 1970).

張傳開, 「試論時間範疇的起源」, 『安徽大學學報(哲學社會科學版)』, 2000年　第1期.

張靜, 「郭店楚簡中的變形音化現象」, 『漢字研究』第一輯(北京: 學苑出版社, 2005).

張榮華, 「近代中國人時間觀念的文化意義」, 『複旦學報(社會科學版)』, 1985年　第3期.

張世亮·鍾肇鵬·周桂鈿, 『春秋繁露』(北京: 中華書局, 2012).

張衍田, 『中國古代紀時考』(上海: 上海古籍出版社, 2019).

張玉金, 『甲骨文語法學』(上海: 學林出版社, 2001).

趙誠, 『甲骨文簡明詞典 － 蔔辭分類讀本』(北京: 中華書局, 1988).

趙偉, 「殷墟花園莊東地甲骨卜辭中的"月"和"夕"」, 『中國新技術新産品』, 2010年　第16期.

趙莊愚, 「從星位歲差論證幾部古典著作的星象年代及成書年代」, 『科技史文集』第10輯(天文學史專輯3)(上海: 上海科學技術出版社, 1983).

中國社會科學院考古研究所, 『小屯南地甲骨』(北京: 中華書局, 1980, 1983).

中國社會科學院考古研究所, 『殷墟花園莊東地甲骨』(昆明: 雲南人民出版社, 2003).

中國社會科學院考古研究所, 『殷墟小屯村中村南甲骨』(昆明: 雲南人民出版社, 2012).

中國社會科學院考古研究所, 『殷周金文集成』(北京: 中華書局, 1984-1994).

中國社會科學院考古研究所, 『殷周金文集成釋文』(香港: 香港中文大學中國文化研究所, 2001).

中國天文學史整理研究小組, 『中國天文學史』(北京: 科學出版社, 1981).

中國哲學史學會雲南省分會, 『雲南少數民族哲學社會思想資料選輯』第二輯(昆明: 中國哲學史學會雲南省分會, 1982).

朱國理, 「"夕"字本義考」, 『辭書研究』, 1998年　第1期.

朱國理, 「"月" "夕"同源考」, 『古漢語研究』, 1998年　第2期.

朱維錚, 『中國經學史基本叢書』(上海: 上海書店出版社, 2012).

朱耀平, 「時間的起源與譜系 － 試論海德格爾對胡塞爾的內在時間意識學說的批評和改造」, 『求是學刊』, 2004年　第4期.

竺可楨, 「中國古代在天文學上的偉大貢獻」, 『科學通報』, 1951年　第3期.

祝敏徹·孫玉文, 『釋名疏證補』(北京: 中華書局, 2008).

左民安, 『漢字例話』(北京: 中國青年出版社, 1984).

저자 후기

　수천 년에 걸친 중국 문화사의 장구한 흐름 속에서, 한자는 언제나 시간을 기록하는 척도의 역할을 담당해 왔다. 각기 다른 형태의 고대 한자들은 저마다 특정 문화에 대한 정보를 담고 있으며, 그 표의(表意) 구조를 분석하는 일은 중국 문화의 심층 논리를 탐구하는 효과적인 수단이자, 필자가 오랜 세월 학문적으로 천착해 온 주제이다.

　출토 문헌자료들이 잇달아 나오면서, 우리에게 더 오래된 한자의 형태와 의미 정보를 제공해주지만, 이러한 정보는 대부분 파편적이거나 단편적인 경우가 많다. 디지털 기술의 발전으로 인해, 문자 연구에 새로운 디지털 접근이 가능해지면서, 기존 연구의 난제를 해결하는 데 적잖은 도움이 되었다. 필자는 다년간 화동사범대학(華東師範大學) 중국문자연구와응용센터의 네트워크 데이터베이스 플랫폼을 토대로, 디지털화 방식의 고문자 연구에 심혈을 기울여 왔다. 통시적·공시적 체계 비교 분석을 통해, 문자 이면에 담긴 더 많은 역사와 문화 정보를 깊이 파헤치고자 했다. 이 책의 집필은 바로 이러한 연구의 기반 위에서 이루어진 것으로, 필자가 주관하고 참여한 여러 과제의 지원 또한 큰 힘이 되었다. 주요 과제는 다음과 같다.

- 상해시 사회과학기획 연간 일반 과제: 『갑골문 원형자 분류자편 및 자형 인덱스』 데이터베이스 구축(甲骨文原形字分類字編暨字形引得)』 데이터베이스 연구개발(2022BYY008)

- 국가 사회과학 기금 중대 프로젝트: 공공 데이터베이스에 기반한 고문자 문자코드 표준 연구개발(21&ZD309)

- 상해시 교육위원회 과학연구 혁신계획 "냉문절학(冷門絕學)" 프로젝트: 홀로그램형 갑골문 지능 이미지 인식 시스템 및 연계 데이터베이스 구축(2021-01-07-00-08-E00141)

- 화동사범대학 문화전승혁신 연구 특별과제: 외국인 대상 한자 딥러닝 데이터베이스 구축(2022ECNU-WHCCYJ-26)

서려군(徐麗群)

2024년 7월

한자 속의 시간(時間) 관념

초판 1쇄 인쇄 2025년 10월 25일
초판 1쇄 발행 2025년 10월 31일

저자 서려군(徐麗群)
역자 김화영(金和英)
펴낸이 정혜정
펴낸곳 도서출판 3
표지디자인·편집 김형준
인쇄 호성 P&P

출판등록 2013년 7월 4일 (제2020-000015호)
주소 부산광역시 금정구 중앙대로 1929번길 48
전화 070-7737-6738
팩스 051-751-6738
전자우편 3publication@gmail.com

ISBN: 979-11-87746-96-6(93720)

○ 서려군(徐麗群)

화동사범대학교 중국문자연구응용센터 조교수이며, 중국훈고학연구회 회원이다. 주요 연구방향은 중국문자학, 갑골문(甲骨文), 고문자 디지털화이다.『언어과학(語言科學)』,『중국문자연구(中國文字研究)』,『갑골문과 은상사(甲骨文與殷商史)』 등의 학술지에 논문 다수를 발표하였으며, 주요 저서 및 편저성과로는『한자소사(漢字小史)』,『고문자구형류찬(古文字構形類纂)·금문권(金文卷)』,『고문자고석제요총람(古文字考釋提要總覽)·제5책』 등이 있다. 상해시 사회과학기획 연간 프로젝트 등의 과제를 주관하고, 다수의 국가사회과학 중점 프로젝트 수행에 참여하였다.

○ 김화영(金和英)

경성대학교 중국학과 조교수, 중국 국가 교육부 인문사회과학 중점연구기지 화동사범대학 중국문자연구응용센터 겸직연구원(中國國家教育部人文社會科學重點研究基地華東師範大學中國文字研究與應用中心 兼職研究員), 부산대학교 중문과 박사. 세계한자학회(WACCS) 이사,『한자연구』(KCI 등재지) 부편집장을 맡고 있다. 한자 어원 연구와 교육에 종사하고 있으며,『그림책 한자』 등의 저서와『중국문자학 핸드북』,『유래를 품은 한자』,『갑골문고급사전』,『삼차원한자학』,『한국한문자전의 세계』,『한자와 유학사상』 등 여러 역서가 있다.